墨香财经学术文库

基于结构化性质的库存最优化策略研究

Research on Inventory Optimal Policies Based on Structural Properties

许建军 等 著

东北财经大学出版社
Dongbei University of Finance & Economics Press
大连

图书在版编目（CIP）数据

基于结构化性质的库存最优化策略研究 / 许建军等著. —大连：东北财经大学出版社，2025.5. —（墨香财经学术文库）. —ISBN 978-7-5654-5441-7

Ⅰ. F253

中国国家版本馆CIP数据核字第20243ST585号

基于结构化性质的库存最优化策略研究

JIYU JIEGOUHUA XINGZHI DE KUCUN ZUIYOUHUA CELÜE YANJIU

东北财经大学出版社出版发行

大连市黑石礁尖山街217号　邮政编码　116025

网　　址：http://www.dufep.cn

读者信箱：dufep@dufe.edu.cn

大连永盛印业有限公司印刷

幅面尺寸：170mm×240mm　字数：229千字　印张：15.75　插页：1

2025年5月第1版　　2025年5月第1次印刷

责任编辑：孙　平　孙晓梅　周　慧　赵宏洋　　责任校对：吴　奂

　　　　　王芃南　惠恩乐　韩敌非　吴　茜

封面设计：原　皓　　版式设计：原　皓

书号：ISBN 978-7-5654-5441-7　　定价：78.00元

教学支持　售后服务　联系电话：（0411）84710309

前言

随着市场竞争的日益加剧和客户需求的多样化，企业在生产和库存管理领域面临着前所未有的挑战。传统的库存控制方法已难以满足现代企业对灵活性和响应速度的要求。因此，创建新的理论和方法，以指导企业在动态变化的市场环境中作出科学的库存决策，具有重要的现实意义和理论价值。

本书的核心目标是运用结构化性质的方法，深入分析生产和库存领域的动态运营决策问题。通过这种方法，我们旨在为企业的库存决策提供坚实的理论基础和实用的工具，同时推动结构化性质方法在最优库存控制领域的理论发展。

本书的理论贡献主要包括：第一，将在不同情况和假设下探讨如何选择合适的结构化性质，并提供严格的数学证明，以确保理论的严谨性和适用性。第二，利用获得的结构化性质，对生产和库存的最优策略进行详细的刻画，为企业提供明确的决策方向。

本书的实践贡献主要包括：第一，基于最优化理论设计高性能且易于使用的启发式算法，将帮助企业在实际操作中提高决策效率。第二，特别关注多渠道多产品的动态库存系统，通过优化策略的制定，企业能够有效降低库存成本，降低过剩或缺货的风险。优化的库存策略将提高企业对市场变化的响应速度，增强企业的市场竞争力。

本书研究的核心技术领域近年来得到了充分的关注，丰富的理论基础和前沿的分析方法为在这个领域的进一步研究提供了坚实的基础和借鉴。本书作者许建军教授长期从事库存和生产动态模型的结构化性质和最优策略的研究，积累了丰富的研究成果。科研成果已经以第一作者或通讯作者身份发表于Operations Research，Production and Operations Management，International Journal of Production Economics，European Journal of Operational Research，IISE Transactions，Naval Research Logistics，Operations Research Letters等国际知名期刊。感谢本书的几位合作成员，他们具有在该核心技术领域多年的研究经验。其中，冯有翼教授参与了第2、4、5章的理论研究，陈绍祥教授参与了第3、5章的理论研究，Matthew F. Keblis副教授参与了第2、4章的理论研究。另外，本书的合作成员还包括Yanling Chang助理教授（第2章）、蔡港树教授（第3章）、周翔教授（第4章）、Mustafa Çagri Gurbuz教授（第5章）、Alejandro Serrano高级讲师和林兵副教授（第6章）。

在本书撰写过程中，东北财经大学管理科学与工程学院刘锋教授给予了大力支持并提出了宝贵建议，大连东软信息学院孙冬石副教授对全书概述和结论部分的内容进行了优化。博士研究生白静、毕鑫宇、李欣、高金鑫、辛玉杰、郭峰，硕士研究生都梦琳，本科生祁春蕾参与了本书部分章节的翻译和文献整理工作。同时，本书在出版过程中得到了东北财经大学现代供应链管理研究院和东北财经大学出版社的大力支持，在此一并鸣谢。

本书受到国家自然科学基金项目（72371059、72293563）、辽宁省教育厅基本科研项目（JYTMS20230665）等的资助。

最后，本书从理论成果到实际应用的推广，将充分依托东北财经大学的校企联合组织以及校友联合会，和企业界建立密切联系，这将为有效地将科技转化为生产力提供有力保障。

许建军

2025年2月

目录

第1章　基于结构化性质的动态库存最优化策略概述

1.1　研究问题提出

在当今快速变化的全球化经济和技术发展背景下，企业不仅要应对来自外部环境的不确定性，如市场需求的波动、供应链的不稳定性以及技术进步带来的产品生命周期缩短等；还要面对内部管理的复杂性，比如生产成本的控制、库存水平的优化等。这些因素共同作用，使得企业在库存管理上面临着前所未有的挑战。传统的静态库存管理策略已经无法满足现代企业对灵活性和响应速度的需求。企业必须更加灵活地调整其库存策略，以适应市场的快速变化。库存管理不再仅仅是一个静态的、基于历史数据的决策过程，而是要成为一个动态的、实时响应市场变化的过程。企业需要发展出能够及时捕捉市场信号、预测未来趋势，并据此作出快速反应的库存管理策略。

在这样的背景下，基于结构化性质的动态库存最优化策略的研究显得尤为重要。它通过分析和利用库存管理中的结构化信息，如产品特性、需求模式、供应链结构等，来构建更为精确和灵活的库存模型。这些模型能够动态地调整库存水平，以适应不断变化的市场环境。企业也能够更好地平衡库存成本和服务水平，提高整体运营效率，从而在激烈的市场竞争中获得优势。

在动态管理中，很多决策过程可以分成若干个互相联系的阶段，在每一阶段都需要作出决策，从而使整个过程达到最好的效果。在各个阶段，决策的作出都不是任意的，它依赖当时的状态，又影响以后的发展。当各个阶段的决策确定后，就组成一个决策序列。这种把一个问题看作一个前后关联、具有链状结构的多阶段过程就是多阶段决策过程，这种问题就称为多阶段决策最优化问题。20 世纪 50 年代初，R. E. Bellman 等提出了著名的最优化原理，把多阶段过程转化为一系列单阶段问题，逐个求解，创立了解决多阶段决策最优化问题的有效方法——动态规划。动态规划在库存管理以及其他方面，比如最短路线、资源分配、设备更新、排序、装载等问题上都得到了广泛的应用。

虽然动态规划在库存最优决策方面是一个有力和广泛应用的工具，但是随着系统复杂程度的增加，特别是系统状态变量的数量和维度增加时，寻求系统最优解的计算量是按指数速度增加的。所以，动态规划在求解高维最优决策问题时，依然会遇到被称为维数灾难（Curse of dimensionality）的困难。当状态变量是一个高维的离散向量时，将所有状态变量可能的组合在一个单独列表中表示出来几乎是没有实践意义的。在库存管理领域，学者们广泛采用的一种解决方法是，通过研究一些系统共有的结构化性质，刻画出简单的最优决策规则，即库存最优策略。这样计算的复杂度将大大降低。比较经典的例子如单产品多时期无固定费用库存模型的 Base-stock 策略，它仅用一个参数来决定最优决策；单产品多时期有固定费用库存模型的（s，S）策略可以用两个参数来决定最优决策（Scarf，1960）。

目前，历史文献中对库存最优策略的研究还局限于相对简单的库存系统，对相互关联的多产品复杂系统以及由于多订购渠道或多资源导致的复杂库存系统，由于技术的局限性，其库存最优策略的研究成果还非常有限。研究动态库存最优策略的一个主要方法是通过发现一些目标函数的结构化性质，比如单调性、凸性、上模（Supermodularity）等来帮助揭示系统状态的一些共性，并且获得基于模型参数的比较分析结果，即模型的结果和最优决策如何受参数变化的影响（Smith and McCardle，2001）。利用这些结构化性质，可以对状态变量空间按性质进行分类，同一类状态变量可以由相同的决策规则来决定。这样可以大大简化最优决策的规则，从而减少计算的复杂度。由于结构化性质对动态最优决策模型的重要性，近20年来，越来越多的学者开始关注这方面的研究。在对不同库存问题的研究中，一些有价值的结构化性质被发现，从而帮助学者们刻画其最优策略和简化计算。但是，由于技术难度大，目前的研究还主要集中在简单的系统中；对于复杂的但更加普遍的、符合实际的系统的结构化性质的研究，依然有比较大的挑战性。

1.2 结构化性质在动态库存管理领域的发展

1.2.1 结构化性质在库存管理决策中的应用

通过研究结构化性质来制定最优化策略，从而设计出高性能的近似算法，是运营管理领域研究动态决策的一个重要分支，吸引了国内外学者的研究兴趣。近年来，该领域不断有新的科技成果发表在国内外知名期刊上。为了了解该方法的研究动向，本书对以该方法为基础开展的研究在运营管理类期刊近10年来发表的成果进行了统计。论文选择的标准如下：第一，所选论文的主要方法必须是在动态模型中研究结构化性质并以此研究最优化策略或近似策略；第二，所选论文主要来自运营管理的库存管理、生产控制、价格最优控制、收益管理等领域，但并不限于这些领域。

表1-1列出了一些重要的结构化性质，以及近年来一些以这些结构化性质开展的研究例子。

表1-1　一些重要结构化性质的研究举例

结构化性质	基于该结构化性质的研究举例
Quasi-convexity	Zhang等（2012）、Li和Yu（2012）
Supermodularity	Gong和Zhou（2013）
$L^{\natural}$-convexity	Zipkin（2008）、Huh和Janakiraman（2010）、Pang等（2012）、Chen等（2014）
Multimodularity	Li和Yu（2014）
ρ- differential monotone	Chen（2004）
K-convexity	Chen等（2013）、Song和Wang（2017）
Quasi-K-convexity	Li等（2009）
（C，K）-convexity	Shaoxiang（2004）、Zhang和Çetinkaya（2017）
C-（K_1，K_2）-convexity	ÇalışkanDemirağ等（2012）

研究结构化性质并刻画动态最优策略的方法在学术界一直是一个备受关注的研究热点，很多有代表性的成果在国际知名期刊上发表。不同于国际期刊对以结构化性质研究库存最优决策控制问题的广泛和深入，国内期刊的相关研究论文还相对有限，例如刘丽文、王欣宇（2008），周伟华等（2010），汪小京等（2010），杨超林等（2011），高春燕、沈厚才（2012），叶涛锋、达庆利（2012），汪翼等（2014），陈文博、董明（2017）等。国内从事相关研究的学者更多地通过和国外学者合作将研究成果发表在国际期刊上，比如Feng等（2011）、Zhang等（2012）、Chen等（2013）、Pang等（2014）、Tao和Zhou（2014）、Chen等（2015）、Yao等（2016）、Chen和Dong（2017）、Lin等（2018）等。

从方法论角度，以下论文和本书的研究更有相关性：Chen等（2013）考虑了具有长期合约和现货市场而且在现货市场订货具有固定费用的情况。Ye和Duenyas（2007）研究了具有固定费用的可购买和销售生产容量的企业。为了研究最优决策，他们提出了（K_1，K_2）-convexity的概念，并证明这个性质的最优性。Semple（2007）将（K_1，K_2）-convexity的概念推广到弱（K_1，K_2）-convexity。以上论文对结构化性质的研究都基于一个关于库存费用的库存管理领域普遍使用的假设：每个时期的库存费用函数是线性的或是凸的。

$L^\natural$-convexity的概念首先是由Murota（1998，2003，2005）在离散凸分析领域提出的。该方法首先被应用在库存管理的研究中。Zipkin（2008）研究了单产品多时期有交货延迟的失去销售模型，并证明费用函数具有$L^\natural$-convexity性质。从那时起，$L^\natural$-convexity引起越来越多运营管理领域学者的关注，被认为是研究动态结构性质的一个强有力的工具。Huh和Janakiraman（2010）将该性质应用到多级串行库存系统中。Pang等（2012）证明了该性质可以应用到可缺货有订货延迟的订货-价格联合决策模型中。Chen等（2014）扩展了Pang等（2012）的结果，证明$L^\natural$-convexity性质可以应用到类似的模型中，但产品是易腐坏产品，同时包括缺货延迟模型和失去销售模型。

本书的分析采用了一种称为$L^\natural$-凸性的结构属性，该属性之前已用于库存模型的分析中（Chen et al，2015；Gong and Chao，2013；Huh and Janakiraman，2010；Pang et al，2012；Zipkin，2008）；请参阅Chen（2017）对$L^\natural$-凸性应用的调查，以及Chen和Li（2021）对$L^\natural$-凸性、$M^\natural$-凸性及其变体的全面回顾。此外，上述两篇论文使用$L^\natural$-凸性研究了转运问题或类似的替代问题。更具体地说，Chen等（2015）研究了销售损失情况，其中允许虚拟转运，并确定最佳成本函数是$L^\natural$-凸性。Li和Yu（2014）将多模性的概念（可以等效地转化为$L^\natural$-凸性）应用于类似于Hu等（2008）但没有容量不确定性的转运问题。Chen等（2022）发表的论文也值得一提。他们利用多模性，设置了一些条件，在这种条件下，主动升级比在客户的首选产品缺货后向客户提供传统的被动升级提供了更高的价值。

对于一般形式的库存费用函数，由于技术上的困难，历史文献中对其分析非常有限。例如，Chen和Zheng（1993）、Tim Huh等（2011）考虑了一般形式的缺货费用：包括一部分不随缺货数量变化的固定缺货费用和一部分随缺货数量增加的缺货费用。Porteus（2002）讨论了存货费用不随存货量增加而增加的情况。对这种不规则的费用函数，他提出了Quasi-*K*-convexity的概念，并证明在需求随机变量的分布是Polya分布（Porteus，1971）或均匀分布（Porteus，1972）的情况下，这个结构化性质可以动态保持住，从而得出一般形式的（*s*，*S*）订货策略是最优的。

下面将结合本书的五个核心模块讨论研究开展的情况。

1.2.2 供应商最优订货策略

供应商选择在早期作为一个独立问题进行研究，选择的标准包括价格、成本、质量、交付、制造能力、服务和财务等。后来，研究拓展到综合供应商选择和数量分配。在前期，研究大部分属于确定性的范畴（Pan，1989；Hong and Hayya，1992；Chaudhry et al，1993；Weber，1993；Zeng，1998）。关于不确定性的研究从Parlar和Wang（1993）以及Anupindi和Akella（1993）开始，他们的研究中考虑了随机需求。之后，随机需求的研究丰富起来。Dada等（2007）对供应商的可靠性进行了研究，区分了供应商是否值得信赖。Federgruen和Yang（2008，2009）探讨了供应商在随机产能条件下的表现。Awasthi等（2009）分析了供应商设定了最小和最大订购量限制的情况。Burke等（2009）确定了在无限产能情况下和有限产能情况下的最佳采购策略后，进一步研究了在存在不可靠供应商和最小订购量限制情况下的采购策略。Tomlin（2009）研究了双供应商环境下的采购问题，其中一个供应商的可靠性是已知的，而另一个供应商的可靠性则基于预测。

针对有不可靠供应商和服务水平要求的情况，Xanthopoulos等（2012）构建了适用于不同风险偏好决策者的模型，包括风险中性和风险厌恶型决策者。Zhang和Chen（2013）在2011年研究的基础上，进一步考虑了供应商提供的数量折扣问题。Van Delft和Vial（2015）对Burke等（2009）的研究成果进行了修正，指出其预期利润函数实际上仅是利润的一个下限，并给出了正确的公式。Ray和Jenamani（2016）在考虑服务水平要求的背景下，为风险中性和风险厌恶型决策者建立了相应的模型。

关于订货策略，一些研究者对该问题从供应链合约角度进行了研究。Anupindi和Bassok（1998）研究了在最小订购数量合约下的最优订货策略，他们之后研究了一系列称为Rolling Horizon Flexibility（RHF）

的合约；Barnes-Schuster 等（2002）研究了期货合约等。

在以上文献中，残值被假定为在所有供应商之间都是相同的，但在实践中，这个假定并不总是成立。关于在一组供应商中，每个供应商回收物品的残值是异质的情况，相关研究文献很少，且研究中没有把产能是否有限、供应商是否可靠等情况考虑进去。

1.2.3 柔性生产最优策略

柔性生产是一个包含多个方面的概念，至今学术界对其定义尚未达成共识。Jain 等（2013）对 Sethi 和 Sethi（1990）、Koste 和 Malhotra（1999）所分类的柔性生产的不同级别及维度进行了总结。这些维度包括机器的灵活性、操作的灵活性、过程的灵活性和产品的灵活性等。关于资源柔性的各种形式，已有众多文献进行了探讨。尽管现有文献集中在确定成本效益的柔性配置以满足需求上，但是关于如何分配柔性资源以及使用每种资源生产多少产品等运营问题，研究还不够深入。

有一部分论文通过得出理论结果来说明柔性的有效性。例如，Chou 等（2010）提供了链策略性能的理论结果，并确定了在何种条件下稀疏过程结构能够与密集的完全柔性系统表现相当。Chou 等（2011）利用图扩展的概念来研究如何为制造系统设计具有柔性的过程结构。Aksin 和 Karaesmen（2007）确定了服务或制造系统中的柔性结构。Simchi-Levi 和 Wei（2012）也对长链的结构性质进行了研究。还有学者对柔性制造的准则、收益、结构等进行了有效的研究。如 Jordon 和 Graves（1995）研究了柔性生产过程的准则。他们的研究结果显示，长链结构（Long chain）的柔性设计能够为总体的柔性带来最大的收益。Graves 和 Tomlin（2003）制定了分析柔性对多级供应链带来的收益的框架和标准。他们的发现将柔性系统指导准则从一级扩展到多级供应链。Iravani 等（2005）通过考虑运营柔性，提出了结构化柔性（Structural flexibility）的概念，从一个新的角度研究了制造和服务运作的柔性。国内期刊关于柔性制造方面的文章包括喻明、吴澄（1993），孔亚广、孙优贤（2002），沈挺等（1999），赵建峰等（2010）等，但还没有发现从动态库存管理的角度进行最优策略刻画研究的文章。

综上，历史文献对柔性制造和共享资源的研究主要从柔性结构设计的角度考虑不同柔性系统的性能，当柔性结构确定后，和运营相关的问题，如怎样分配这些柔性资源、怎样根据这些柔性资源制订高效的生产计划等，却没有得到深入研究；关于生产和资源分配决策的理论研究，主要还局限于一种资源的模型。对多种资源的问题，目前的研究要么考虑单时期问题，要么考虑静态策略，还没有看到多资源动态分配结合库存管理的研究。

1.2.4 补货和转运最优策略

经典研究把横向转运分为主动转运和被动转运。被动转运也被称为紧急转运，是在需求被满足后，在不同地点之间转移库存。最早关于被动转运的研究是由 Krishnan 和 Rao（1965）进行的。随后，Robinson（1990）证明了在成本相同的情况下多时期多地点问题中基础库存策略的优越性。Herer 和 Tzur（2001）为具有确定性需求的双地点系统设计了一套解决方案。Yang 和 Qin（2007）、Hu 等（2008）以及 Li 和 Yu（2014）描述了多时期两个工厂环境中的最优生产、补货和转运策略。Bhatnagara 和 Lin（2019）拓展了被动转运的研究。

主动转运的最早研究是由 Allen（1958，1961，1962）进行的。他忽略了补货决策，只关心销售损失情况下的重新分配。类似的评论适用于 Hoadley 和 Heyman（1977）、Banerjee 等（2003）、Agrawal 等（2004）、Burton 和 Banerjee（2005）以及 Lee 等（2007）的研究。Gross（1963）最早对包括补货决策的横向转运进行了研究。Das（1975）进一步探讨了单期两个地点情况下的缺货和销售损失问题。随后，Karmarkar 和 Patel（1977）对单期多地点问题进行了研究，其中考虑了缺货情况。Jonsson 和 Silver（1987）首次将注意力转向了补货或转运提前期不可忽视的情况。Betrand 和 Bookbinder（1998）研究了多地点缺货系统的性能，包括有无转运选项的情况。Tagaras 和 Vlachos（2002）探讨了双地点缺货问题中的替代订购和转运策略。还有学者研究了卫生安全事件下主动转运的特殊问题。

综上，关于被动转运问题，一般是顺序地作出订货和转运决策，而主动转运问题则要求同时决策，这使得策略更加复杂。主动转运也是企业降低风险更为有效的方式。在现有的关于主动转运的文献中，全面描述多时期两地点和有缺货环境下的最佳补货和转运策略的研究是缺失的。

1.2.5 最优现货交易策略

相关的研究领域包括长期固定订购数量和变动订购数量合约以及包含现货市场的多渠道订货问题、具有固定费用情况下同时考虑订购和销售的最优决策。

关于现货市场在供应链运营管理中的应用，可以参考Barnes-Schuster等（2002）的综述文章。学者们从现货市场订货策略、现货定价、供应商和生产商在现货市场的博弈平衡等方面对现货市场交易进行了全面的研究。

之后，学者们把现货交易的研究拓展为多渠道采购策略，把长期合约、期权、数量弹性契约等多渠道采购和现货交易进行了融合。如Seifert等（2004）分析了同时采用现货市场和变动订货数量合约对提高运营效率、降低需求不确定性和价格风险的影响。Martinez-de-Albeniz和Simchi-Levi（2005）研究了最优订货渠道的组合：高价格、高灵活度和低价格、低灵活度。Caldentey和Wein（2006）提出了和现货市场价格相关的转换曲线策略（Switching curve policy）。Feng和Pang（2010）证明了最优的订货策略是依赖现货市场价格的base stock和sell-down thresholds策略。Mendelson和Tunca（2007）从动态角度研究了一个供应商和多个生产商在有现货市场的情况下的博弈平衡。Yi和Scheller-Wolf（2003）也考虑了同时有现货市场和长期合约情况下的订购策略，但没有考虑可以销售的情况。Goel和Tanrisever（2011）用随机动态规划来优化同时从期货合约及现货市场订货的决策。Li和Ryan（2012）研究了可以从多个供应商订货并可根据合约退货或销售的情况下的最优策略。多渠道采购的问题在国内也有广泛研究，比如周筠和赵晓波（2010）、严佳（2011）、王虹等（2011）、吴锋等（2014）、徐琪等

(2015) 等。

综上，现有的研究中尚存在以下空白：第一，当考虑订购和销售相结合的情况时，需考虑销售对订货决策的影响；再加上多渠道订购的影响，销售和多渠道订购决策是相互关联和相互影响的。第二，当考虑从现货市场上购买或销售的固定费用时，从技术角度讲，两个都有固定费用会大幅度增加分析的难度和最优策略的复杂程度。目前文献中已有的结构化性质都无法满足这种情况的技术要求，需要我们探索新的结构化性质来解决其最优策略。第三，由于技术原因，文献中的绝大多数库存模型都为了简化问题而假设库存费用函数是规则的，但这不符合实际情况。我们需要考虑实践中库存费用函数不规则的情况。怎样才能找到一个合适的结构化性质，能适合库存费用函数不规则的情况？需要我们进一步去探索。

1.2.6 生产与配给最优策略

在定量配给领域，我们有大量的文献可供参考。Pibernik 和 Yadav (2009)、Topkis (1968)、Veinott (1965)、Frank 等 (2003)、Chew 等 (2013) 都对有多个需求类别的动态单品库存系统的配给策略进行了研究。Wang 和 Tang (2014) 在考虑了销售损失和延期订单的同时，研究了多个需求类别的动态配给策略。Nahmias 和 Demmy (1981)、Deshpande 等 (2003) 研究了库存配给系统的连续评审模型。Gerchak 等 (1985) 在离散时间情况下，对库存配给和生产策略进行了深入分析。

关于库存队列设置的研究，Ha (1997a) 首次讨论了具有损失销售额的单件多类库存配给问题，并用配给水平的临界数字来描述最优策略的特征。Ha (1997b) 进一步考虑了存在两个优先需求类别时的库存配给和延期订购问题。Ha (2000) 将这些结果扩展到 Erlang 分布式处理时间的情况。de Vericourt 等 (2002) 考虑了增加 Ha (1997b) 的需求类别的情况。Huang 和 Iravani (2008) 以及 Xu 等 (2010) 进一步将 de Vericourt (2002) 的模型进行了扩展，使其更加通用，包括多个需求类别和批量到达。Benjaafar 等 (2010) 研究了允许延期订单和销售损失的单一产品、两个客户类别的生产、库存系统。Enders 等（2014）对一个单件库存系统进行了建模，该系统具有高优先级丢失销售客户类别和低优先级延期订单类别。Isotupa（2015）分析了两类损失销售库存系统，并证明了在某些条件下存在次优策略。

串联系统的研究同样广泛，例如 Rosberg 等（1982）、Weber 和 Stidham（1987），他们研究了按库存生产、库存系统及其最优控制。Lee 和 Zipkin（1992）研究了一个串联模型，并提出一个易于处理的近似方案，允许中间产品和成品在需求之前生产和存储。Wang 等（2013）建立了一个两阶段混合制造、服务系统模型，以同时满足对产品和产品服务系统的需求。

综上，生产与配给最优策略的研究是很丰富的，文献已经讨论了配给设置和串联生产、库存系统，但都是孤立的，各个领域之间缺乏有效的串联，如关于串联系统的研究就很少关注定量配给问题。

1.3 核心模块概论

1.3.1 考虑不同剩余价值的多供应商最优订购策略

（1）研究目的

解决企业所面临的短生命周期产品的一次性订购问题。

（2）问题描述

产品或产品中的某一部件作为物品，需要在销售期之前向一组供应商进行订购。供应商池中的每个供应商在产能、产品价格和剩余价值（即残值）等方面都是异质的。公司可以把未出售的剩余物品退还给供应商，由供应商进行回收。假设进入供应商池中的供应商们已经通过了预先评审，其含义是每个潜在的供应商在质量、财务实力、交货时间等方面都符合公司的标准。

（3）核心问题

•分别在供应商产能有限和产能无限两种情况下，确定最佳采购计划的方法；

•讨论这个方法在不可靠供应商和存在服务水平目标的情况的应用效果；

•使用不同的需求分布，研究需求不确定性的变化如何影响最优采购计划；

•进行数据研究。

（4）研究创新性

第一，考虑了需求不确定性的变化如何影响最优采购计划。

第二，在之前的大多数研究中，残值被假定为在所有供应商之间都是相同的，本书考虑了每个供应商回收物品的残值是异质的情况。

第三，增加了对供应商不可靠情况的讨论，让研究成果进一步贴合实际情况。

（5）研究价值

在理论方面，将经典的报童模型的临界比率推广到有不同残值的多个供应商的情况。若每个供应商的产能是无限的，使用广义临界比率是选择供应商的关键。若每个供应商的产能是有限的，本书开发了新的算法，可以在不超过池子里的供应商数量的情况下，快速找到一个最佳解决方案，每一步的计算要求与解决一个报童问题的顺序相同。

在实践方面，对于无限产能和有限产能两种情况，本书都很容易通过设计计算机程序来找到解决方法。此外，运用研究成果生成的采购计划，管理人员可以很容易地理解：从最低价格（最高利润率）的供应商那里订购那些有较高可能性出售的产品，则从残值大于最低价格的供应商那里订购销售更加存疑的产品，以对冲剩余库存的可能性。另外，在实践中，很容易出现有不同残值的情况，然而在目前的文献中，几乎都假设有相同的残值。通过上述研究，提高了该领域理论与实践相结合的适配度。

1.3.2 两种柔性资源与两种产品生产系统的最优策略

（1）研究目的

我们研究的是使用多种柔性资源生产两种产品的多周期系统的最优决策问题。

(2) 问题描述

当前，生产制造厂家因为日益激烈的全球化竞争、更短的产品生命周期和更多样的产品类型等，面临着越来越高的需求随机性和不确定性，所以企业柔性资源的优化配置是企业有效匹配供应和需求、使企业获得核心竞争力的重要途径。生产制造企业的实际生产能力都是有限的，当用有限的资源来生产不同的产品时，制造商面临着如何在不同产品之间分配有限的资源、如何制订生产计划等决策问题。当考虑一个动态的多时期系统时，每个时期的不同决策以及不同时期之间的决策都是相互关联的，这使得揭示系统的最优决策更具有挑战性。

为了应对需求剧烈波动对生产制造企业的影响，已经出现了利用多种资源生产有随机需求的多种产品的多周期制造系统。本书研究了一个有限时间、定期检查的生产系统，该系统使用柔性资源生产两种随机需求的产品。每种资源都有一个有限容量，可用于以资源/产品指定的生产率生产两种产品。我们要研究每种产品的最优生产量和最优策略，把有限的资源在不同产品之间进行动态分配。

(3) 核心问题

•每种产品的最优生产量是多少?

•在有限的资源容量和不同的资源利用率下，即生产一种特定类型产品所需的资源量是确定的情况下，如何在两种产品中高效分配资源?

•从生产成本和资源利用率方面分析不同的案例，并展示它们如何影响最优生产和分配决策。

•开发启发式算法，比较启发式算法与最优策略，证明启发式算法在资源柔性和有效性方面的优势。

(4) 研究创新性

第一，多产品多资源柔性生产系统的历史研究基本集中在柔性结构的设计方面，关于如何对资源进行有效动态分配并决定生产最优计划的研究成果非常有限。本书从两种产品着手，对这一决策问题进行初步探索，并将其扩展到几种生产企业常见的特殊情况或更为广泛的情况，为企业最优决策提供理论依据。

第二，由于技术的限制，在历史文献中，绝大多数对柔性制造问题的研究仅局限在$\rho_{ij} = 1$（i，$j = 1$，2）的特殊情况，即假定一个单位资源生产一个单位产品。这并不符合实际生产中不同资源生产不同产品的差异性的现实。我们考虑更一般（即$\rho_{ij} \neq 1$）的情况，丰富柔性生产系统的理论成果，并为实际情况下的资源分配提供理论依据。

第三，动态柔性资源生产系统需要以最优策略为基础的高效且简单的算法。本书以最优决策理论的研究结果为基础，设计了生产企业可以实施的启发式算法。

（5）研究价值

本书是使用单一柔性资源生产多种产品的系统生产控制论文的延伸。我们利用动态规划方法建立了系统分析模型，刻画了系统的结构特性，为研究最优生产和分配策略提供了理论依据。最优策略有非常复杂的结构，取决于成本和资源利用率。本书首次描述了有多种灵活资源和多个时期情况下两种产品动态系统的最优生产和分配策略。

本书的研究结果解决了关于最优策略如何受成本参数影响以及资源分配如何依赖每种资源生产特定产品的利用率等问题。此外，我们还将研究结果扩展到两种产品专用资源和一种柔性资源，以及使用多种柔性资源生产两种产品的情况。

1.3.3 两个地点的最佳补货和转运管理

（1）研究目的

我们研究在有限时间内，以期望总贴现成本最小化为目标的缺货库存系统的最优管理问题。

（2）问题描述

系统由两个地点组成，每个地点储存相同的产品。在安放产品时，需求是随机的。时间是相互独立的，但地点不一定是相互独立的。在每个期间开始时，中央计划人员确定两个地点的库存单位数量，然后决定补货数量以及是否应转运一些库存。公司产生的补货和转运成本本质上是线性的。在任何补货和转运之后，需求就得以满足。任何无法满足的需求要么被延期交货，要么被丢失；期末缺货或销售损失会按单位收取罚款。此外，期末任何多余的库存都会产生按单位计算的持有费用。

（3）核心问题

•如何利用问题成本函数的$L^\natural$-凸性描述系统的最佳补货和转运策略；

•对于销售损失模型，建立$L^\natural$-凸性并将其应用于描述最优策略；

•确定部分转运问题的最优策略，其中只有一个地点从外部供应源订购，然后转运到另一个地点。

（4）研究创新性

第一，考虑了一个统一的模型，考虑缺货和销售损失的情况，而之前的研究都只考虑了销售损失的情况。

第二，考虑了主动转运问题，而此前的研究主要围绕被动转运问题展开。

第三，对于被动转运问题，顺序地作出订货和转运决策（分别在需求满足之前和之后），每个决策的最优策略可以单独提出。对于主动转运问题，两个决策是同时作出的，因此，最优策略更加复杂，因为它结合了订购和转运决策，并且揭示了它们之间的相互作用。

（5）研究价值

研究在离散时间、有限周期的环境下，一家公司在两个不同地点有单一产品库存，同时利用完整的、主动的横向转运。本书首次全面描述了多时期两地点和有缺货条件下的最佳补货和转运策略。

1.3.4 结合数量弹性合约的最优现货交易

（1）研究目的

研究目的是找到结构化性质，利用这些结构化性质刻画最优购买组合及销售的策略，为企业决策提供理论依据。

（2）问题描述

商品交易市场，特别是天然气、原油、原材料、电子和高科技产品交易市场，往往面临着由于需求的不确定性和价格浮动而导致的运营和金融风险。同时，随着电子商务以及线上产品交易市场的普及，越来越多的企业不但要考虑如何购货，还要考虑如何将产品从交易市场中销售出去。所以，企业需要寻求更加灵活的商业模型，在这种动态和不断变化的环境中有效地购买和销售它们的产品，以规避由于需求和价格两方面的不确定性而造成的损失。在实践中，比较普遍的方法是利用不同的供应商组合以及选择不同的供应渠道来规避相关风险。当企业需要考虑从不同渠道购买的最佳组合时，在考虑在现货市场销售的情况下，为了降低需求不确定性和价格浮动带来的风险以及为了降低库存和购销成本，企业必须作出最优决策。

本书将考虑一个供应链网络，包括以下企业：一个从事产品订购和销售的企业（以下统称为买方）、一个签订长期合约的供应商、多个现货市场上的供应商。买方购买产品以满足长期客户的需求。由于需求的不确定性，买方需提前决定产品的购买数量，一旦需求远低于预期而出现滞销，买方可考虑通过交易市场销售产品以降低库存成本。买方可通过以下渠道购买和销售产品：第一，通过和供应商签订长期合约。买方承诺在某一段时间内，向供应商采购一定数量的物品；供应商承诺，以约定的价格向买方提供一定数量的货源。第二，买方根据库存水平和需求预期，通过现货市场进一步以市场价格购买或销售产品。通过签订长期合约，买方可以按提前约定的价格购买一定数量的货物，从而规避价格浮动的风险。另外，买方在合同中要承诺每次都订购不少于一定数量的货物。买方通过现货市场购买或销售进一步使库存和预期需求相匹配。在现货市场上，购买或销售没有数量限制，但市场价格随时间的流逝而随机变动。

（3）核心问题

•买方在现货市场上的最优购买和销售决策是什么？长期合约的最优订货量是多少？

•在什么情况下，买方要考虑同时通过两种渠道购买或销售？在可以选择现货市场的情况下，选择签订长期合约的价值是多少？

•这些决策如何受到现货市场价格的影响？如何受到其他参数，如现货市场交易固定费用、存货和缺货费用、需求情况的影响？

•可否根据最优策略找到简单的便于实际应用但性能接近最优策略的启发式算法？

（4）研究创新性

第一，库存相关费用在一般（非规则）情况下的最优决策问题由于技术难度，在历史文献中很少出现。本书对一般性假设问题进行了深入研究，将为企业提供更符合实际情况的决策依据。与此同时，我们希望为将来学者们研究更一般情况的库存最优决策问题提供一种可能的解决路径。

第二，本书在多渠道（现货市场和长期合约）、购买和销售双选择情况下，以及在均衡库存、具有双向固定费用的情况下，作出了更加符合实际情况的运营决策，为企业决策者提供了理论指导。从技术角度来看，具有双向固定费用的动态问题一直以来都是一个具有挑战性的问题，在这方面获得的理论成果为将来更好地解决这类问题提供了新的方向。

第三，这个问题的一般性假设为研究带来了技术难度。本书将致力于研发新的结构化性质和最优策略，以丰富理论成果。

（5）研究价值

理论上，本书的研究是极少数考虑双源问题和双向库存调整机会（即在现货市场上买入/卖出）的论文之一，开发了一种技术来推导在一般持有/短缺成本函数假设条件下的结构属性，有望为未来类似假设的研究铺平道路。

实践上，基于对最优策略运作规律的观察，我们找到了易于实施的启发式算法，并将其用于实际商业研究。研究结果有助于决策者评估两种选择（长期合约和现货市场）在确保成本可预测性和尽可能避免库存过剩及库存不足情况下的重要性。本书所建立的模型对于需要在不同情况下根据买家的购买行为来确定合同条款（价格、数量限制、合同期限）的供应商有重要的支持作用。

1.3.5 两阶段串联生产系统的生产与配给最优策略

（1）研究目的

目前的研究仍未注意到可销售的物品不仅可以是成品，也可以是制造后续可销售产品的中间产品。我们考虑用两种产品串联生产在库存系统中的库存配给问题来填补这一研究空白。

（2）问题描述

在一个简单的两阶段生产/库存模型中，管理层必须决定是继续还是停止生产，以及是否必须从可用库存中满足对中间产品和成品或最终产品的各种需求。需求会减少，以便在无限期内最大化公司的贴现预期利润。

（3）核心问题

•利用动态规划方法，刻画并推导最优策略；

•比较静态研究理论，确定利润的关键驱动因素；

•进行数值分析，比较启发式策略的优劣。

（4）研究创新性

第一，一般情况下，临界水平策略对单级问题是有效的，但本书的研究结果表明，在两级串联系统中，最优策略是切换曲线策略。临界水平策略的结果可能与最优策略存在显著偏差。

第二，拓展了串联系统的研究，关注了定量配给问题。

第三，侧重于两阶段生产到库存系统，这是对现有成果的重要补充。

（5）研究价值

理论上，通过精确地考虑串联生产、库存系统来推广配给系统中的通常设置，给出了生产和配给的单调切换曲线的最优性；除了库存配给外，在多种生产模式可用的情况下引入产能配给。产能配给策略可以用额外的单调切换曲线来表征。

实践上，进行理想的客户细分和配给策略，并测试了关键策略的有效性。数值结果表明，有了更复杂的配给策略，平均收入可能增加10%左右。

1.4 研究方法与关键技术

1.4.1 研究方法

本书的研究方法包括动态规划、结构化性质分析、最优策略分析、近似策略及启发式算法设计。

（1）动态规划

动态规划是本书建模的主要方法。本书研究的焦点是库存和生产系统中的动态最优决策问题，其特点是决策过程可以分成若干个互相联系的阶段，在每一阶段都需要作出决策。决策的作出依赖当前的状态，又影响以后的发展。动态规划是通过拆分问题、定义问题状态和状态之间的关系，把多阶段过程转化为一系列单阶段问题，逐个求解，使得问题能够以递推的方式来解决。

本书中五个研究模块的内容不同，但建模方法都统一建立在有限时期定期检查的动态库存模型框架下。其共同点是：目前的库存水平是费用函数的状态变量，目标是如何决策以最小化多时期的期望费用函数。随着问题的不同，其决策变量和其他状态变量也可能不同，但是建模的思路和方法是完全一致的。

（2）结构化性质分析

结构化性质分析是本书的核心和难点。针对每一个研究模块的具体问题，先要考虑合适的结构化性质是否存在；如果存在的话，是什么，如何证明。根据初步分析，在一定的符合实际情况的假设条件下，研究模块可以分别采用以下结构化性质：对研究模块2（两种柔性资源与两种产品生产系统的最优策略），利用ρ- differential monotone展开研究；对研究模块3（两个地点的最佳补货和转运管理），基于非(K_1, K_2)随转换递减的概念展开研究；对研究模块4（结合数量弹性合约的最优现货交易），采用$L^\natural$-凸性展开研究。

（3）最优策略分析

根据研究获得的结构化性质，分析所研究问题的最优策略。对于主要状态变量是一维的情况，考虑采用关键点来描述最优策略。对于主要状态变量是二维的情况，考虑用转换曲线来描述决策规则转变的状态边界，以边界的单调性来简化后续研究步骤中的计算复杂度。对于主要状态变量是多维的情况，考虑用转换曲线和转换曲面相结合来描述决策规则转变的状态边界。

（4）启发式策略及算法设计

由于本书五个研究模块问题的复杂性，可以预料，这些问题的最优策略将是复杂的，所以，需要在获得理论上的最优策略后，以最优理论性质为指导，设计可以为实践所用的、性能良好且易于操作的启发式策略和算法。基本思路是在性能影响不大的情况下，尽量简化最优策略中的关键点，或简化转换曲线和转换曲面的性质，从而达到简化整体决策规则的目的。

1.4.2 关键技术

本书中的核心技术是结构化性质的选择、设计，以及从理论上证明这些性质可以动态保持。根据初步分析，我们对研究模块的结构化性质描述如下：

•Non-（K_1,K_2）-decreasing：称一个实函数f为non-（K_1,K_2）-decreasing，如果$K_1,K_2 \geq 0$和任何$x \leq y$，$f(x) \leq K_1 + f(y)$和$f(y) \leq K_2 + f(x)$。

•Quasi-（K_1,K_2）-convexity：称一个实函数f为quasi-（K_1,K_2）-convex，如果$K_1,K_2 \geq 0$，任何$x \leq y$和$\lambda \in [0,1]$，$f((1-\lambda)x+\lambda y) \leq \max[f(x),K_1+f(y)]$和$f((1-\lambda)x+\lambda y) \leq \max[f(y),K_2+f(x)]$。

•ρ- differential monotone：一个函数$f(x,y)$被称为ρ- differential monotone,如果它满足：

（a）$\frac{\partial f(x,y)}{\partial x}$和$\frac{\partial f(x,y)}{\partial y}$对$x$和$y$是非递减的；

(b) $\rho_{11}^{-1}\frac{\partial f(x,\ y)}{\partial x}+\rho_{12}^{-1}\frac{\partial f(x,\ y)}{\partial y}$对x是非递减的，对y是非递增的，其中$\rho_{11}$和$\rho_{12}$为正实数。

•**上模/下模（Supermodularity/Submodularity）**：一个函数f被称为$W\subseteq R^n$的下模函数（$-f$被称为上模函数），如果W是n维实数空间R^n的一个子格集（sublattice），且对任何$x,y\in W$，$f(x)+f(y)\geq f(x\wedge y)+f(x\vee y)$,其中$x\wedge y=\min\{x,y\}$，$x\vee y=\max\{x,y\}$。

•**$L^{\natural}$-convexity**：$f(x)$称为$x\in W$的$L^{\natural}$-convex函数，如果对(x,z)满足$x\in W$，$(x-ze_n)\in W$组成R^{n+1}的一个子格集（其中$e_n=(1,1...,1)$），并且$f(x-ze_n)$是(x,z)的下模函数。

除了以上结构化性质核心技术，我们还用到以下关键技术：

•**关键点策略（Critical point policy）**:用于一维空间表示状态变量子集服从不同决策规则的临界点。对复杂的一维问题，我们需要考虑多个关键点的组合。

•**安全点策略（Hedging point policy）**:类似于关键点策略，但用于多维空间问题，是服从不同决策规则的多个状态变量子集的交会点。

•**转换曲面和转换曲线技术**：是二维或多维问题中服从不同决策规则的多个状态变量子集的边界点的集合，它们往往具有某种单调性或边界性特点。

•**近似动态规划**：是对特定的多阶段随机优化问题的有力工具。它保持了动态规划的建模框架，同时灵活地将仿真和近似方法集成到优化过程中，并保持了结构化在算法设计中的应用，在解决实际情况下的复杂动态问题时被广泛应用。

第2章 考虑不同剩余价值的多供应商最优订购策略

2.1 引言

本章考虑一家公司在一个时期内销售一种短生命周期产品，产品的需求是随机的。我们在下文中称该产品或产品中的某一部件为物品，需要在销售期之前向一组供应商订购。供应商池中的每个供应商在产能、产品价格和剩余价值（即残值）等方面都是异质的，其中残值可能为负数，例如可能存在处理成本。公司能够将未出售的剩余物品退还给供应商，由供应商进行回收。我们假设，进入供应商池中的供应商们已经通过了预先评审，其含义是每个潜在的供应商在质量、财务实力、交货时间等方面都符合公司的标准。在以往的大多数相关研究中，物品的残值被假定为所有供应商都是一样的，只有 Bandyopadhyay 和 Paul（2010）以及 Chod 等（2010）的研究例外。在本章中，我们将供应商视为在所有方面都是异质的，因此，相同残值的假设被放松了。在这种情况下，公司的基本决策问题是确定从哪些供应商手里购买物品以及从相应供应商手里采购物品的数量，以最大化其期望利润。

在采购中，我们需要考虑不同残值的情况，这在很大程度上源于大多数经合组织国家实施的生产者延伸责任（EPR）环境政策的要求。EPR环境政策的目的是让生产者负责"管理其投放市场的产品所产生的废物"（OECD，2014）。在一些行业中，生产者在这方面得到了其供应商的帮助（Jacobs and Subramanian，2012）。在电子产品行业中，常见的设计方法是模块化产品结构，因此，即使是来自不同供应商的部件，只要具有相同的功能就可以互换。在这种情况下，一些供应商试图开发更吸引客户的化学材料、设计可拆卸和具有可回收性的物品，以区别于其竞争对手，从而导致物品在不同供应商之间有不同的剩余价值。我们在本章中的研究就是受到电子产品行业这种做法的启发。电子产品行业的典型终端产品是由各种各样的部件组装而成的，大多数部件有低价值、长生命周期且易于获得的特点。然而，有些部件具有高价值、短生命周期、必须通过更复杂的采购安排来获得的特点。在消费类电子产品中（如手机、电脑、游戏机等），根据Pourakbar等（2012）的研究，一个典型的终端产品可能在一年或更短的时间内经历从初始开发到最终生产的所有生命周期阶段，这就意味着装配商为了满足各生产类别的组装，可能只有一次订购机会。在本章中，我们解决了企业所面临的短生命周期产品的一次性订购问题。此外，要特别强调的是，我们为上述一次性订购问题而开发的模型，在对初始库存进行一些调整后，也可以适用于长生命周期产品（如打印机、路由器等）临近保质期时的订购，例如进行末次采购。

当一个企业需要采购物品时，采购活动可以划分为三个决策过程（Burke et al.，2007）：①建立供应商池（供应商评估）；②从池中选择要使用的供应商（供应商选择）；③确定从每个供应商手里订购的数量（数量分配）。在本章中，我们假设企业已经建立了一个供应商池，我们的关注点是供应商选择和数量分配决策。以往的大部分研究是将供应商选择作为一个独立问题，例如Weber等（1991）、Degraeve等（2000）、De Boer等（2001）和Ho等（2010）的研究。这些研究大部分本质上是多维度的，即选择的目标或标准不仅包括价格/成本，还包括诸如质量、交付、制造能力、服务、技术和财务等因素。相比之下，在综合考虑供应商选择和数量分配的文献中，单一目标最为典型，例如最大化利润或最小化成本。在本章中，我们有一个单一的目标，即最大化利润，但是，我们同时也对质量维度与非同质残值/回购价格进行了综合考虑。使用回购价格作为质量信号的机制是公认的（Moorthy and Srinivasan，1995；Padmanabhan and Png，1995；Cachon，2003）。正如Forker（1997）研究指出的那样，质量本身是一个多维度结构，通常包括性能、功能、可靠性、一致性、耐久性和可维修性等。接下来，我们将回顾与本章背景相同的单期单产品相关问题的综合供应商选择和数量分配文献。

在早期，关于综合供应商选择和数量分配问题的研究大部分属于确定性范畴（Pan，1989；Hong and Hayya，1992；Chaudhry et al.，1993；Weber and Current，1993；Current and Weber，1994；Zeng，1998）。最早考虑随机需求的研究是由Parlar and Wang（1993）以及Anupindi和Akella（1993）开展的。Parlar和Wang（1993）考虑了一个两个供应商的场景，其中一个供应商的发货量是该供应商的客户订购量的随机函数；而Anupindi和Akella（1993）则研究了几个双供应商模型，其中每个供应商的生产过程是不确定的。所有下文提及的随机工作，除非另有说明，都是关于两个以上供应商的情形。Dada等（2007）研究了供应商是可信赖的或是不可信的情况，一个供应商的不可信赖相当于其产能具有不确定性，而一个可信赖的供应商可视为拥有无限产能。杨等（2007）、Federgruen和Yang（2008，2009）考虑了供应商随机产能的情况。Burke等（2007）研究确定了无限产能情况下和有限产能情况下的最佳采购策略。Awasthi等（2009）研究了每个供应商都有最小和最大订购量的情形。Burke等（2009）研究了一个不可靠供应商和最小订购量限制的情况。Tomlin（2009）考虑了有最小订购量和一个不可靠供应商的双供应商环境，其中一个供应商的可靠性是确定的，而另一个供应商的可靠性只有一个预测值。Wang等（2010）研究了有一个不可靠供应商的双供应商情况，其中企业可以在订货前努力提高供应商的可靠性。Li和Zabinsky（2011）开发了带有数量折扣的多目标模型。Zhang和Zhang（2011）通过引入固定费用，扩展了Awasthi等（2009）的研究。针对有两个不可靠供应商和有服务水平要求的场景，Xanthopoulos等（2012）开发了适用于风险中性和风险厌恶型决策者的模型。Zhang和Chen（2013）通过一个供应商提供数量折扣的问题来扩展Zhang和Zhang（2011）的研究。Van Delft和Vial（2015）的研究表明，Burke等（2009）的预期利润函数实际上只是预期利润的下界，他们提供了正确的表达式。Ray和Jenamani（2016）在有服务水平要求的场景中，为风险中性和风险厌恶型决策者建立了模型。

上述引用的文献与本章不同的是，残值被假定为在所有供应商之间都是相同的。在文献回顾的最后，我们介绍两篇残值不同的论文。在一篇论文中，Bandyopadhyay和Paul（2010）研究了单一时期两个供应商相互竞争，向一个零售商出售单一产品的情况。每个供应商的产能都是有限的，他们以某个批发价格向零售商提供产品，并以退货或回购价格从零售商那里回收任何剩余产品。Bandyopadhyay和Paul将他们的研究表述为博弈，试图证明存在混合均衡策略，尽管Lan等（2013）后来指出，Bandyadhyay和Paul提出的混合均衡策略存在严重缺陷。在另一篇论文中，在多产品情况下，Chod等（2010）考虑了一个大规模定制模块化终端产品的制造商订购问题，该产品在销售期之前由订购的多个部件组装而成（每个部件可能有不同的版本）。在不确定性问题得到解决后，终端产品进行组装，剩余的部件被作为废弃物处理。Chod等（2010）假设每个部件的所有版本都有相同的残值，据此得出生产灵活性与线性需求函数的一些相关结果。在一项数值研究中，他们放松了上述假设。

在本章中，我们考虑了这样一种情况：在一组供应商中，每个供应商回收物品的残值是异质的。首先，我们研究每个供应商的产能是无限的情况；然后，我们研究每个供应商的产能是有限的情况。对于这两种情况，我们开发了管理人员可以用来制订最佳采购计划的方法，即如何选择供应商和从每个供应商那里订购多少。需求可以遵循任何连续分布。我们所做的唯一实质性假设是：采购的物品按最低残值的顺序出售/使用。这就意味着在销售期结束时，如果从供应商i订购的物品还有剩余单位，那么从残值高于供应商i的供应商那里采购的每一个单位物品也将留在库存中。上述所有的分析都是在假设供应商是可靠的情况下进行的，我们还讨论了我们的解决方法如何适用于供应商不可靠的情况。此外，我们也扩展了存在服务水平要求的情况。最后，我们使用本章所考虑问题的解决方法，报告了一项数值研究的结果。

本章中的研究对供应链管理领域作出了一些理论上和实践上的贡献。在理论方面，我们将经典的报童模型的临界比率推广到有不同残值的多个供应商的情况。若每个供应商的产能是无限的，使用广义临界比率是选择供应商的关键。此外，对于所选择的供应商，临界比率也是确定向每个供应商订货数量的重要指标。若每个供应商的产能是有限的，我们开发的算法可以在不超过池子里的供应商数量的情况下，快速找到一个最佳解决方案，每一步的计算要求与解决一个报童问题的顺序相同。在实践方面，对于无限产能和有限产能两种情况，我们都很容易通过设计计算机程序找到解决方法。此外，运用我们的方法生成的采购计划，管理人员可以很容易地理解：从最低价格（最高利润率）的供应商那里订购那些有较高可能性出售的产品，则从残值大于最低价格供应商那里订购销售更加存疑的产品，以对冲剩余库存的可能性。尽管在实践中出现了不同残值的情况，然而在目前的文献中，几乎都假设有相同的残值。通过这篇论文，我们缩短了文献和实践之间的差距。

本章的其余部分如下：在第2节中，我们将分析每个供应商的产能是无限的情况，我们设计了一个程序，来确定供应商池中不订购的供应商，并确定向池中每个其他供应商订购的最佳数量。在第3节中，我们将分析每个供应商产能有限的情况，我们设计了一个有效的程序，以确定从每个供应商处订购的最佳数量。在第4节中，我们将前两节的结果扩展到不可靠供应商的情况，以及存在服务水平要求的情况。在第5节中，我们将提供一个数值研究的结果。在第6节中，我们将总结本章的工作，并对未来的研究提出建议。

2.2 没有产能限制

在本节中，我们分析每个供应商的产能没有限制的情况。在订购的物品是组装产品的情况下，所需的其他材料和部件的交期可以忽略不计，因此物品可以视为按需可得。为了简化表述但不失一般性，接下来我们忽略这些其他材料和部件的成本，以及组装产品所涉及的任何直接劳动成本。这时，产品价格等于产品发布的销售价格减去其他所需材料成本、部件成本和直接劳动成本。我们接下来定义一些符号，假设 N 表示一个供应商池组，p 表示产品的价格，c_i 表示从供应商 i 采购物品的价格，s_i 表示从供应商 i 采购物品的残值，f 表示产品需求的概率密度，F 表示产品需求的累积分布函数（假定它是连续和可微的）。

我们按照供应商的残值排序，$s_i \geqslant s_j$，$1 \leqslant i < j \leqslant N$。我们假设如下情况：

假设 1 在产能无限的情况下，供应商池由多个供应商组成，其中，$s_i > s_j$，$c_i > c_j$，$1 \leqslant i < j \leqslant N$。

这一假设之所以成立，原因是：①如果对于任何两个潜在供应商 i 和 j，我们有 $s_i = s_j$ 和 $c_i > c_j$，那么供应商 i 就被供应商 j 支配了，因此供应商 i 就不包括在供应商池中；②如果对于任何两个潜在的供应商 i 和 j，我们有 $s_i > s_j$ 和 $c_i \leqslant c_j$，同样地，供应商 j 就不会包括在供应商池中。通过这一假设，我们从供应商池中排除了那些包括在供应商池中而永远不会被使用的供应商。

q_i，$i = 1, \cdots, N$，是向第 i 个供应商订购的数量；$Q = \sum_i^N q_i$，是总的订货量；$\mathbf{q} = (q_1, q_2, \cdots, q_N)$，是订货量向量。对于一个给定的 $\mathbf{q}$，预期利润 $E[\prod(\mathbf{q})]$ 可以写为：

$$E[\prod(\mathbf{q})] = p\int_0^Q xf(x)dx + p\int_Q^{+\infty} Qf(x)dx - \sum_{i=1}^{N} c_i q_i + ES \tag{2.1}$$

其中，第一项表示需求量小于总订货量的预期收入，第二项表示需求量大于总订货量的预期收入，第三项给出了采购物品的积累成本；ES是预期残值，其定义如下：

$$ES = s_1\int_{\sum_{i=2}^{N} q_i}^{Q}(Q-x)f(x)dx + \int_{\sum_{i=3}^{N} q_i}^{\sum_{i=2}^{N} q_i}\left[s_1 q_1 + s_2\left(\sum_{i=2}^{N} q_i - x\right)\right]f(x)dx + \cdots +$$

$$\int_{\sum_{i=j+1}^{N} q_i}^{\sum_{i=j}^{N} q_i}\left[\sum_{i=1}^{j-1} s_i q_i + s_j\left(\sum_{i=j}^{N} q_i - x\right)\right]f(x)dx + \cdots + \int_{0}^{q_N}\left[\sum_{i=1}^{N} s_i q_i - s_N x\right]f(x)dx \quad (2.2)$$

请注意，ES的计算隐含了一个假设，即采购物品是从最低残值进行销售/使用的。这就意味着在销售期结束时，如果$i<j$，从供应商j订购的物品还有剩余单位，那么从供应商i订购的每一个物品单位，也会留在库存中。检查公式（2.2），第一项表示只从供应商1（有最高残值的供应商）处采购物品单位回收的预期残值，第二项表示供应商1的所有物品单位和供应商2（残值次高的供应商）的一些物品单位回收预期残值。以此类推，最后一项表示所有供应商（除供应商N外）的所有物品单位和供应商N（残值最低的供应商）的一些物品单位回收预期残值。为了方便起见，我们可以将ES改写如下：

$$ES = s_1\int_{0}^{Q}(Q-x)f(x)dx +$$

$$\sum_{j=2}^{N}\int_{\sum_{i=j+1}^{N} q_i}^{\sum_{i=j}^{N} q_i}\left[\sum_{i=1}^{j-1}(s_i - s_1)q_i + (s_j - s_1)\left(\sum_{i=j}^{N} q_i - x\right)\right]f(x)dx \quad (2.3)$$

无限容量问题可表述为：

$$\max E\left[\prod(\mathbf{q})\right] \text{s.t. } q_i \geq 0,\ 1 \leq i \leq N \quad (2.4)$$

引理2–1提供了公式（2.4）的Karush–Kuhn–Tucker（KKT）条件。本引理的证明和所有后续结果都可以在附录1中找到。

引理2–1 对于公式（2.4），Karush–Kuhn–Tucker条件是：

$$F(Q) = \frac{p - c_1}{p - s_1} + \frac{\lambda_1}{p - s_1} \quad (2.5)$$

$$F\left(\sum_{j=k}^{N} q_j\right) = \frac{c_{k-1} - c_k}{s_{k-1} - s_k} - \frac{\lambda_{k-1} - \lambda_k}{s_{k-1} - s_k},\ 2 \leq k \leq N \quad (2.6)$$

$$\lambda_k q_k = 0,\ 1 \leq k \leq N \quad (2.7)$$

$$\lambda_k \geq 0,\ 1 \leq k \leq N \quad (2.8)$$

下面的命题确立了预期利润函数的结构化性质：

命题2-1 (i) $E[\prod(\mathbf{q})]$在$\mathbf{q}$中具有联合凹性和次模性共同性质，即$\frac{\partial^2 E[\prod(\mathbf{q})]}{\partial q_k \partial q_l} \leqslant 0$，$1 \leqslant k \leqslant l \leqslant N$。

(ii) $\frac{\partial E[\prod(\mathbf{q})]}{\partial q_k} - \frac{\partial E[\prod(\mathbf{q})]}{\partial q_{k'}}$，$1 \leqslant k < k' \leqslant N$不与$q_1$，…，$q_k$相关，随着$q_{k+1}$，…，$q_N$非递减。

根据（i）的第一部分，我们得知KKT条件是最优性的充分必要条件，而次模性可以证明在我们的场景中供应商是可替代的，这意味着从池中的一个供应商多订购产品不如从池中的多个供应商订购更多产品有吸引力。换句话说，在池中的一个供应商订购更多产品所获得的边际利润会随着从其他供应商订购的产品数量的增加而减少。（ii）中的边际利润差异是决定向哪个供应商订货的关键。这个结果背后的逻辑是这样的：回顾假设1，$s_i > s_j$，$c_i > c_j$，$1 \leqslant i < j \leqslant N$，因此，在订购第一个产品时，最好从供应商$N$采购，因为它是价格最低的供应商，几乎没有要退回这个产品的可能。但是，随后的每个产品需要退回的可能性都增加了，最终会达到一个平衡点，这时从具有更高残值的供应商（即$i < N$的供应商）订购或者干脆停止订购更有利。如果向供应商i（$i < N$）订购更有利，那么前面的推理也适用于供应商i。随着订购过程的继续，对供应商i的依赖也在继续。最终，订购过程要么在从供应商1处订购后终止，要么在从供应商i（$i > 1$）处订购时变得更加不利而提前终止。因此，随着从供应商j订购的数量增加，从具有更高残值的供应商i订购变得更有优势，这就意味着$\frac{\partial E[\prod(\mathbf{q})]}{\partial q_k} - \frac{\partial E[\prod(\mathbf{q})]}{\partial q_{k'}}$，$1 \leqslant k < k' \leqslant N$是非递减的。

（ii）的另一个值得讨论的结果是，边际利润差异与两个被比较供应商中具有较高残值的供应商无关。为了理解其含义，我们考虑一个只有两个供应商的简单情况。假设再订购一个物品单位，可以选择从供应商1或供应商2处订购。如果这个物品单位能够售出（需求超过了$q_1 + q_2$），那么利润的差异只取决于购买成本的差异，即$c_1 - c_2$。如果该物品单位没有售出，它将成为残值s_1或是s_2。特别是，如果需求超过q_2，那么剩余库存的数量不会超过q_1。因此，无论此物品单位是否从供应商1或2订购，残值都是s_1，利润差额仍为$c_1 - c_2$。如果需求不超过q_2，该物品单位如果从供应商1订购，残值是s_1，否则为s_2。因此，只有在需求不超过q_2的情况下，才有残值的差异，即$s_1 - s_2$。显然，边际利润差异只取决于q_2，并不取决于q_1。有多个供应商的一般情况也可以用类似的方法解释。注意，(ii) 中的结果是为有限产能情况制定有效解决方案的关键，这将在下一节中显示。

值得一提的是，在无限产能问题上，选择供应商N总是最优的。考虑到假设1，N是价格最低的供应商，并且也是残值最低的供应商。例如，一个公司考虑订购第一台设备，公司认识到，订购的第一台设备在任何情况下都最有可能被售出。这导致企业从价格最低的，即利润率最高的供应商那里订购该设备。这就意味着在订购第一台设备时，价格主导了残值。

定理 2-1 假设每个供应商的产能是无限的。如果：

$$\frac{p - c_1}{p - s_1} < \frac{c_1 - c_2}{s_1 - s_2} \tag{2.9}$$

不从供应商1订货是最佳选择；如果：

$$\frac{c_{k-1} - c_k}{s_{k-1} - s_k} < \frac{c_k - c_{k+1}}{s_k - s_{k+1}},\ 2 \leqslant k \leqslant N - 1 \tag{2.10}$$

不从供应商k订货是最佳选择。

定理2-1有助于设计一个确定该公司淘汰供应商的程序。执行这个程序（见下页），会生成一个集合$\overline{A}$，其中包含每个应该被淘汰的供应商的索引号。定理2-2表明，不从$\overline{A}$中的供应商订货是最理想的，并且它提供了从每个供应商订货的最佳数量。

定理 2-2 假设每个供应商的产能都是无限的，如果在执行无限产能程序后，还剩下$n(1 \leqslant n \leqslant N)$个供应商，（在不失一般性的情况下，假设供应商从1到n，其中$s_i > s_j$，$1 \leqslant i < j \leqslant n$），那么$n$个供应商的最佳订购数量可由公式（2.11）和（2.12）得到：

```
procedure UNLIMITED
  A= [1, 2, ⋯, N], \bar{A} = [], n=N-1, \tilde{c}_0 = p, \tilde{s}_0 = p, z = 1
   for i=1 to n do
      \tilde{c}_i = c_i, \tilde{s}_i = s_i
  end for
  while z > 0 do
   z = -1
   for i=n to 1 do
        if (\tilde{c}_{i-1} - \tilde{c}_i)/(\tilde{s}_{i-1} = \tilde{s}_i) < (\tilde{c}_i - \tilde{c}_{i+1})/(\tilde{s}_i - \tilde{s}_{i+1}) then
          \bar{A} = \bar{A} + A[i]
          for j=i+1 to n+1 do
             \tilde{c}_{j-1} = \tilde{c}_j, \tilde{s}_{j-1} = \tilde{s}_j, A[j-1] = a[j]
          end for
          A[n+1] =∅
          z=1
          n=n-1
        end if
      end for
   end while
end procedure
```

$$F\left(Q\right) = \frac{p - c_1}{p - s_1} \tag{2.11}$$

$$F\left(\sum_{i=j}^{n} q_i\right) = \frac{c_{j-1} - c_j}{s_{j-1} - s_j}, \quad 2 \leqslant j \leqslant \mathrm{n} \tag{2.12}$$

定理2-1和2-2为管理者提供了一个确定从哪些供应商订货以及从每个供应商订货多少的方法。在这个过程中，先按照供应商的残值对其进行排序，$s_i > s_j$，$1 \leqslant i < j \leqslant n$；然后，从第$N-1$个供应商（残值次低的供应商）开始逆推，使用公式（2.10）或（2.9）对供应商进行逐个评估。如果公式（2.10）或（2.9）对某一特定供应商来说为真，那么该供应商就会从供应商池中被剔除，供应商索引数也会被更新。这样一来，供应商池中的供应商总数就会减少一个，而且索引数是连续的。用这种方法重新评估供应商池后，池中只剩下将被订购物品的供应商，然后用定理2-2的公式（2.11）和（2.12）得到订购数量。

我们对上述过程提供一些注释。首先，应该注意的是，当我们评估一个供应商是否应该被纳入池中时，答案更多地取决于其他两个供应商(如果是第一个供应商，则只有一个其他供应商)。这对拥有大量潜在供应商的公司来说是个好消息。其次，一旦确定了供应商池，其中n是池中供应商的数量，总的订货量或从供应商j到$n\left(2 \leqslant j \leqslant n\right)$累计订货量可以通过一个$n$步且每一步需要解决一个报童问题的嵌入过程来实现。最后，有趣的是，总订货量除了取决于销售价格外，仅取决于第一个供应商（而不是任何其他供应商）的成本参数。如果确定总订货量类似于确定一个订货策略的最优订货量，那么我们的最优订货量可以被认为是容易获得的，因为它不依赖供应商池的大小或来自池中供应商的信息。对于供应商众多的公司来说，这又是一个好消息。

将我们的模型与传统的单一供应商报童模型进行比较是很有意义的。当只有一个供应商时，众所周知，利润最大化的订货量满足报童模型，即$F\left(Q\right) = \frac{c_u}{c_u + c_o} = \frac{p - c}{p - s}$，其中$c_u = p - c$是缺货成本，$c_o = c - s$是超额成本，$c$是购买成本，$s$是残值。我们的结果从以下几方面概括了报童模型：①在公式（2.11）中使用的报童模型，只是公式（2.12）的一个特例，例如当$c_0 = p$和$s_0 = p$时，临界比率为$\frac{c_{k-1} - c_k}{s_{k-1} - s_k}$。②与传统的报童模型一样，我们的解决方案也利用了一个临界比率，即$\frac{c_{k-1} - c_k}{s_{k-1} - s_k}$，以确定从每个供应商订购的数量。此外，在确定订购数量之前，我们的方法同样使用这些临界比率，通过比较一对供应商的临界比率值，来评估是否应选择某个供应商。在所选择的供应商中，对于任何一个供应商k，假设供应商是从1到n，则订购数量$\sum_{i=k}^{n} q_i$取决于供应商k的临界比率。在其他供应商中也是如此，临界比率从供应商1到n是递减的。

在结束本节之前，将我们的结果与Burke等（2007）的无限产能模型结果进行比较。在他们的模型中，所有供应商的残值都是一样的，并且最优策略是从价格最低的供应商订购。在我们的研究中，由于残值是不同的，对于池中的每个供应商，我们需要与池子里至少一个其他供应商比较，在较高的单价、较低的缺货风险和较低的单价、较高残值风险之间进行权衡，这并不是Burke等（2007）提出的问题。换句话说，在我们的问题中，确定最优解决方案不仅是单一确定最低价格的供应商和订货数量，还涉及确定最佳供应商组合及其相关的订货数量。

2.3 有限的产能

在这一节中，我们分析每个供应商都是有限产能的情况。设$y_i > 0$，$i = 1$，…，N，为第i个供应商的产能，即企业可以从第i个供应商处订购的最大数量。所有其他符号的含义保持不变。在这种情况下，我们取消假设1，因为即使在任何$i < j$的情况下，$c_i < c_j$，$s_i \geq s_j$，如果i的产能被耗尽，使用供应商j仍然是有吸引力的。我们以下列方式对供应商进行订购排序：①$s_i \geq s_j$，$1 \leq i < j \leq N$；②如果$s_i = s_j$，那么$c_i < c_j$，$1 \leq i < j \leq N$。

有限容量问题可以转化为无限产能问题，在公式（2.4）的基础上加上适当的产能约束：

$$\max E\left[\Pi(\mathbf{q})\right] \tag{2.13}$$

$$\text{s.t.}\ q_i \geq 0,\ 1 \leq i \leq N \tag{2.14}$$

$$q_i \leq y_i,\ 1 \leq i \leq N \tag{2.15}$$

我们可以通过增加KKT的乘子μ_1，μ_2，…，μ_k，分别修改KKT条件（2.4）和（2.5）。

与无限产能模型类似，我们推导出有限产能的KKT条件为：

$$p - c_1 - \left(p - s_1\right)F\left(Q\right) + \lambda_1 - \mu_1 = 0 \tag{2.16}$$

$$c_{k-1} - c_k - \left(s_{k-1} - s_k\right)F\left(\sum_{j=k}^{N} q_j\right) - \lambda_{k-1} + \lambda_k + \mu_{k-1} - \mu_k = 0,\ 2 \leq k \leq N \tag{2.17}$$

$$\lambda_k q_k = 0,\ 1 \leq k \leq N \tag{2.18}$$

$$\mu_k\left(y_k - q_k\right) = 0,\ 1 \leq k \leq N \tag{2.19}$$

$$\lambda_k \geq 0,\ 1 \leq k \leq N \tag{2.20}$$

$$\mu_k \geq 0,\ 1 \leq k \leq N \tag{2.21}$$

让q_i^*，$1 \leq i \leq N$表示供应商i预期利润最大化的最佳订货量。在某些特殊情况下，最优订货量q_i^*具有以下性质：

引理2-2

（i）如果$s_i > s_{i+1}$并且$c_i = c_{i+1}$,$1 \leq i \leq N-1$,那么$q_i^* = y_i$,$q_{i+1}^* > 0$。

（ii）如果 $s_i = s_{i+1}$ 并且 $c_i < c_{i+1}$，$1 \leq i \leq N-1$，那么 $q_i^* = y_i$，$q_{i+1}^* > 0$。

引理 2-2 的结果意味着，如果一个供应商支配另一个供应商，那么被支配的供应商直到支配的供应商的产能被耗尽才会被订购。

在产能约束情况下，我们无法获得本章第 2 节所说的那样精确的数学公式来计算从每个供应商那里订购的数量，然而，基于命题 2-1 的结果，我们可以开发一个程序（见下面的有限产能程序），提供一个有效的方法来找到最佳解决方案。定理 2-3 说明由该程序得到的解决方案是最佳方案。

定理 2-3 对于有限产能问题，通过有限产能程序获得的解决方案是最佳方案。

```
procedure FINITE
  A= {1, 2, ···, N}, Ā =∅
  q_i=0, 1≤ i ≤ N
  k = inf arg max ∂E(∏(q))/∂_{q_i}
  if ∂E(∏(q))/∂_{q_i} > 0 then
    while q_k < y_k and k=inf argmax ∂E(∏(q))/∂_{q_i} do
      increase q_k
    end while
    if q_k=y_k then
      A = A - {k}, Ā = Ā + A{k}
    end if
    if A ≠ ∅ then
      Goto 3
    end if
  end if
end procedure
```

这个程序的基本思想是：总是从能够产生最大利润率的供应商那里开始订购第一个物品单位。一旦开始向一个供应商订货，就会一直持续下去，直到该供应商的产能耗尽，或者向另一个供应商订货变得更有利可图时终止向该供应商订购。命题 2-1 得到的结果确保按照这个程序得到的订货数量是最优的。接下来，我们给出一个例子来解释这个程序。

例子：

$N=4$，（$c1$，$c2$，$c3$，$c4$）=（5，7，6，5），（$s1$，$s2$，$s3$，$s4$）=（3，3，2.5，2），（$y1$，$y2$，$y3$，$y4$）=（2，2，3，3），$p=10$。需求是

在0到10之间均匀分布的。为了简化符号，我们用$\left(T_1, T_2, T_3, T_4\right)$表示$\left(\frac{\partial E\left[\prod(\mathbf{q})\right]}{\partial q_1}, \frac{\partial E\left[\prod(\mathbf{q})\right]}{\partial q_2}, \frac{\partial E\left[\prod(\mathbf{q})\right]}{\partial q_3}, \frac{\partial E\left[\prod(\mathbf{q})\right]}{\partial q_4}\right)$。

步骤0：$A=\{1, 2, 3, 4\}$并且$\left(q_1, q_2, q_3, q_4\right)=(0, 0, 0, 0)$。使用公式（2.29）和（2.30）（见命题2-1的证明），我们得到$\left(T_1, T_2, T_3, T_4\right)=(5, 3, 4, 5)$。

步骤1：向供应商1或4订货是最佳选择。让k成为要从中订购的供应商最小索引号，并以命题2-1的（ii）部分为指导，我们选择向最小索引号的供应商订货，因此$k=1$。当供应商1的产能耗尽或$T_1=0$时，我们获得$q_1=2$，耗尽供应商1的产能；更新得到$\left(T_1, T_2, T_3, T_4\right)=(3.6, 1.6, 2.6, 3.6)$。

步骤2：现在$A=\{2, 3, 4\}$并且$k=4$。选择从供应商4订货，直到其产能耗尽或$T_4=0$，我们得到$q_4=3$，耗尽供应商4的产能；$\left(T_2, T_3, T_4\right)=(-0.5, 0.35, 1.2)$。

步骤3：现在$A=\{2, 3\}$并且$k=3$。从供应商3订货，直到其产能耗尽或$T_3=0$，我们得到$q_3=0.466$；$\left(T_2, T_3\right)=(-0.826, 0)$。

步骤4：现在向A中的任何一个供应商订货都无法获利，因此停止订购。我们得到的最优解为$\left(q_1, q_2, q_3, q_4\right)=(2, 0, 0.466, 3)$。

这个结果可以直接从有限产能的程序和定理2-3得出。

推论2-1 当执行有限程序时，如果在某个步骤中，供应商i是利润率最高的供应商，并且该供应商有未使用的产能，那么在供应商i的产能耗尽之前，不会从任何其他供应商$j(j>i)$订购。

备注：①从命题2-1第（ii）部分可以确定，一旦从最优供应商订购，就不向该供应商再次订购。这就意味着这个程序最多只需N步就能完成。因此，即使N非常大，这个程序也是有效的，并且易于实现。②由于无限产能模型是有限产能模型的一个特例，这个程序也可以适用于有限产能模型。③将我们的结果与Burke等（2007）的有限产能结果进行了比较。与无限产能的情况一样，在Burke等（2007）的研究中，在较高单价、较低的残值风险和较低单价、较高的残值风险之间没有进行权衡。他们的问题解决方案是先将供应商的成本价格从低到高进行升序排列，然后从最低成本的供应商开始订购。当此供应商产能耗尽时，就会转向成本略高的供应商继续订购。对于我们的问题，供应商排序是比较复杂的，因为需要计算在向每个供应商订货时获得的边际利润。上述例子说明，向供应商订货的顺序并不仅仅是价格或残值的简单函数。④有限产能程序的最优性从技术上解释了为什么在无限产能模型中，供应商N总是被选中。当$Q = 0$时，供应商N有最高的利润率。因此，依据假设2-1，程序总是首先从供应商N，即价格最低的供应商开始订购。

2.4 扩展

在这一节中，我们将结果扩展到供应商不可靠的情况，以及存在服务水平目标的情况。与Burke等（2007）的研究一样，我们使用r_i，$i = 1$，…，N代表供应商i的可靠性指数，即r_i代表从供应商i收到“质量好”物品单位的历史百分比。假定$0 < r_i \leqslant 1$，r_i的严格正值保证了一个历史上可靠性表现不佳的供应商从一开始就被剔除了。对于无限和有限产能模型，我们考虑以下两种情况：（i）公司只为提供“质量好”物品单位向供应商付款；（ii）公司吸收质量缺陷物品单位的成本。

对于情况（i），让$\bar{q}_i = r_i q_i$，$i = 1$，…，N，$\bar{Q} = \sum_{i=1}^{N} r_i q_i$并且$\bar{\mathbf{q}} = \left(\bar{q}_1, \bar{q}_2, \cdots, \bar{q}_N\right)$。对于一个给定的$\bar{\mathbf{q}}$，预期利润$E[\Pi(\bar{\mathbf{q}})]$可以写为：

$$E[\Pi(\bar{\mathbf{q}})] = p\int_0^{\bar{Q}} xf(x)dx + p\int_{\bar{Q}}^{+\infty} \bar{Q} f(x)dx - \sum_{i=1}^{N} c_i \bar{q}_i + ES \tag{2.22}$$

其中，和前文一样，ES是预期残值，现在定义为：

$$ES = s_1\int_0^{\bar{Q}} \left(\bar{Q} - x\right) f(x)dx + \sum_{j=2}^{N}\int_{\sum_{i=j+1}^{N}\bar{q}_i}^{\sum_{i=j}^{N}\bar{q}_i} \left[\sum_{i=1}^{j-1}\left(s_i - s_1\right)\bar{q}_i + \left(s_j - s_1\right)\left(\sum_{i=j}^{N}\bar{q}_i - x\right)\right] f(x)dx \tag{2.23}$$

与公式（2.1）和（2.3）相比，唯一的区别是 $q_i(i = 1, \cdots, N)$ 和 Q 分别被 $\bar{q}_i = r_i q_i(i = 1, \cdots, N)$ 和 $\overline{Q}$ 所取代。因此，无限产能模型可以通过简单地将 $\bar{q}_i(i = 1, \cdots, N)$ 和 $\overline{Q}$ 替换为我们在第2.2节结果中的 $q_i(i = 1, \cdots, N)$ 和 Q 来获得。值得一提的是，鉴于定理2-1，我们得到的结果是，供应商的可靠性并不影响供应商的选择。这与Burke等（2007）的研究结果一致，尽管在我们的研究场景中，企业可能从多个供应商处订货，而不是从唯一的最低成本供应商订货。通过对公式（2.15）中的 y_i 重新放松，类似的扩展也适用于有限产能模型。

我们的产能无限和产能有限模型很容易扩展为有质量缺陷的物品单位付费情况。在这种情况下，我们只需将公式（2.22）中的 $\sum_{i=1}^{N} c_i q_i$ 更改为 $\sum_{i=1}^{N} c_i \bar{q}_i$，而其他项和公式（2.23）一样。如果我们定义 $\bar{c}_i = c_i r_i$，$i = 1, \cdots, N$，那么很容易看到这个问题等同于是由公式（2.22）定义的，但有排序成本 $\bar{c}_i$ 的问题。我们根据 $\bar{c}_i$ 对供应商进行了排序，并应用了已经开发的程序。

在本节的其余部分，我们将结果扩展到企业承诺提供最低服务水平的情况，这个服务水平定义为目标在库率。让 α 表示库存目标，那么总订购量 Q 满足 $F(Q) \geq \alpha$；假设 Q' 是满足 $F(Q) \geq \alpha$ 的最小订购量，Q^* 是没有服务约束问题的最佳总订货量。

对于存在库存目标的情况，我们的方法如下：①如果 $Q' \leq Q^*$，那么由有限产能程序产生的解决方案是最佳的，因为库存约束得到了满足。②如果 $Q' > Q^*$，改变程序第五行条件 $\frac{\partial E[\prod(\mathbf{q})]}{\partial q_k} > 0$ 为 $\sum_{i=1}^{N} q_i < Q'$。完成这一改变后，继续运行程序，直到满足库存约束，总订货量为 Q'。注意，这个修改后的方法在无限产能和有限产能情况下同样适用。

推论2-2 对于有服务水平承诺的问题，通过这种修改的方法得到的解决方案是最优的。

2.5 数值研究

在这一节中，我们运用本章问题场景所开发的方法，提供了一个数值研究的结果。具体结果见表2-1到表2-6。表2-1、表2-3和表2-5包含了无限产能情况下的结果，表2-2、表2-4和表2-6包含了有限产能情况下的结果。在每一种情况下，供应商$N = 5$，产品的价格$p = 100$。供应商1~5的产能分别设定为50、50、100、200和400。使用不同的分布来模拟产品需求，对于表2-1和表2-2的场景，我们假定平均需求量为500，需求为泊松分布。对于表2-3和表2-4的场景，我们假定需求在0~1 000的范围内均匀分布。对于表2-5和表2-6的场景，我们假定需求是指数分布。这些分布中的每一个都有一个相应的变异系数（它的标准差除以它的平均值），在我们的问题场景中，它可以被视为对需求不确定性的一种衡量。对于表2-1和表2-2的场景，变异系数大约为0.04；对于表2-3和表2-4的场景，变异系数大约为0.58；对于表2-5和表2-6的场景，变异系数大约为1.0。虽然变异系数在理论上没有上限，但是根据我们的经验，短生命周期产品的需求变异系数通常在0到1之间，这也是我们使用这些需求分布的一个原因。我们选择这些需求分布，也是因为想评估对称与非对称需求分布的影响。应该指出的是，均匀分布和指数分布常被一些基础性研究（Parlar and Wang，1993；Anupindi and Akella，1993）。

我们还变化了从供应商处订购的价格和回收价值。对于表2-1中的每个场景，回收价值是从-15到10的整数范围内不重复地抽取五个数字随机生成的。然后，将这些数字从大到小进行排序，最大的数字成为供应商1的残值，第二大数字成为供应商2的残值，以此类推。表2-1中第一个场景产生的残值也被用于表2-5中的第一个场景。类似地，表2-1中第二个场景产生的残值也被用于表2-5中的第二个场景，以此类推，表2-1中的其余场景也同样。价格的生成方式类似，但是数字来自不同范围的整数。对于表2-1的前五个场景中的任意一个，从30到50的整数范围内抽取五个数字。对于表 2-1 的中间五个场景中的任意一个，从 40 到 60 的整数范围内抽取五个数字。对于表 2-1 中最后五个场景中的任意一个，从 50 到 70 的整数范围内抽取五个数字。对于每一个场景，在指定了残值和价格之后，我们报告了最佳的供应商、从每个供应商处订购的最佳数量，以及相应的预期利润。

表 2-1　没有产能限制的情况——需求：泊松分布（500）

场景	回收价值	价格	供应商	最佳数量	预期利润
1	10，7，6，-2，-12	47，46，40，35，32	3，4，5	1，19，488	$33 095
2	9，7，2，-4，-11	47，46，44，38，32	5	506	$33 048
3	6，5，2，-1，-15	45，44，41，37，32	4，5	15，492	$33 024
4	3，-9，-13，-14，-15	50，47，43，36，30	5	506	$34 011
5	8，3，-4，-6，-11	48，47，42，40，38	4，5	10，494	$30 022
6	1，0，-8，-12，-13	60，59，50，46，43	5	500	$27 492
7	10，4，1，-3，-9	60，58，50，44，42	4，5	12，490	$28 037
8	6，5，4，-9，-10	51，48，47，44，43	3，5	16，487	$27 545
9	9，5，-1，-3，-6	60，55，54，49，46	5	500	$26 055
10	10，5，2，-3，-14	51，48，45，42，40	4，5	23，480	$29 026
11	4，-3，-8，-11，-12	70，68，67，62，55	5	494	$21 533
12	6，-4，-10，-12，-13	68，67，60，57，51	5	496	$23 507
13	9，7，2，-13，-15	68，63，57，54，51	3，5	5491	$23 496
14	7，-4，-9，-11，-12	70，67，61，59，52	5	496	$23 018
15	8，7，0，-4，-7	69，54，53，52，51	2，5	18，482	$23 581

表 2-2　有产能限制的情况——需求：泊松分布（500）

场景	回收价值	价格	供应商	最佳数量	预期利润
16	10，7，6，-2，-12	47，46，40，35，32	3，4，5	1，107，400	$32 843
17	9，7，2，-4，-11	47，46，44，38，32	4，5	105，400	$32 498
18	6，5，2，-1，-15	45，44，41，37，32	4，5	107，400	$32 641
19	3，-9，-13，-14，-15	50，47，43，36，30	4，5	103，400	$33 394
20	8，3，-4，-6，-11	48，47，42，40，38	4，5	104，400	$29 866
21	1，0，-8，-12，-13	60，59，50，46，43	4，5	99，400	$27 202
22	10，4，1，-3，-9	60，58，50，44，42	4，5	102，400	$27 886
23	6，5，4，-9，-10	51，48，47，44，43	3，4，5	20，83，400	$27 463
24	9，5，-1，-3，-6	60，55，54，49，46	4，5	100，400	$25 781
25	10，5，2，-3，-14	51，48，45，42，40	4，5	103，400	$28 892

续表

场景	回收价值	价格	供应商	最佳数量	预期利润
26	4, -3, -8, -11, -12	70, 68, 67, 62, 55	4, 5	91, 400	$20 891
27	6, -4, -10, -12, -13	68, 67, 60, 57, 51	4, 5	93, 400	$22 946
28	9, 7, 2, -13, -15	68, 63, 57, 54, 51	3, 4, 5	15, 81, 400	$23 244
29	7, -4, -9, -11, -12	70, 67, 61, 59, 52	4, 5	92, 400	$22 366
30	8, 7, 0, -4, -7	69, 54, 53, 52, 51	2, 4, 5	20, 80, 400	$23 508

表 2-3 没有产能限制的情况——需求：均匀分布（0，1000）

场景	回收价值	价格	供应商	最佳数量	预期利润
31	10, 7, 6, -2, -12	47, 46, 40, 35, 32	3, 4, 5	13, 325, 300	$21 161
32	9, 7, 2, -4, -11	47, 46, 44, 38, 32	5	613	$20 829
33	6, 5, 2, -1, -15	45, 44, 41, 37, 32	4, 5	267, 357	$20 541
34	3, -9, -13, -14, -15	50, 47, 43, 36, 30	5	609	$21 304
35	8, 3, -4, -6, -11	48, 47, 42, 40, 38	4, 5	166, 400	$17 381
36	1, 0, -8, -12, -13	60, 59, 50, 46, 43	5	504	$14 376
37	10, 4, 1, -3, -9	60, 58, 50, 44, 42	4, 5	210, 333	$15 557
38	6, 5, 4, -9, -10	51, 48, 47, 44, 43	3, 5	266, 286	$15 202
39	9, 5, -1, -3, -6	60, 55, 54, 49, 46	5	509	$13 755
40	10, 5, 2, -3, -14	51, 48, 45, 42, 40	4, 5	381, 182	$16 512
41	4, -3, -8, -11, -12	70, 68, 67, 62, 55	5	402	$9 040
42	6, -4, -10, -12, -13	68, 67, 60, 57, 51	5	434	$10 624
43	9, 7, 2, -13, -15	68, 63, 57, 54, 51	3, 5	86, 353	$10 492
44	7, -4, -9, -11, -12	70, 67, 61, 59, 52	5	429	$10 286
45	8, 7, 0, -4, -7	69, 54, 53, 52, 51	2, 5	280, 214	$11 698

表2-4 有产能限制的情况——需求：均匀分布（0，1000）

场景	回收价值	价格	供应商	最佳数量	预期利润
46	10, 7, 6, -2, -12	47, 46, 40, 35, 32	3, 4, 5	83, 200, 356	$21 127
47	9, 7, 2, -4, -11	47, 46, 44, 38, 32	4, 5	196, 400	$20 321
48	6, 5, 2, -1, -15	45, 44, 41, 37, 32	3, 4, 5	2, 200, 400	$20 500
49	3, -9, -13, -14, -15	50, 47, 43, 36, 30	4, 5	161, 400	$20 285
50	8, 3, -4, -6, -11	48, 47, 42, 40, 38	4, 5	166, 400	$17 381
51	1, 0, -8, -12, -13	60, 59, 50, 46, 43	4, 5	82, 400	$14 138
52	10, 4, 1, -3, -9	60, 58, 50, 44, 42	4, 5	200, 343	$15 556
53	6, 5, 4, -9, -10	51, 48, 47, 44, 43	2, 3, 5	50, 100, 388	$15 095

续表

场景	回收价值	价格	供应商	最佳数量	预期利润
54	9，5，-1，-3，-6	60，55，54，49，46	4，5	95，400	\$13 586
55	10，5，2，-3，-14	51，48，45，42，40	3，4，5	100，200，260	\$16 433
56	4，-3，-8，-11，-12	70，68，67，62，55	5	400	\$9 040
57	6，-4，-10，-12，-13	68，67，60，57，51	5	400	\$10 560
58	9，7，2，-13，-15	68，63，57，54，51	3，5	86，353	\$10 492
59	7，-4，-9，-11，-12	70，67，61，59，52	5	400	\$10 240
60	8，7，0，-4，-7	69，54，53，52，51	2，3，5	50，100，321	\$11 432

表2-5　　没有产能限制的情况——需求：指数分布（500）

场景	回收价值	价格	供应商	最佳数量	预期利润
61	10，7，6，-2，-12	47，46，40，35，32	3，4，5	18，312，178	\$13 993
62	9，7，2，-4，-11	47，46，44，38，32	5	474	\$13 611
63	6，5，2，-1，-15	45，44，41，37，32	4，5	268，221	\$13 439
64	3，-9，-13，-14，-15	50，47，43，36，30	5	469	\$13 889
65	8，3，-4，-6，-11	48，47，42，40，38	4，5	162，255	\$11 033
66	1，0，-8，-12，-13	60，59，50，46，43	5	351	\$8 843
67	10，4，1，-3，-9	60，58，50，44，42	4，5	190，203	\$9 751
68	6，5，4，-9，-10	51，48，47，44，43	3，5	233，168	\$9 550
69	9，5，-1，-3，-6	60，55，54，49，46	5	356	\$8 483
70	10，5，2，-3，-14	51，48，45，42，40	4，5	314，100	\$10 465
71	4，-3，-8，-11，-12	70，68，67，62，55	5	257	\$5 288
72	6，-4，-10，-12，-13	68，67，60，57，51	5	284	\$6 308
73	9，7，2，-13，-15	68，63，57，54，51	3，5	71，218	\$6 221
74	7，-4，-9，-11，-12	70，67，61，59，52	5	280	\$6 092
75	8，7，0，4，7	69，54，53，52，51	2，5	221，121	\$7 136

表2-6　　有产能限制的情况——需求：指数分布（500）

场景	回收价值	价格	供应商	最佳数量	预期利润
76	10，7，6，-2，-12	47，46，40，35，32	3，4，5	94，200，215	\$13 966
77	9，7，2，-4，-11	47，46，44，38，32	4，5	53，400	\$13 486
78	6，5，2，-1，-15	45，44，41，37，32	4，5	200，276	\$13 406
79	3，-9，-13，-14，-15	50，47，43，36，30	4，5	12，400	\$13 671
80	8，3，-4，-6，-11	48，47，42，40，38	4，5	162，255	\$11 033
81	1，0，-8，-12，-13	60，59，50，46，43	5	351	\$8 843

续表

场景	回收价值	价格	供应商	最佳数量	预期利润
82	10, 4, 1, -3, -9	60, 58, 50, 44, 42	4, 5	190, 203	\$9 751
83	6, 5, 4, -9, -10	51, 48, 47, 44, 43	2, 3, 5	50, 100, 237	\$9 472
84	9, 5, -1, -3, -6	60, 55, 54, 49, 46	5	356	\$8 483
85	10, 5, 2, -3, -14	51, 48, 45, 42, 40	3, 4, 5	79, 200, 133	\$10 427
86	4, -3, -8, -11, -12	70, 68, 67, 62, 55	5	257	\$5 288
87	6, -4, -10, -12, -13	68, 67, 60, 57, 51	5	284	\$6 308
88	9, 7, 2, -13, -15	68, 63, 57, 54, 51	3, 5	71, 218	\$6 221
89	7, -4, -9, -11, -12	70, 67, 61, 59, 52	5	280	\$6 092
90	8, 7, 0, -4, -7	69, 54, 53, 52, 51	2, 3, 5	50, 100, 171	\$6 941

在本节的剩余部分，我们从表2-1开始分析研究结果。最低价格供应商5在每种情况下都会被订购。我们还观察到，在大多数情况下，从超过一个供应商订购是最优的。这些情况表明，在从最低价格供应商订购一定数量的物品单位后，在某一时刻，对冲残值库存成本成为首要考虑因素。然而，应该注意的是，除了供应商5以外，从任何其他供应商订购的数量都非常有限。事实上，在任何情况下，从除了供应商5以外的供应商处订购的总量从未超过总订购量的5%。这引出了一个问题，为什么在每种情况下都从供应商5订购那么多，尽管该供应商的回收价值为负。答案显示在表2-1的场景中，需求的不确定性非常低（变异系数仅为0.04），这就意味着需求远低于平均水平的概率是非常低的，例如，需求小于450的概率不到1%。观察到的订货情况表明，几乎不用考虑剩余库存的可能性。

接下来我们讨论表2-3。除了需求均匀分布外，表2-3中的参数设置与表2-1相同，结果也是相似的，例如，表2-3的场景出现了与表2-1的场景相对应的情况，仍然是相同的供应商被订购，但是所订购的数量是不同的。具体来说，在几乎半数的多源采购最优场景中，最大数量是从供应商5以外的一个供应商订购的，但在表2-3中，供应商5仍是主要的供应商，从其所订购的数量比表2-1的相应场景中少。对于表2-3来说，这种订购方式的变化反映了需求的不确定性较高（变异系数为

0.58）。这就意味着需求远低于平均水平的概率要比表2-1中的场景高得多，例如，需求小于450的概率增加到45%。从供应商5（拥有最低回收价值）订购得更少，并从一个或多个其他供应商（所有这些供应商的回收价值都比供应商5高）订购得更多，这是对高残值成本的一种对冲方式。

表2-5在很多方面都是表2-3的延续。在表2-5的场景中，被订购的供应商与表2-3的场景完全相同。对于多源供应商采购为最佳的情况，最大的数量往往是从非最低价格供应商订购的。这些订购变化反映出，对于表2-5的场景，需求的不确定性更高（变异系数为1.0），这就意味着需求远低于平均水平的概率要比表2-1的场景高得更多，例如，需求小于450的概率几乎达到60%。将表2-5中的场景与表2-3中的相应场景相比，从供应商5订购的数量较少，证明了对高残值的对冲作用更强。应该注意到，表2-1、表2-3和表2-5的结果表明，需求不确定性的变化不会影响所使用的供应商，但会影响所订购的数量；所使用的供应商完全是由成本参数的一个函数决定的。此外，还应该注意到，在表2-1、表2-3和表2-5的前五个场景中，有三个场景的多源采购是最优的。在表2-1、表2-3和表2-5中间五个场景中，有三个场景的多源采购也是最优的。但是，在表2-1、表2-3和表2-5中的最后五个场景中，只有两个场景的多源采购是最优的。在前五个场景中，平均供应商价格是40美元，中间五个场景是50美元，最后五个场景是60美元。我们发现，在平均供应商价格为70美元和80美元的场景中，多源采购只有一个场景是最优的，并且在后一个场景中从未出现过。这些结果似乎表明，当利润率变小时，多源采购变得不那么理想。

在本节的最后，我们讨论表2-2、表2-4和表2-6。我们在表2-1、表2-3和表2-5的评论大多适合表2-2、表2-4和表2-6，但是有限生产能力的存在引起了订购数量的变化，这是可以预料的。例如，多源采购是表2-2每个场景的最优选择。然而，随着需求不确定性的增加（参见表2-2、表2-4和表2-6），单一采购变得愈发可行。因此，在有限生产能力情况下，需求不确定性的变化不仅影响订购数量，也影响所使用的供应商。另外，可以看出，随着需求不确定性的增加，从最低价格供应商5订购的数量在表2-4和表2-6的场景中没有像表2-3和表2-5的场景中那样急剧下降。对残值损失的对冲趋势很明显，但是由于供应商2到供应商4的生产能力有限，使这种对冲受到了限制。

2.6 总结和未来研究

本章考虑了一个单期、单产品采购问题，其中采购物品的残值与供应商相关。我们开发了解决这个问题的方法。这个方法既可适用供应商产能无限的情况，也可适用产能有限的情况。我们还展示了如何扩展处理供应商不可靠和有服务水平目标的情况。最后，考虑本章设置的问题，我们进行了数值研究。我们发现，在评估的大多数情景中，向多个供应商进行采购的方式是最优的。对于一些有限产能情景，这仅仅反映了有限限制的存在，但对于大多数情景，多源采购是对冲高额残值成本的优化方式。这在我们的研究背景下意味着，从最低价格的供应商那里订购那些有很高销售可能性的产品，而对于那些销售更具疑问性的产品，则从残值高于最低价格的供应商那里订购。

在我们的研究中，我们变化了价格、残值和需求分布。通过使用不同的需求分布，我们能够研究需求不确定性的变化如何影响最优采购计划。对于产能无限的情况，我们发现从一个或多个供应商采购的最优策略是严格由经济因素（价格和残值）的函数决定的，而不受需求不确定性变化的影响。同时，我们发现从一个供应商订购的数量很大程度取决于需求不确定性的变化。特别是在多源采购最优的情况下，我们发现在需求不确定性从最低到最高水平增加时，从最低价供应商订购的单位比例下降。而且，在有限产能的情况下，我们发现需求不确定性的变化不仅影响订购数量，还会影响供应商选择。

我们预计所开发的无限产能问题的方法将对小型企业具有最大价值，因为他们对供应商的要求较低，基本上拥有具有无限产能的供应商；而较大型的企业将是我们针对有限产能问题开发的方法的主要受益者。有趣的扩展和未来研究的方向包括：①数量折扣；②风险厌恶的决策制定者；③多期模型，更全面地分析长生命周期产品；④进一步研究

Bandyopadhyay和Paul（2010）中单一产品、竞争的两个能力受限的供应商环境，目标之一是严格证明完全信用退货策略为何在实践中普遍存在，尽管Pasternack（1985）已经证明它是次优策略。

本章中的部分推理、证明详见附录1。

第3章　两种柔性资源与两种产品生产系统的最优策略

3.1　引言

由于全球竞争加剧、商业周期缩短和产品范围扩大，大多数制造企业面临着需求波动加剧和新兴经济体需求增长的问题。为了在这个竞争激烈和快速变化的环境中生存，关键是要提高调整生产的灵活性，以管理供需的不确定性。制造柔性被广泛认为是获得市场竞争优势的重要组成部分（Jain 等，2013）。根据 Chauhan 和 Singh（2014）的研究，只有通过灵活的资源配置才能实现制造灵活性，例如机器和劳动力，或生产能力和库存（Chod and Rudi，2005），被称为资源柔性。其他类型灵活性，如过程、运营和产品的柔性，依赖于资源的柔性（Karuppan and Ganster，2004）。随着大数据时代的到来，生产定制成为一种流行趋势，与此同时对制造商提出了更多的挑战。因此，提高资源柔性被认为是提高企业供需匹配能力、提升企业竞争力的有效途径。

汽车制造业是高度依赖生产能力柔性的行业之一（Chod and Rudi, 2005）。汽车制造商通常经营许多不同的装配厂，生产许多不同的车辆（Jordon and Graves, 1995）。由于严格的劳动合同和资本要求，装配能力在很长一段时间内基本上是固定的。然而，对个人汽车的需求是波动的。为了应对这种不确定性并更好地使供需匹配，制造商努力提高制造柔性，即在相同产能下生产多种车型的能力。因此，在面对不确定需求的多产品供应链中，资源柔性，即一个生产设施可以生产多种产品，是一个重要的考虑因素。

例如，本田在其北美和全球生产设施中投资了柔性制造能力，以便能够更快速有效地应对市场需求的变化。这种柔性制造系统为本田提供了竞争优势，因为它可以有效地利用全球生产资源，并提高了当地制造业运营和就业的稳定性。本田在北美的七个工厂拥有九条汽车装配线，生产16种不同的本田和Acura车型。本田在北美的所有装配线都在每条生产线上生产多辆汽车。通过在每条生产线上设计柔性，本田可以更好地平衡消费者需求和生产。其他好处包括劳动力稳定性和有效利用资源（本田，2015）。

管理者面临的一个更大的压力是用更少的工人和资源创造更多的收入，以及确保公司有足够的具有柔性技能的员工，特别是在劳动力有限的情况下。这鼓励管理者从战略上分析员工的专业知识，并应用交叉训练，利用员工满足其主要技能以外的劳动力需求，从而创造调度和人员配置的柔性。应用交叉训练，公司能更好地从中断中快速恢复，并优雅地处理过渡，因为他们不需要为每种类型的工作都配备专门的员工。然而，他们需要有一个全面发展的团队，可以利用他们的各种技能通过互相代替来实现当前最紧急的任务。例如，一家公司意外地收到一份大订单，它可以调动人员来增加生产团队。这使得经理可以用更具柔性的劳动力资源更好地处理不同的产品需求。

资源柔性的应用也可以在可重构制造系统（RMS）中找到，它强调快速变化和进化的能力以调整生产能力和功能性。由于竞争和新技术的广泛应用，制造商需要生产各种通用或定制产品以满足客户的要求。这些产品范围广泛，包括移动电话、电子部件、汽车、机械组件等。这样的制造系统必须满足各种与客户相关的要求，小批量生产特定的产品以减少成品的库存。当市场发生突然变化时，RMS会作为响应而改变，从而允许公司以有效的方式生产产品或商品。RMS的两个主要特征是模块化和定制化。这些属性能够设计用于生产零件组而不是单个零件的系统。零件族被定义为具有相似的几何特征和形状、相同的容差水平、要求相同的工艺和在相同的成本范围内的所有零件（或产品）。由于零件族之间的联系，制造商需要规划其同时生产多个产品的能力。然而，同时为所有产品找到合适的能力水平是一个具有挑战性的问题。因此，制造商将受益于为解决能力规划和分配问题而设计的高效实用的算法。

3.1.1 主要成果和贡献

尽管灵活资源的管理在运营文献中得到了极大的关注（Chod and Rudi，2005），但关于如何在多周期环境中最佳地作出生产和资源分配决策的分析结果很少。这项研究旨在提供理论成果和管理见解，以回答以下重要问题，从而尽量降低运营相关成本：每种产品的最优生产量是多少？在有限的资源容量和不同的资源利用率，即生产一种特定类型产品所需的资源量有限的情况下，如何高效地分配资源给两种产品？成本参数或资源利用率如何影响最优策略？是否有简单有效的启发式策略来实现呢？

为了解决上述研究问题，我们研究了具有柔性资源的制造系统的最优生产和资源分配策略。我们的研究结果不限于任何特定类型的资源。因此，在本章中，我们采用了资源柔性的广义定义，它反映了许多不同类型的池化或资源分组，以最大化优势或最小化风险，如柔性过程、生产能力、库存、产品、原材料、劳动力或服务。更具体地说，我们考虑在有限范围内定期检查制造系统的经营决策，该系统使用多种柔性资源生产两种成品。每种资源都可用于生产两种产品，但容量有限。资源利用率可能是特定于资源和产品的。两种产品的情况本身是有趣的，具有许多实际应用（Li and Tirupati，1995），并且在许多论文中被视为子系统，如 Graves 和 Tomlin（2003），Kulkarni 等（2004），还有 Iravani 等

(2005)。此外，正如Li和Tirupati（1995）所提到的，两种产品的情况更容易处理，可以被认为是开发更一般模型的基础。值得注意的是，每个产品都可以代表具有类似制造特性的一系列产品。这种类型的聚合在能力和生产计划的分层方法中很常见。因此，两种产品模型可用于生产几种类似产品。

我们利用动态规划方法建立了系统的分析模型，刻画了系统的结构特性，为研究最优生产和分配策略提供了理论依据。最优策略具有非常复杂的结构，并且取决于成本和资源利用率。据我们所知，我们的工作是首次完全描述具有多个灵活资源和多个时期两种产品动态系统的最优生产和分配策略。

我们证明了最优生产和分配可以通过六个单调切换曲线和对冲点来确定。我们根据成本参数分析了两类情况下最优策略的结构。在第一种情况下，每个资源都是某种特定产品的主要资源，生产这种产品更经济实惠，但生产另一种产品更昂贵。在第二种情况下，一个资源比另一个更经济实惠，可以同时生产两种产品。对于这两种情况，最优策略具有以下重要特征：

① 库存水平状态空间可以分为八个（对于第一种情况）或九个（对于第二种情况）区域。根据初始状态位于哪个区域，生产和分配决策会相应地变化（请参见定理1和2以获取更多细节）。

② 每个产品都有一个阈值，只有当库存水平不超过该阈值时，才会生产该产品。

③ 对于两种情况，都存在分配阈值，用于确定是否应该使用一个资源来生产两种产品或只生产一种特定的产品。这些阈值是与状态和成本相关的，因此在两种情况下的定义不同。

我们的研究结果提供了关于最优策略如何受成本参数影响以及资源分配如何依赖于每个资源生产特定产品的利用率的管理和洞悉。此外，我们将研究结果扩展到两个产品专用资源和一个柔性资源（Van Mieghem，1998），以及使用多个柔性资源生产两种产品的情况。最后，根据所获得的理论结果，我们开发了简单的启发式策略以供实际应用，并证明了资源柔性的重要性。

3.1.2 文献综述

制造柔性是一个多维度的概念，目前对其定义还没有统一的认识。Jain 等（2013）总结了由 Sethi 和 Sethi（1990）以及 Koste 和 Malhotra（1999）分类的制造柔性的各种级别以及不同的维度，其中包括机器柔性、操作柔性、过程柔性和产品柔性等。对于制造柔性的文献综述，建议读者参考Sethi 和 Sethi（1990），Beach 等（2000 a）和 Jain 等（2013）。

关于资源柔性的各种形式，有大量的文献。Jordon 和 Graves（1995）提出了过程柔性的优势。他们表明，一个稀疏的柔性设计，即长链，可以带来最大的总柔性效益，并且具有最长且最少链的柔性配置，对于给定数量的链来说表现最优。有大量的文献研究了资源柔性的不同形式。Jordon 和 Graves（1995）提出了关于过程灵活性利益的原则。他们表明，稀疏的柔性设计，即长链的设计，可以带来最大的总柔性效益，并且具有最长且最少链的灵活配置对于给定数量的链来说表现最佳。他们还开发了一个简单的度量方法来衡量给定产品工厂配置中的柔性。Graves 和 Tomlin（2003）提出了一个框架来分析多阶段供应链中柔性的利益。他们发现两种现象，即跨阶段的瓶颈和漂浮的瓶颈，这些都降低了柔性配置的有效性。他们确定了在多阶段供应链中表现良好的柔性准则，这些准则采用并应用了Jordan 和 Graves（1995）的单阶段链化策略到多阶段供应链中。Iravani 等（2005）通过探索使用“结构柔性”概念来探讨制造业和服务操作中的柔性，从而提出了一种新的视角。他们关注的是战略层面的问题，即如何通过使用交叉培训劳动力、柔性等多用途资源来创造柔性机器，或者柔性工厂。然而，这些文章仅提出了有限的分析结果。

有一部分文章通过建立理论结果来说明柔性的有效性。例如，Chou 等（2010）提供了众所周知的关于链策略性能的理论结果，并确定了保证稀疏过程结构可以运行得几乎与密集的完全柔性系统一样好的条件。Chou 等（2011）使用图扩展的概念来研究如何为制造系统设计柔性过程结构。他们分析了柔性结构设计问题的最坏情况下的性能，并证明了当需求由一个常数约束时，存在稀疏的柔性，具有图扩展属性，实现了接近完全柔性的销售。Aksin 和 Karaesmen（2007）确定了服务或制造系统中的柔性结构。他们提供了柔性结构的分析比较结果，为服务和制造系统建立了一定的柔性设计原则。Simchi-Levi 和 Wei（2012）也研究了长链的结构性质。他们提出了一种理论，解释了有限大小系统的长链设计的有效性。他们揭示了长链的超模块性，其显示了边际效益并且显示长链的性能特征在于两个开链的性能之间的差异。

鉴于资源柔性的现有文献集中在确定可能满足需求的成本效益柔性配置上，即与经营有关的问题，如何分配柔性资源和使用每种资源生产多少产品，没有得到很好的研究。在本章中，我们研究了使用多个柔性资源生产两种产品的特定制造系统的最佳经营决策。我们的工作是研究使用单一柔性资源生产多种产品的系统。对于定期审查系统，DeCroix 和 Arreola-Risa（1998）研究了多产品无限时域系统，其中需求是不确定的，产品在每个周期共享有限资源。它们的特点是在同质产品的特殊情况下，所有的产品库存水平低于相应的基本库存水平的最优策略。Ceryan 等（2013）考虑一家公司生产两种产品的不确定需求，利用有限专用产品和柔性资源，并表明最优生产和定价决策的结构和敏感性。Gong 和 Chao（2013）研究了具有再制造能力的定期检查库存系统的最优控制策略，其中可服务产品可以由原材料制造，也可以由退货产品再制造，且系统具有有限的能力。许多已发表的研究集中在连续时间背景下的系统，将其表述为一个多类别的库存生产队列，如Zheng 和 Zipkin（1990），Wein（1992），Veatch 和 Wein（1996），Ha（1997），以及 De Vericourt 等（2000）。

与此密切相关的一篇文章出自 Chen（2004），他研究两种随机产品、单一设施、柔性制造系统，证明了在有限和无限范围的情况下的问题，安全点策略一般是最优的系统。Feng 等（2015）扩展了 Chen（2004）的理论，考虑了随机需求分布、生产率、单位生产成本和周期预期库存成本对所有不同产品都相同的有能力的多产品系统。我们使用了与 Chen（2004）类似的生产设置，但通过考虑两个柔性资源来扩展他的工作，这可以扩展到用于生产两种产品的多个资源。与Chen（2004）类似，我们使用称为ρ-差分单调的结构性质来表明最优生产和分配策略。尽管有相似之处，但我们的工作在以下方面与Chen（2004）有明显的不同：第一，Chen（2004）的研究仅限于单系统问题，因此他的研究结果没有解决多资源柔性制造系统的资源分配和生产计划制订方法。我们的工作集中在两个柔性资源系统，但它可以扩展到多个资源系统。第二，正如我们将研究的多资源问题，即使是两个柔性资源，也会导致分析和结果的显著复杂性。在考虑两个或多个灵活资源时，必须考虑每个资源的可用性、生产特定产品的生产率和成本效益。这些问题之间的相互作用不会发生在单一系统中。从技术上讲，我们表明，即使是两个资源系统，最优的生产和资源分配策略也是非常复杂的：其特征在于状态空间的八个或九个子区域，这些子区域由一组切换曲线和三个安全点确定。对于多资源问题，我们已经证明，上述两个资源问题的规则可以适用。然而，增加资源将导致显著的复杂性，最优策略变得不切实际。第三，我们阐明如何在生产率和每个资源用于生产不同的产品，成本会影响资源配置和生产决策。我们认为这在实践中是一个重要的问题，它没有出现在单系统问题的研究中，因为其技术复杂性而在资源柔性文献中被忽略。第四，提出了三条启发式策略，将它们与最优策略进行比较，通过数值验证它们的性能。

部分文献研究了两个资源、两种产品能力约束的制造系统的能力分配问题。例如，Kulkarni等（2004）研究了网络配置决策的优化，包括将制造活动和过程能力分配给一组工厂的策略选择。它们表明，过程工厂网络在广泛的条件下提供了显著的风险分担优势。Bish等（2005）研究了一个程式化的两家工厂、两种产品的能力限制的制造系统的能力分配。他们研究了两种容量柔性配置的性能：非柔性，即每家工厂专用于单一产品；以及完全柔性，即两家工厂都可以生产两种产品。它们表明系统的性能在很大程度上取决于将产品分配到可用容量的分配机制。与Kulkarni等（2004）研究的单周期、两阶段随机优化问题和Bish等（2005）研究的易于实施的静态策略不同，我们在有限范围内动态研究多个资源、两种产品系统的最优分配和生产策略。

Attia 等（2012）提出了劳动力计划和调度问题，有两个柔性杠杆，一个与工作时间调节有关，另一个与给定资源可以执行的各种任务有关。Iravani 等（2014）研究通过成品的单向产品替代，在柔性过程中联合控制生产和库存管理。他们模拟了一个动态控制的两种产品的库存系统，使产品在库存系统中处理时间是随机的，并描述了一个复杂的联合最优生产的策略。Kouvelis 和 Tian（2014）研究了在满足不确定需求的情况下，对柔性产能的投资、对单个产品的产能分配以及最终生产数量和定价的三阶段顺序决策模型。Jakubovskis（2017）提出了一个鲁棒优化模型，该模型考虑了空间环境中产品投入和柔性生产能力的最优决策。他研究了导致不同产能利用率和资源柔性结果的三个关键因素的影响。Lian 等（2018）在血清生产系统背景下研究多技能工人分配问题，其中考虑了工人技能组合和熟练程度的差异。他们开发了一种启发式算法来解决这个问题。

本章的其余部分组织如下。在第2节中介绍了问题并建立了分析模型。在第3节研究了最优生产分配策略的结构性质。第4节提出了启发式策略，并进行了数值研究来评估启发式策略的性能。第5节扩展我们的讨论。第6节为结论。证明在附录2中。

3.2 模型

我们考虑在一个有限时间内，定期审查生产系统的两种产品，分别称其为产品 P_1 和产品 P_2。两种类型的资源，用于生产这两种产品，即 R_1 和 R_2。在每个时期企业从一个能力有限的供应商处购买资源 R_i，其采购成本最大为 $M_i(i=1, 2)$，ρ_{ij} 是产生一个单位的 P_j（$i, j=1, 2$）所需的 R_i 的量。由于我们使用的是广义的资源定义，因此当对资源的解释不同时，ρ_{ij} 的含义可能会有所不同。例如，资源可以是用于生产产品j的原材料/部件 i 的量，或者它可以是交叉训练的工人 i 完成任务 j 所需的时间，再者如果机器 i 用于生产产品 j，则 ρ_{ij} 可以是生产率。我们假设产品和资源可以是实数，如果由于资源有限或成本效益不高而不可能生产一整单位的产品，则允许分批生产。

定义ρ_{11}/ρ_{12}（ρ_{21}/ρ_{22}）为R_1（R_2）生产两种产品的比较资源利用率，ρ_{11}/ρ_{21}（ρ_{12}/ρ_{22}）为R_1和R_2生产产品1（2）的比较资源利用率。很明显，ρ_{11}/ρ_{12}小于1意味着我们需要分配更少的R_1来生产1单位的P_1，而不是生产1单位的P_2。ρ_{11}/ρ_{21}小于1意味着如果只使用一种资源来生产1单位的P_1，那么需要的R_1比R_2少。在实践中，资源利用率可以由两种产品的生产复杂程度来决定，也可以仅仅由它们的物理特征（如产品尺寸）来决定。例如，两台功能相似的机器用于生产两种产品。机器1的效率更高，因此其每个产品的生产时间比机器2的少。产品1是高端产品，因此其生产工艺更复杂，在使用同一台机器时，比产品2需要更多的生产时间。在这种情况下，ρ_{ij}被解释为使用机器i生产产品j的生产时间，并且我们有$\rho_{1j} < \rho_{2j}$和$\rho_{i1} > \rho_{i2}$，i，$j = 1$，2。因为$\rho_{i1} > \rho_{i2}$，i，$j = 1$，2主要是由产品的特征决定的，假设无论使用哪种资源该比率相同都是有意义的。因此，在本章中，我们假设$\rho_{11}/\rho_{12} = \rho_{21}/\rho_{22}$。

值得注意的是，一般的ρ_{ij}会导致技术复杂性。事实上，为了易于处理，相关文献中的大多数文章假设对于任何i和j都是相同的ρ_{ij}（例如$\rho_{ij} = 1$），参见Ha（1997），Graves和Tomlin（2003），Chou等（2010），Simchi-Levi和Wei（2012）。我们通过允许一般ρ_{ij}服从$\rho_{11}/\rho_{12} = \rho_{21}/\rho_{22}$的约束来放松该假设。据我们所知，这篇文章是第一个假设一个一般的ρ_{ij}并研究资源利用率对生产和资源配置的影响。从理论上讲，这一假设确保了结构特性，这对描述最优策略至关重要，可以在整个时间范围内保留。

D_j（$j = 1$，2）表示两种产品的需求，需求是随机的，从一个周期到另一个周期独立且分布相同，平均值为λ_j。在每个期间开始时，管理层决定每种产品的生产数量，以及分配用于生产每种产品的每个资源的数量，这取决于该资源的可用能力。我们假设没有生产提前期，这意味着产品在同一时期内可用。未满足的需求被积压，将在未来时期得到满足。

该系统产生的成本如下：

① c_{ij}：使用R_i生产一个单位的P_j（$i,j=1,2$）的生产成本。对生产成本的解释可能因资源类型而异。它可以指但不限于以下一项或多项成本：原材料、制造和劳动力。例如，由于用更有效的机器生产可能更昂贵，或者高端产品可能需要更复杂和更昂贵的制造过程，因此c_{ij}的i和j可以不同。

② $L_1(x)$和$L_2(y)$：产品1和2的单周期库存持有和缺货成本函数，库存水平分别为x和y。我们假设$L_1(x)$和$L_2(y)$是凸函数，并且库存量或缺货量非减。

我们的目标是在T个周期的时间范围内确定最优的资源分配和生产策略，使总期望贴现成本最小化。设α（$0<\alpha\leqslant 1$）为折扣因子。定义$f_t(x, y)$作为在时期t中的最小期望贴现成本，给定在时期t开始时两种产品的库存水平分别为x和y。$t=1, \cdots, T$时期的问题可以用下面的最优方程来表示：

$$f_t(x, y)=\min_{\substack{\rho_{11}(x'-x)+\rho_{12}(y'-y)\leqslant M_1\\ \rho_{21}(X-x')+\rho_{22}(Y-y')\leqslant M_2\\ X\geqslant x'\geqslant x,\ Y\geqslant y'\geqslant y}}\{c_{11}(x'-x)+c_{12}(y'-y)+c_{21}(X-x')+c_{22}(Y-y')+L_1(X)+L_2(Y)+\alpha Ef_{t+1}(X-D_1, Y-D_2)\}$$

其可以等价地写为

$$f_t(x, y)=\min_{\substack{\rho_{11}(x'-x)+\rho_{12}(y'-y)\leqslant M_1\\ x'\geqslant x,\ y'\geqslant y}}\{c_{11}(x'-x)+c_{12}(y'-y)+J_t(x', y')\} \tag{3.1}$$

其中

$$J_t(x, y)=\min_{\substack{\rho_{21}(X-x')+\rho_{22}(Y-y')\leqslant M_2\\ X\geqslant x'\geqslant x,\ Y\geqslant y'\geqslant y}}\{c_{21}(x-x')+c_{22}(y-y')+L_1(x)+L_2(y)+\alpha Ef_{t+1}(X-D_1, Y-D_2)\} \tag{3.2}$$

这里x'、y'、X和Y是四个决策变量，其中x'和y'表示在仅使用R_1之后更新的两种产品的库存水平，而X和Y分别是在R_1和R_2都使用之后但在需求被实现之前的两种产品的库存水平。虽然我们将这个问题重新表述为一个顺序优化问题，但关于两种资源的分配决策和两种产品的生产决策是同时进行的。在结束时期，我们假设$f_{T+1}(x, y)=0$。

定义 $\bar{f}_t(x, y) = c_{11}x + c_{12}y + f_t(x, y)$ 和 $\bar{J}_t(x', y') = c_{21}x' + c_{22}y' + J_t(x', y')$，等式（3.1）和（3.2）可以写为：

$$\bar{f}_t(x, y) = \min_{\substack{\rho_{11}(x'-x)+\rho_{12}(y'-y)\leqslant M_1 \\ x'\geqslant x,\ y'\geqslant y}} \left\{(c_{11} - c_{21})x' + (c_{12} - c_{22})y' + \bar{J}_t(x', y')\right\} \tag{3.3}$$

$$\begin{aligned}\bar{J}_t(x', y') = \min_{\substack{\rho_{21}(X-x')+\rho_{22}(Y-y')\leqslant M_2 \\ X\geqslant x',\ Y\geqslant y'}} \Big\{&(c_{21} - \alpha c_{11})X + (c_{22} - \alpha c_{12})Y + L_1(X) + \\ &L_2(Y) + \alpha E\left[\bar{f}_{t+1}(X - D_1, Y - D_2)\right]\Big\} + \alpha c_{11}\lambda_1 + \alpha c_{12}\lambda_2\end{aligned} \tag{3.4}$$

通过定义 $\bar{G}_t(x, y) = (c_{11} - c_{21})x + (c_{12} - c_{22})y + \bar{J}_t(x, y)$ 和 $\tilde{G}_t(x, y) = (c_{21} - \alpha c_{11})x + (c_{22} - \alpha c_{12})y + L_1(X) + L_2(Y) + \alpha E\left[\bar{f}_{t+1}(x - D_1, y - D_2)\right] + \alpha c_{11}\lambda_1 + \alpha c_{12}\lambda_2$，我们可以将等式（3.1）和（3.2）重写为：

$$\bar{f}_t(x, y) = \min_{\substack{\rho_{11}(x'-x)+\rho_{12}(y'-y)\leqslant M_1 \\ x'\geqslant x,\ y'\geqslant y}} \left\{\bar{G}_t(x', y')\right\} \tag{3.5}$$

和

$$\bar{J}_t(x', y') = \min_{\substack{\rho_{21}(X-x')+\rho_{22}(Y-y')\leqslant M_2 \\ X\geqslant x',\ Y\geqslant y'}} \left\{\tilde{G}_t(X, Y)\right\} \tag{3.6}$$

在本章中，我们用 $v(x, y)$ 表示一般函数的偏导数，第 i^{th} 个变量的偏导数为 $v^i(x, y)$，$i = 1, 2$。我们使用↑和↓分别表示非递减和非递增。表3-1列出了所有符号。

表3-1 **符号列表**

符号	描述
t	时间，$t = 1, \cdots, T$
P_j	产品 j，$j = 1, 2$
R_i	资源 i，$i = 1, 2$
M_i	资源容量 i
ρ_{ij}	用于生产一个单位的 $P_j(i, j = 1, 2)$ 所需 R_i 的量
D_j	产品 j 在一个周期内的需求，随机变量
λ_j	D_j 的期望值
c_{ij}	将 R_i 用于生产一个单位 P_j 的生产成本

续表

符号	描述
$L_j(\cdot)$	产品j的单周期库存持有成本和缺货成本函数
α	贴现系数，$0 < \alpha \leq 1$
$q_{ij}^*(x, y)$	给定两种产品的库存水平分别为x和y，利用R_i求出的最优生产量$P_j(i, j = 1, 2)$
$f_t(x, y)$	给定第t期开始时两种产品的库存水平分别为x和y，第t期的最小期望贴现成本

3.3 最优策略界定方法

对于只有一种资源和两种产品的特殊情况，Chen（2004）将最优资源配置和生产策略刻画为安全点策略。安全点表示全局最小化点。在单资源的情况下，三个单调曲线相互作用的安全点，划分了三个区域的状态空间。最优生产策略完全由安全点和三条曲线决定（有关该策略的回顾，请参阅附录2-A）。在本节中，我们将展示在研究生产成本不同情况下的最优策略，安全点策略如何发挥作用。

3.3.1 ρ-微分单调性与切换曲线

我们研究了如何将安全点策略应用于一个一般的生产系统中，用于两种类型和存量的资源（例如原材料、设备）进行最优化分配。等式（3.5）和（3.6）具有与等式（3.7）完全相同的格式。因此，假设$\rho_{11}/\rho_{12} = \rho_{21}/\rho_{22}$，我们可以在单一模型中使用相同的方法来证明成本函数可以在整个时间范围内保持ρ-微分单调性。因此，我们得到以下结果。

引理3-1 $\tilde{G}_t(x, y)$和$\overline{G}_t(x, y)$在$t = 1, \cdots, T$范围内是ρ-微分单调的，可得：

(I) $\overline{G}_t^1(x,y) \uparrow x \uparrow y, \tilde{G}_t^1(x,y) \uparrow x \uparrow y$；

(II) $\overline{G}_t^2(x,y)\uparrow x\uparrow y, \tilde{G}_t^2(x,y)\uparrow x\uparrow y$;

(III) $\rho_{11}^{-1}\overline{G}_t^1(x,y)-\rho_{12}^{-1}\overline{G}_t^2(x,y)\uparrow x\downarrow y, \rho_{21}^{-1}\tilde{G}_t^1(x,y)-\rho_{22}^{-1}\tilde{G}_t^2(x,y)\uparrow x\downarrow y$。

同样地，$\overline{G}_t(x, y)$和$\tilde{G}_t(x, y)$有单调的切换曲线，为描述最优策略提供帮助。定义：

$$\overline{S}_1(y)=\sup\{x:\overline{G}_t^1(x, y)\leqslant 0\}$$

$$\overline{S}_2(x)=\sup\{y:\overline{G}_t^2(x, y)\leqslant 0\}$$

$$\overline{S}_0(y)=\sup\{x: \rho_{11}^{-1}\overline{G}_t^1(x, y)-\rho_{12}^{-1}\overline{G}_t^2(x, y)\leqslant 0\}$$

$$\tilde{S}_1(y)=\sup\{x: \tilde{G}_t^1(x, y)\leqslant 0\}$$

$$\tilde{S}_2(x)=\sup\{y: \tilde{G}_t^2(x, y)\leqslant 0\}$$

$$\tilde{S}_0(y)=\sup\{x: \rho_{21}^{-1}\tilde{G}_t^1(x, y)-\rho_{22}^{-1}\tilde{G}_t^2(x, y)\leqslant 0\}$$

前三个函数和后三个函数分别代表了$\overline{G}_t(x, y)$和$\tilde{G}_t(x, y)$的三条切换曲线，这可以解释为类似于在单资源模型中的$S_1(y)$、$S_2(x)$和$S_0(y)$。我们可以证明这些曲线具有与Chen（2004）相似的单调性。考虑$\overline{G}_t(x, y)$，例如，$\overline{S}_1(y)$是y的非增函数且非增率不超过y的变化率，$\overline{S}_2(x)$是x的非增函数且非增率不超过x的变化率，$\overline{S}_0(y)$是y的非减函数。三条曲线在安全点处相互作用，即$(\bar{x}^*, \bar{y}^*)$。我们使用$(\tilde{x}^*, \tilde{y}^*)$表示安全点或$\tilde{G}_t(x, y)$的三条曲线的相互作用。根据定义，$\overline{G}_t^1(\bar{x}^*, \bar{y}^*)=\overline{G}_t^2(\bar{x}^*, \bar{y}^*)=0$，$\tilde{G}_t^1(\tilde{x}^*, \tilde{y}^*)=\tilde{G}_t^2(\tilde{x}^*, \tilde{y}^*)=0$，因此，$\overline{J}_t^1(\bar{x}^*, \bar{y}^*)=c_{21}-c_{11}$，$\overline{J}_t^2(\bar{x}^*, \bar{y}^*)=c_{22}-c_{12}$。

从等式（3.3）和（3.4），我们可以看到使用R_1的最优生产量取决于使用R_2的最优生产量，反之亦然。与单资源模型不同，在双资源模型中，我们必须考虑两种资源的生产数量的相互作用，这使得最优策略变得复杂。为了刻画最优策略，我们必须使用以下小节中的六条切换曲线、一些辅助曲线/线段和三个安全点。基于这些曲线/线段和安全点，状态空间可以被分割成至少八个区域，每个区域都表示遵循相同的生产和分配原则的状态集合（例如，仅使用R_1来生产两种产物）。这些曲线/线段和安全点也可用于分析确定每个资源的产量。

除了对最优生产和分配策略的完整描述之外，我们的模型的另一个关键特征是对产品/资源特定成本和资源利用率的影响的研究，这在实践中很重要，但在文献中最优策略的比率没有得到很好的研究。同样，这些成本和比率的影响可以通过切换曲线/线段和安全点来可视化和识别。

基于不同的$c_{ij}(i, j = 1, 2)$值，我们研究以下两种情况的最优策略：

（i）$c_{11} \leqslant c_{21}$ 和 $c_{22} \leqslant c_{12}$；

（ii）$c_{11} < c_{21}$ 和 $c_{12} < c_{22}$。

其他情况，如$c_{11} \geqslant c_{21}$，$c_{22} \geqslant c_{12}$，通过简单地转换两种资源的指数而被分类为上述两种情况之一。此外，其中$c_{11} = c_{12}$和$c_{21} = c_{22}$，我们可以认为这两个资源是相同的（如果必要，重新缩放），但这不是本章感兴趣的研究。因此，在本章的其余部分，我们假设$c_{11} < c_{21}$和$c_{12} > c_{22}$中至少有一个是成立的。

3.3.2 情况（i）：$c_{11} \leqslant c_{21}$ 和 $c_{22} \leqslant c_{12}$

在这种情况下，R_i是用于以较低成本生产P_i的主要资源，而另一种资源被认为是具有较高生产成本的替代品。接下来，我们使用切换曲线来表明最优生产策略。

考虑$(\tilde{x}^*, \tilde{y}^*)$，这是$\tilde{G}_t(x, y)$的安全点。根据定义$\overline{J}_t(x', y') = \min_{X, Y}\left\{\tilde{G}_t(X, Y)\right\}$是等式（3.6）的无容量生产能力限制问题的最优解。因此$\overline{J}_t^1(\tilde{x}^*, \tilde{y}^*) = \overline{J}_t^2(\tilde{x}^*, \tilde{y}^*) = 0$，因此，$\overline{G}_t^1(\tilde{x}^*, \tilde{y}^*) = c_{11} - c_{21} \leqslant 0$且$\overline{G}_t^2(\tilde{x}^*, \tilde{y}^*) = c_{12} - c_{22} \geqslant 0$，通过对$(\bar{x}^*, \bar{y}^*)$的定义，即$\overline{G}_t(x, y)$的安全点，可得$\overline{G}_t^1(\bar{x}^*, \bar{y}^*) = \overline{G}_t^2(\bar{x}^*, \bar{y}^*) = 0$。考虑到成本函数的凸性，$\bar{x}^* \geqslant \tilde{x}^*$和$\bar{y}^* \leqslant \tilde{y}^*$。比较两条曲线$\overline{S}_1(y)$和$\tilde{S}_1(y)$，因为$\overline{J}_t^1(\tilde{S}_1(y), y) = 0$，可得$\overline{G}_t^1(\overline{S}_1(y), y) = \overline{J}_t^1(\overline{S}_1(y), y) + c_{11} - c_{21} = 0$。我们可以得到$\overline{J}_t^1(\overline{S}_1(y), y) = c_{21} - c_{11} \geqslant 0$，保证$\tilde{S}_1(y) \leqslant \overline{S}_1(y)$。同样地，可以得到

$\tilde{S}_0(y) \leqslant \bar{S}_0(y)$和$\tilde{S}_2(x) \geqslant \bar{S}_2(x)$。曲线如图3-1所示。每条曲线被其对应的安全点分为两部分。实线表示曲线将用于确定资源分配和生产决策的部分，虚线表示决策过程中的无效部分。

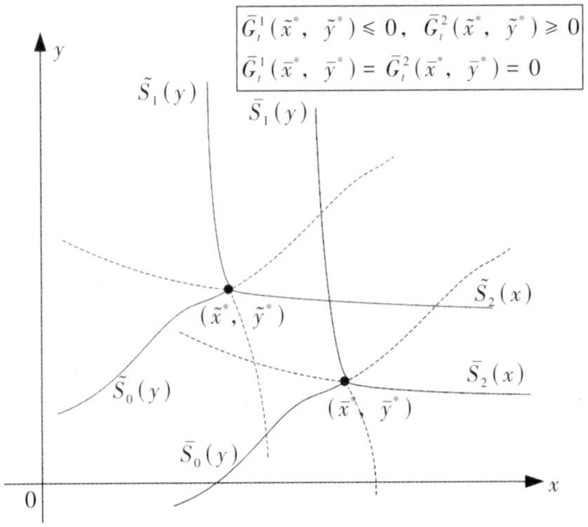

图3-1 $c_{11} \leqslant c_{21}$，$c_{22} \leqslant c_{12}$情况下的切换曲线

这六条曲线提供了确定资源分配和生产决策的简单规则。我们将决策过程分为两个步骤，尽管所有的决策实际上是同时作出的。第一步，考虑R_1的分配。如果初始状态(x, y)在S_1的右边，在S_2的上面，生产P_1和P_2都不能降低成本，因此，R_1不用于生产。在$\bar{S}_1(y) \wedge \bar{S}_0(y)$的左边生产$P_1$更具成本效益，因此，$R_1$用于生产$P_1$，直到$R_1$耗尽或$P_1$的库存达到$\bar{S}_1(y)$或$\bar{S}_0(y)$。曲线$\bar{S}_2(x)$和$\bar{S}_0(y)$下方，仅生产$P_2$是有成本效益的，因此，$R_1$用于生产$P_2$，直到$R_1$耗尽或$P_2$的库存达到$\bar{S}_2(x)$或$\bar{S}_0(y)$。如果状态为$\bar{S}_0(y)$，生产$P_1$和$P_2$具有相同的边际成本，则$P_1$和$P_2$同时产生，因此状态沿着$\bar{S}_0(y)$向上移动，直到$R_1$耗尽或达到$(\bar{x}^*, \bar{y}^*)$，超过该值生产更多是不划算的。在第二步中，考虑$R_2$。用同样的逻辑，生产规则可以简单地由$\tilde{G}_t(x, y)$的三条曲线确定；y→∞：如果第一步之后的更新状态在$\tilde{S}_1(y)$的右侧且在$\tilde{S}_2(x)$之上，不生产P_1也不生产P_2都不能降低成本，因此，R_2不用于生产。在$\tilde{S}_1(y) \wedge \tilde{S}_0(y)$的左侧，生产$P_1$更具成本效益，因此$R_2$用于生产$P_1$，直到$R_2$耗尽或$P_1$的库存达到$\tilde{S}_1(y)$或

$\tilde{S}_0(y)$。在曲线$\tilde{S}_2(x)$和$\tilde{S}_0(y)$以下，仅生产P_2是更具成本效益的，因此，R_2仅用于生产P_2，直到R_2耗尽或P_2的库存达到$\tilde{S}_2(x)$或$\tilde{S}_0(y)$。同样地，如果状态达到$\tilde{S}_0(y)$并且它低于$(\tilde{x}^*,\ \tilde{y}^*)$，$P_1$和$P_2$沿着$\tilde{S}_0(y)$同时生产，直到$(\tilde{x}^*,\ \tilde{y}^*)$或$R_2$耗尽。

设$q_{ij}^*(x,\ y)$表示使用R_i时P_j（i，$j = 1$，2）的最优生产量，最优策略具有以下性质：

引理3-2（i）如果$\rho_{11}q_{11}^* + \rho_{12}q_{12}^* < M_1$且$\rho_{21}q_{21}^* + \rho_{22}q_{22}^* < M_2$，然后所有产品都是由唯一的主要资源制造的，即$q_{12}^* = q_{21}^* = 0$。（ii）$q_{12}^* \times q_{21}^* = 0$。（iii）如果$c_{12} > c_{22}$，则在$x > \bar{x}^*$时，有$\tilde{S}_2(\bar{x}^*) - \bar{y}^* \geq M_2/\rho_{22}$。

性质（i）指出，如果两种资源都没有耗尽，那么所有产品都是由其主要资源生产的，而不使用替代品。这一结果是合理的，因为使用主要资源时的生产成本比使用替代资源时的生产成本更低。性质（ii）指出如果主要用于一种产品的一种资源用于生产另一种产品，则另一种资源将不用于生产该产品。直观地说，如果两种主要资源都用来生产另一种产品，那么通过使用主要资源生产更多的自己的产品而生产更少的另一种产品，总成本可以进一步降低。性质（iii）确保如果$c_{12} > c_{22}$，则$\tilde{y}^* - \bar{y}^* \geq \tilde{S}_2(\bar{x}^*) - \bar{y}^* \geq M_2/\rho_{22}$，这意味着当使用替代资源的生产成本严格高于使用主要资源时，如果仅使用并且全部使用该资源，则在两个安全点处的产品的相应库存水平的差至少是该产品的最大数量。为了理解这一点，考虑一个特殊情况，其中$\rho_{ij} = 1$。性质（iii）和$\tilde{S}_2(x)$的单调性意味着$\tilde{y}^*$和$\bar{y}^*$的差不小于M_2。

有两种特殊情况：（a）$c_{11} = c_{21}$及（b）$c_{12} = c_{22}$。在情况（a）中，很容易验证$\bar{S}_1(y)$和$\tilde{S}_1(y)$合并为一条曲线，而在情况（b）中，$\bar{S}_2(x)$和$\tilde{S}_2(x)$合并为一条曲线。两种情况的切换曲线如图3-2所示。当$c_{11} = c_{21}$和$c_{12} = c_{22}$都成立时，$\bar{G}_i(x,\ y)$和$\tilde{G}_i(x,\ y)$的对应曲线相融，两个安全点$(\bar{x}^*,\ \bar{y}^*)$和$(\tilde{x}^*,\ \tilde{y}^*)$重叠。在这种特殊情况下，最优策略与Chen（2004）所得到的策略相同。

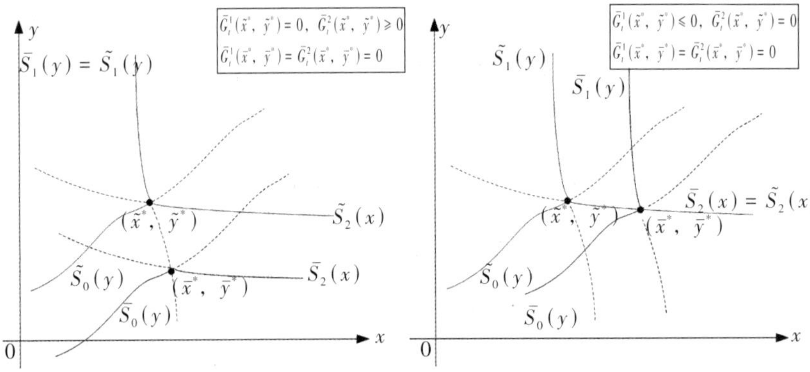

图 3-2 情况（a）$c_{11} = c_{21}$（左），（b）$c_{12} = c_{22}$（右）的切换曲线

令(x^*, y^*)是$\bar{S}_1(y)$和$\tilde{S}_2(x)$的交集，我们称(x^*, y^*)为系统的全局安全点。通过曲线的定义，很容易检查当$x \geqslant x^*$和$y \geqslant y^*$时，最好不生产。由引理 3-2 可知，当两个库存水平都低于x^*或y^*，但R_i足以生产P_i（$i = 1, 2$）至(x^*, y^*)时，则每个R_i仅用于分别生产P_i直至x^*或y^*。

引理 3-3 （i）$\dfrac{\bar{x}^* + \tilde{x}^*}{2} \leqslant x^* \leqslant \bar{x}^*$和$\dfrac{\bar{y}^* + \tilde{y}^*}{2} \leqslant y^* \leqslant \tilde{y}^*$；

（ii）由于$y^* - M_2/\rho_{22} \leqslant y \leqslant y^*$，则$\bar{S}_1(y) = x^*$。

引理 3-3 的性质（i）为x^*和y^*提供上下界限，并指定(x^*, y^*)的近似位置。也就是说，它应该低于但接近$(\bar{x}^*, \tilde{y}^*)$。性质（ii）指出，在y^*以下的范围内，y^*可以通过仅使用R_2生产P_2，单调曲线$\bar{S}_1(y)$在该范围内变成常数x^*。这些性质可以从$\bar{S}_1(y)$和$\tilde{S}_2(x)$的单调性中得出。

根据引理 3-2、引理 3-3 和上面的分析，现在我们可以开始描述最优资源配置和生产的策略。我们的方法基于以下思想。首先，六条切换曲线和三个安全点由成本参数、资源容量和利用率分析确定。据此可以推导出一些辅助曲线、线段和临界点（如图 3-3 所示）。根据两步决策，在上面我们已经介绍过（即使它们是同时生产的），使用R_1来决定生产数量，这取决于更新库存水平到$\bar{G}_i(x, y)$的三条切换曲线上的位置，然后采用R_2决定生产数量，取决于更新库存水平到$\tilde{G}_i(x, y)$的三条切换曲线的位置。最后，(x, y)的坐标平面上可以被划分为八个区域，根据不同产品-资源组合的最优策略，例如，R_i是唯一的资源用于生产P_i，R_1是唯一的资源用于生产两种产品，或R_1是唯一的资源用于生产P_1而不生产P_2（如图3-3所示）。定理3-1给出了详细的结果。根据我们的方法可以确定最优决策分析。本案例及后续案例区域的数学定义可在附录2中找到。区域的边界以粗体突出显示。虚线是额外的曲线没有边界，但在确定最优决策时至关重要。箭头符号用于描述使用哪种资源来生产哪种产品。例如，$R_1 -> P_1$ & P_2意味着R_1用于生产P_1和P_2两种产品。其他箭头符号也可以相应地解释。

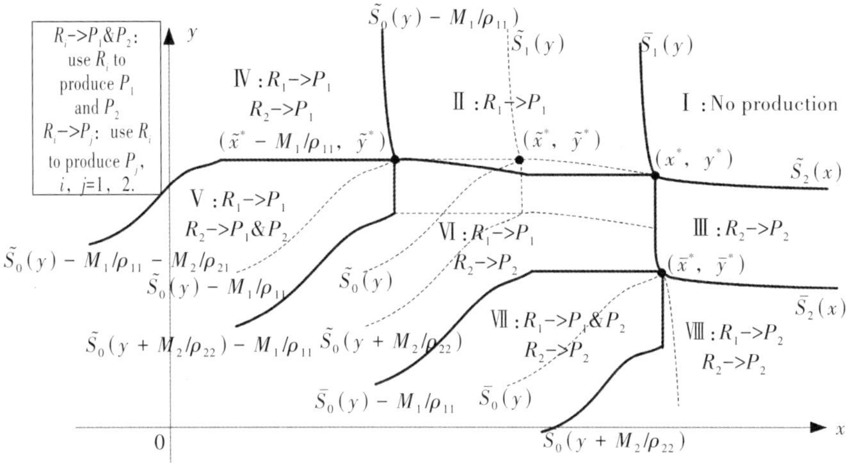

图3-3　情况$c_{11} \leqslant c_{21}$，$c_{22} \leqslant c_{12}$的最优策略

我们还注意到安全点$(\tilde{x}^*,\ \tilde{y}^*)$不在边界上。相反，另一个临界点$(\tilde{x}^*-M_1/\rho_{11},\ \tilde{y}^*)$连同其他两个安全点$(x^*,\ y^*)$和$(\bar{x}^*,\ \bar{y}^*)$是区域的顶点。我们在下面的定理中提出了最优策略。

定理3-1　最优分配和生产决策取决于8个区域中$(x,\ y)$的初始状态的位置。具体而言，①对于$(x,\ y)\in$ Ⅰ不生产；②对于$(x,\ y)\in$ Ⅱ，使用R_1生产P_1，直到R_1耗尽或达到基本库存水平$\bar{S}_1(y)$；③对于$(x,\ y)\in$ Ⅲ，使用R_2生产P_2，直到R_2耗尽或达到基本库存水平$\tilde{S}_2(x)$；④对于$(x,\ y)\in$ Ⅳ，使用所有R_1和R_2的全部或部分来生产P_1，直到R_2耗尽或如果$y \geqslant \tilde{y}^*$，P_1生产到$\tilde{S}_1(y)$，并且如果$y < \tilde{y}^*$，则使用所有的R_1

和R_2来生产P_1；⑤$(x, y) \in$ Ⅴ，使用所有R_1生产P_1，全部或部分R_2生产两种产品，直到R_2耗尽或状态达到$(\tilde{x}^*, \tilde{y}^*)$；⑥$(x, y) \in$ Ⅵ，使用R_1生产P_1直到R_1耗尽或达到基本库存水平$\bar{S}_1(y)$，使用R_2生产P_2直到R_2耗尽或达到基本库存水平$\tilde{S}_2(x)$；⑦$(x, y) \in$ Ⅶ，使用R_1生产P_l和P_2直到R_1耗尽或达到$(\bar{x}^*, \bar{y}^*)$使用所有的R_2生产P_2；⑧$(x, y) \in$ Ⅷ，使用所有R_1生产P_2或部分R_1生产P_2直到P_2生产到$\bar{S}_2(x)$，然后使用所有的R_2生产P_2。

定理3-1表明决策如何依赖初始状态和最优结构的复杂性。区域Ⅰ代表两个库存水平都很高的区域，因此不需要生产。在区域Ⅱ中，P_2具有足够的库存，但P_1需要更多，同时由于成本高，使用R_2生产P_1仍然不具有成本效益。在区域Ⅳ中，P_2具有足够的库存，但是P_1的库存太低，以至于即使在所有R_1用于生产P_1之后，也希望使用R_2来生产P_1。在区域Ⅴ中，这两种产品需要更多的库存，但P_1比P_2更不足，因此所有R_1将用于生产P_1，而R_2将用于生产两者。区域Ⅵ是一个比较平衡的区域，两种产品都使用初级资源来生产，之后要么库存充足，要么资源枯竭。区域Ⅲ、Ⅶ和Ⅷ分别与Ⅱ、Ⅳ和Ⅴ对称，因此它们可以类似地解释。

定理3-1的一些重要方面值得另外说明。第一，区域Ⅰ、Ⅲ和Ⅷ的左侧边界是用于生产产品P_1的阈值。从图3-3中我们可以看出，如果状态在边界的左手侧，则希望生产产品P_1，否则不生产产品P_1。第二，区域Ⅰ、Ⅱ和Ⅳ的下边界是用于生产产品P_2的阈值（即仅期望在状态低于边界时生产产品P_2）。第三，产品的库存水平越低，越希望使用其主要资源来生产该产品，因为生产更多的这种产品是有利可图的，并且另一种产品的库存水平是固定的。第四，在希望生产这两种产品的区域，存在两个阈值来确定是否应将一种资源分配给另一种产品的生产（即一个由区域Ⅴ和Ⅵ之间的边界组成），第二个由区域Ⅵ和Ⅶ之间的边界组成。此外，这两个阈值在每个库存水平上都是不递减的。第五，区域Ⅱ和区域Ⅲ不是对称的，因为区域Ⅱ的左侧边界不是$\tilde{S}_1(y)$而是一条辅助曲线$\tilde{S}_1(y) - M_1/\rho_{11}$。这是因为图3-3中的曲线依次对应于两个生产决策

（分别使用两种资源）。在区域Ⅱ中，在使用R_1生产之后，状态将在$\tilde{S}_1(y)$的右侧，确保R_2不会用于生产。然而，在区域Ⅲ中，不考虑R_1，因此不需要辅助曲线。

从图3-3中我们还可以看到生产成本、资源能力和资源利用率如何影响最优决策。正如我们所讨论的，$(\tilde{x}^*, \tilde{y}^*)$和$(\bar{x}^*, \bar{y}^*)$之间的距离取决于生产成本。具体地，$\bar{x}^* - \tilde{x}^*$在$c_{21} - c_{11}$中增加，$\tilde{y}^* - \bar{y}^*$在$c_{12} - c_{22}$中增加。此外，显然，边界曲线之间的距离还取决于资源容量和资源利用率。例如，如果M_1非常大，意味着R_1是无容量的，那么Ⅱ和Ⅵ将扩展到坐标平面的左边区域，Ⅳ和Ⅴ将消失，因为总是有足够的R_1，没有必要使用R_2来生产P_1。

此外，还可以看出，使用替代资源来生产仅发生在区域Ⅴ和Ⅶ中，即当R_1用于生产时状态达到$\bar{S}_0(y)$，或者当R_2用于生产时状态达到$\tilde{S}_0(y)$。此外，值得注意的是，当M_2/ρ_{22}足够大时，$\tilde{S}_0(y + M_2/\rho_{22}) - M_1/\rho_{11}$可能低于$\bar{S}_0(y) - M_1/\rho_{11}$甚至$\bar{S}_0(y + M_2/\rho_{12})$。这将导致区域Ⅴ和Ⅶ（甚至Ⅴ和Ⅷ）的重叠。在这种情况下，我们可以验证是否Ⅶ（或Ⅷ）在重叠区域中占主导地位。因此，我们只需要修改Ⅴ的底部边界，而Ⅶ和Ⅷ的边界保持不变。

值得一提的是，引理3-1中的单调性对表明最优策略至关重要。假设$\rho_{11}/\rho_{12} = \rho_{21}/\rho_{22}$足以确保这些单调性质可以在整个时间范围内保持。如果这个假设不成立，那么x或y，$\rho_{11}^{-1}\bar{G}_t^1(x, y) - \rho_{12}^{-1}\bar{G}_t^2(x, y)$或$\rho_{21}^{-1}\tilde{G}_t^1(x, y) - \rho_{22}^{-1}\tilde{G}_t^2(x, y)$可以具有相反的单调特性。在这种情况下，最优策略是否成立是未知的。

3.3.3 情况（ii）：$c_{11} < c_{21}$和$c_{12} < c_{22}$

在这种情况下，使用资源R_1比资源R_2生产这两种产品更具成本效益。此设置可能出现在生产环境中，其中R_1用于常规生产，而使用R_2生产需要额外的技术。与3.2节类似，接下来我们使用切换曲线来表示最优策略。

我们考虑$(\tilde{x}^*, \tilde{y}^*)$，即$\tilde{G}_t(x, y)$的安全点。根据定义$\bar{J}_t^1(\bar{x}^*, \bar{y}^*) = \bar{J}_t^2(\bar{x}^*, \bar{y}^*) = 0$，因此，$\bar{G}_t^1(\tilde{x}^*, \tilde{y}^*) = c_{11} - c_{21} < 0$，$\bar{G}_t^2(\tilde{x}^*, \tilde{y}^*) = c_{12} - c_{22} < 0$。根据$(\bar{x}^*, \bar{y}^*)$的定义，即$\bar{G}_t(x, y)$的安全点，有$\bar{G}_t^1(\bar{x}^*, \bar{y}^*) = \bar{G}_t^2(\bar{x}^*, \bar{y}^*) = 0$。考虑到成本函数的凸性，$\bar{x}^* > \tilde{x}^*$和$\bar{y}^* > \tilde{y}^*$。在3.2节可以得到$\tilde{S}_1(y) < \bar{S}_1(y)$且$\tilde{S}_2(x) < \bar{S}_2(x)$。对$\tilde{S}_0(y)$和$\bar{S}_0(y)$，根据$\bar{G}_t(x, y)$的定义和假设$\rho_{11}/\rho_{12} = \rho_{21}/\rho_{22}$，很容易证明：如果$\rho_{11}^{-1}(c_{11} - c_{21}) \leqslant \rho_{12}^{-1}(c_{12} - c_{22})$，则$\tilde{S}_0(y) \leqslant \bar{S}_0(y)$，否则$\tilde{S}_0(y) > \bar{S}_0(y)$。两种情况的曲线可以在图3-4中表示。根据$\tilde{S}_0(y)$和$\bar{S}_0(y)$的不同位置可以改变最优决策区域。接下来，我们将更详细地讨论这两种情况。

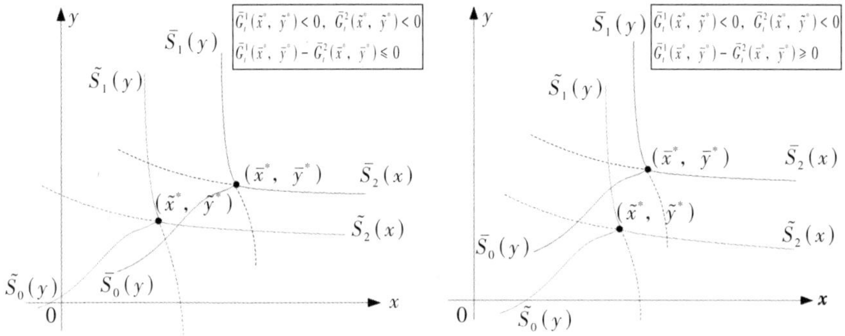

图3-4 情况$c_{11} < c_{21}$，$c_{12} < c_{22}$的切换曲线（左侧为当$\rho_{11}^{-1}(c_{11} - c_{21}) \leqslant \rho_{12}^{-1}(c_{12} - c_{22})$，右侧为当$\rho_{11}^{-1}(c_{11} - c_{21}) \geqslant \rho_{12}^{-1}(c_{12} - c_{22})$）

$\rho_{11}^{-1}(c_{11} - c_{21})\left(\rho_{12}^{-1}(c_{12} - c_{22})\right)$的经济意义是使用两种资源的产品1（产品2）的生产成本重新缩放的差异。如图3-4所示，$\tilde{S}_0(y)$和$\bar{S}_0(y)$的位置取决于$\rho_{11}^{-1}(c_{11} - c_{21})$和$\rho_{12}^{-1}(c_{12} - c_{22})$的值。$\rho_{11}^{-1}(c_{11} - c_{21})$大于$\rho_{12}^{-1}(c_{12} - c_{22})$，意味着使用$R_1$生产$P_1$比生产$P_2$降低更多的成本。这就解释了为什么$\bar{S}_0(y)$位于$\tilde{S}_0(y)$的右侧，导致$R_1$更多用于生产$P_1$。为了了解这一点，考虑一个简单的例子，其中$\rho_{11} = \rho_{12}$，$c_{11} = 1$，$c_{12} = 2$，$c_{21} = 2$，$c_{22} = 4$。由于$c_{22}$的成本高，将使用更多$R_1$来生产$P_2$。因此，在需要生产$P_2$的区域（比如$\bar{S}_0(y)$和$\tilde{S}_0(y)$以下），只要状态没有从下面到达$\bar{S}_0(y)$，$R_1$将首

先用于生产P_2。因为$\bar{S}_0(y)$在$\tilde{S}_0(y)$的上方或左侧，它确保R_1将更多用于生产P_2。$\rho_{11}^{-1}(c_{11}-c_{21})$小于$\rho_{12}^{-1}(c_{12}-c_{22})$的情况可以类似地解释。

尽管曲线的位置不同，但基于3.2节中讨论的六条曲线的资源和生产分配的相同决策规则可以应用于这种情况。再次令$q_{ij}^*(x, y)$表示使用R_i（$i, j=1, 2$）生产P_j的最优生产量，最优策略具有以下性质：

引理3-4 如果$\rho_{11}q_{11}^*+\rho_{12}q_{12}^*<M_1$，则有$q_{21}^*=q_{22}^*=0$.

与3.3.2节不同，在这种情况下，q_{12}^*和q_{21}^*可能都是正的。直观的原因是，R_1是用于生产这两种产品的主要资源，如果R_1不足，则R_2将用于任何一种产品的生产。当然，最优解可能不是唯一的。为了说明这一点，考虑一个特殊情况，其中ρ_{ij}对于所有$i, j=1, 2$，$c_{21}-c_{11}=c_{22}-c_{12}$。假设最优解$(q_{11}^*, q_{12}^*, q_{21}^*, q_{22}^*)$满足$0<q_{12}^*\leqslant q_{21}^*$，那么很容易验证$(q_{11}^*+q_{12}^*, 0, q_{21}^*-q_{12}^*, q_{22}^*+q_{12}^*)$也是一个可供选择的解决方案。因此，在本节的剩余部分，我们将只讨论一个最优分配和生产策略，尽管可能存在其他的最优解。

根据$\rho_{11}^{-1}(c_{11}-c_{21})$和$\rho_{12}^{-1}(c_{12}-c_{22})$的值，最优策略的研究分类如下：情况3.1$\rho_{11}^{-1}(c_{11}-c_{21})=\rho_{12}^{-1}(c_{12}-c_{22})$，情况3.2$\rho_{11}^{-1}(c_{11}-c_{21})<\rho_{12}^{-1}(c_{12}-c_{22})$，以及情况3.3$\rho_{11}^{-1}(c_{11}-c_{21})>\rho_{12}^{-1}(c_{12}-c_{22})$。三种情况下的最优策略是相似的，但有不同的方面。为了简洁起见，我们接下来给出情况2.1的结果。作为比较，情况2.2的结果见附录2-C。情况2.3与情况2.2对称，因此省略。

情况3.1： $\rho_{11}^{-1}(c_{11}-c_{21})=\rho_{12}^{-1}(c_{12}-c_{22})$

当使用R_2的单位成本（按ρ重新缩放后）对于两个产品相同时，可以容易地验证$\tilde{S}_0(y)=\bar{S}_0(y)$。切换曲线可以如图3-5所示。这是图3-4的特殊情况，因此可以类似地解释。

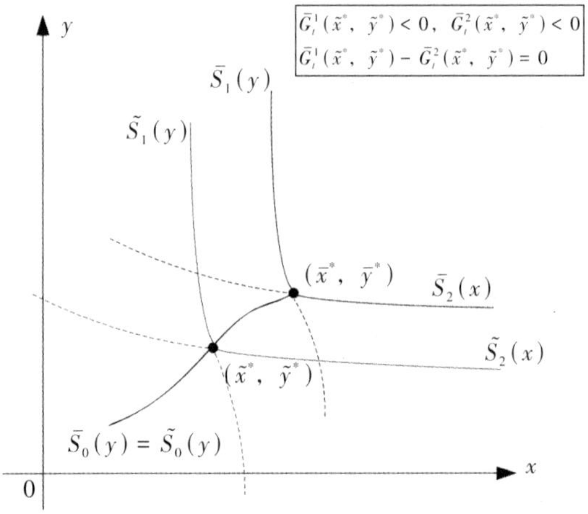

图3-5 情况 $c_{11} < c_{21}$，$c_{12} < c_{22}$和$\rho_{11}^{-1}(c_{11} - c_{21}) = \rho_{12}^{-1}(c_{12} - c_{22})$的切换曲线

基于在不同状态作出的最优决策，对坐标平面进行分段，将(x, y)划分为九个区域。下面的定理中给出了最优策略。

定理3-2 当$c_{11} < c_{21}$，$c_{12} < c_{22}$并且$\rho_{11}^{-1}(c_{11} - c_{21}) = \rho_{12}^{-1}(c_{12} - c_{22})$，最优分配和生产决策取决于初始状态$(x, y)$在哪个区域。具体而言，①对于$(x, y) \in$ Ⅰ，最优决策是不生产；②对于$(x, y) \in$ Ⅱ，最优决策是使用R_1生产P_1，直到R_1耗尽或生产到基本库存水平$\bar{S}_1(y)$为止；③对于$(x, y) \in$ Ⅲ，最优决策是使用R_1首先生产P_1（P_2），如果$x < \bar{S}_0(y)$（$x > \bar{S}_0(y)$），生产两者并沿着$\bar{S}_0(y)$更新状态，直到R_1耗尽或状态达到$(\bar{x}^*, \bar{y}^*)$；④对于$(x, y) \in$ Ⅳ，最优决策是使用R_2生产P_2，直到R_2耗尽或生产到基本库存水平$\bar{S}_2(x)$；⑤对于$(x, y) \in$ Ⅴ，最优决策是使用全部R_1生产P_1，使用全部或部分R_2生产P_1，直到R_2耗尽，如果$y > \tilde{y}^*$，P_1生产到基本库存水平$\tilde{S}_1(y)$，如果$y \leqslant \tilde{y}^*$，则使用R_1和R_2的全部来生产P_1；⑥对于$(x, y) \in$ Ⅵ，最优决策是使用所有的R_1来生产P_1，使用R_2来生产两个产品，直到R_2耗尽或达到$(\tilde{x}^*, \tilde{y}^*)$状态；⑦对于$(x, y) \in$ Ⅶ，最优决策是使用全部R_1生产P_1和P_2，使用全部或部分R_2生产两个产品，直到R_2耗尽或状态达到$(\tilde{x}^*, \tilde{y}^*)$；⑧对于$(x, y) \in$ Ⅷ，最优决策是使用全部R_1生产P_2，并且全部或部分R_2生产两个产品，直

到R_2耗尽或状态达到$(\tilde{x}^*, \tilde{y}^*)$；⑨对于$(x, y) \in$ Ⅸ，最优决策是使用全部R_1、全部或部分R_2来生产P_2，直到R_2耗尽或达到基本库存水平$\overline{S}_2(x)$。

有四点值得一提。第一，对于定理3-2中的所有情况，使用一种资源来生产两种产品（区域Ⅲ、Ⅵ、Ⅶ和Ⅷ中的状态），只有当状态达到$\overline{S}_0(y)$时才会发生。当状态不在$\overline{S}_0(y)$时，以下简单的规则始终成立：生产P_1（P_2）的决策，仅当$x < \overline{S}_0(y)$（$x > \overline{S}_0(y)$）时成立。第二，类似于第3.3.2节，存在确定是否生产产品1的阈值（即区域Ⅰ、Ⅳ和Ⅸ的左侧边界），以及是否生产产品2的阈值（即区域Ⅰ、Ⅱ和Ⅴ的底部边界）。第三，因为R_1比R_2更能节约生产这两种产品的成本，所以优先给予R_1，只有在R_1耗尽时才考虑R_2。我们可以看到，这里可以使用两个R_i来生产P_j，i，$j = 1$，2，$i \neq j$，但是对于图3-3中所示的情况$c_{11} \leqslant c_{21}$和$c_{22} \leqslant c_{12}$是不可能的。第四，出于同样的原因，在图3-3中的安全点(x^*, y^*)已与$(\bar{x}^*, \bar{y}^*)$合并，因此，在这种情况下，只有两个安全点：$(\bar{x}^*, \bar{y}^*)$和$(\tilde{x}^*, \tilde{y}^*)$。

总之，我们对不同情况的分析表明，最优的生产和资源分配策略明显依赖于成本和资源利用率。然而，到目前为止，由于技术的复杂性，它们对最优决策的影响在文献中被低估或忽略。我们的研究结果还表明，虽然我们可以得到双资源双产品系统的解，但最优策略过于复杂而难以实现。

3.4 启发式策略

正如在第3.3节中看到的，最优策略非常复杂，因此在实践中实施它是一项挑战。从管理的观点提出的一个自然的问题是，对于实际目的，更简单的启发式策略是否是可接受的。为了解决这个问题，我们进行了一系列的数值研究，对各种策略的总成本进行了比较。使用最优策略作为基准，我们将评估三个启发式策略：H1、H2和H3。H1是没有资源柔性的策略，它与最优策略之间的差距代表了柔性资源的值。类似的启发式策略已经在文献中应用（例如，Bish等（2005））。H2是基于在第3节中获得的分析结果的启发式算法，但是我们简化了一些原则，以便降低计算复杂度。H3是一种基于单周期问题的最优决策的短视策略。研究H3的目的是证明静态策略和最优动态策略之间的差距。它们的具体定义如下：

H1：调整的基本库存策略（在可能的情况下遵循基本库存策略，并且当规定的生产数量将超过能力时，即生产能力不足时），用于没有柔性的系统，其中没有柔性资源（即每种资源只能生产一种产品），因此，两种产品可以分开，并且每种产品遵循调整的基本库存策略。

H2：该启发式算法描述如下：我们首先假设系统没有柔性，并且像在H1中那样计算最优基本库存水平（分别地假设它们是$\hat{x}^*$和$\hat{y}^*$）。考虑两种情况：

如果$c_{11} \leqslant c_{21}$，$c_{22} \leqslant c_{12}$，（1）使用R_i来生产P_i，$i = 1, 2$，基于调整的基本库存策略：如果$\hat{x}^* - M_1/\rho_{11} < x \leqslant \hat{x}^*$（$\hat{y}^* - M_2/\rho_{22} < y \leqslant \hat{y}^*$），生产$P_1$（$P_2$）直至$\hat{x}^*$（$\hat{y}^*$），如果$x \leqslant \hat{x}^* - M_1/\rho_{11}$（$y \leqslant \hat{y}^* - M_2/\rho_{22}$），则使用所有$R_1$（$R_2$）产生$P_1$（$P_2$），并且如果$x > \hat{x}^*$（$y > \hat{y}^*$），则不生产$P_1$（$P_2$）；（2）如果$P_1$（$P_2$）的库存水平没有达到其基本库存水平$\hat{x}^*$（$\hat{y}^*$），检查是否仍有$R_2$（$R_1$）可用。如果有，使用剩余的$R_2$（$R_1$）生产$P_1$（$P_2$），直到它达到或尽可能接近其基本库存水平。

如果$c_{11} < c_{21}$，$c_{12} < c_{22}$，（1）使用R_1同时生产两种产品。每一个都是基于调整后的基本库存策略：P_1（P_2）的生产持续到其库存水平达到$\hat{x}^*$（$\hat{y}^*$）或R_1耗尽。（2）使用R_2继续生产，直到每种产品达到其基本库存水平或R_2耗尽。

H3：我们计算单个周期问题的最优决策，然后在每个周期重复最优决策。

注意，H1和H2显著地简化了从H1获得每种产品的基本库存方式的计算，H1现在是状态无关的。另外，在H2的第二种情况下，还需要分配要生产的产品。我们简化了这一原则，如果两个库存水平低于其基本库存水平并资源可用，那么同时生产两种产品。H3通过仅计算一个周期的最优决策，然后在每个周期中遵循相同的决策来简化计算复杂度。

为了比较所描述的策略，我们针对每个状态计算最优解决方案和每个启发式策略之间的成本百分比差异，分别取所有状态空间上的最大值和平均值，该状态空间被截断为$\{-10 \leq x \leq 10, -10 \leq y \leq 10\}$。我可通过以下实验来检验启发式策略。对于所有的例子，假设$T=5$，$\alpha=1$。我们测试以下两组分布：（I）D_1和D_2离散且均匀分布在1和10之间；（II）D_1和D_2近似正态分布，均值为5，方差为4。这里，“近似”意味着正态分布因为仅考虑整数值而被离散化，并且被截断以确保需求是非负的。在每组中，我们考虑h_i，b_i，c_{ij}和M_k/ρ_{ij}（$i, j, k=1, 2$）的不同值，然后改变每个参数值，并分析改变对策略有效性的影响。

此外，为了使不同时期的最优决策更加平稳，我们调整了终端函数，假设在T+1时期产品的库存水平为负时存在惩罚成本，或者在库存水平为正时存在残值。具体来说，我们改变$f_{T+1}(x, y)=0$至$f_{T+1}(x, y)=-(c_{11} \wedge c_{21})x-(c_{12} \wedge c_{22})y$，其中$a \wedge b=\min(a, b)$。由于不知道是哪种资源生产了剩余产品，哪种资源填补了缺货订单，我们假设残值或成本是基于两种资源中较小的产品成本。值得注意的是，这种变化并不影响我们在第3.3节中得到的理论分析和结构性质。

对于情形（1），其中$c_{11} \leq c_{21}$，$c_{22} \leq c_{12}$，分布I和II的数值结果分别报告在表3-2和表3-3中。根据参数值，每个表中的结果分为三个子组。我们仅改变组1中的c_{ij}（$i \neq j$），组2中的M_k/ρ_{ij}或组3中的h_i，b_i。

表 3-2　　**情况 $c_{11} \leqslant c_{21}$，$c_{22} \leqslant c_{12}$ 的分布 I**

参数												误差			
h_1	h_2	b_1	b_2	c_{11}	c_{12}	c_{21}	c_{22}	ρ_{11}	ρ_{12}	ρ_{21}	ρ_{22}	H1		H2	
												最大	平均	最大	平均
0.1	0.1	0.3	0.3	0.5	0.5	0.5	0.5	3	3	3	3	0.34	0.09	0.07	0.01
0.1	0.1	0.3	0.3	0.5	0.6	0.6	0.5	3	3	3	3	0.28	0.07	0.06	0.01
0.1	0.1	0.3	0.3	0.5	0.7	0.7	0.5	3	3	3	3	0.22	0.06	0.06	0.01
0.1	0.1	0.3	0.3	0.5	0.8	0.8	0.5	3	3	3	3	0.18	0.04	0.06	0.02
0.1	0.1	0.3	0.3	0.5	0.9	0.9	0.5	3	3	3	3	0.14	0.03	0.06	0.02
0.1	0.1	0.3	0.3	0.5	1.0	1.0	0.5	3	3	3	3	0.10	0.02	0.08	0.03
0.1	0.1	0.3	0.3	0.5	0.5	0.5	0.5	4	4	2	2	0.48	0.11	0.04	0.01
0.1	0.1	0.3	0.3	0.5	0.6	0.6	0.5	4	4	2	2	0.39	0.09	0.04	0.01
0.1	0.1	0.3	0.3	0.5	0.7	0.7	0.5	4	4	2	2	0.31	0.07	0.04	0.01
0.1	0.1	0.3	0.3	0.5	0.8	0.8	0.5	4	4	2	2	0.24	0.05	0.05	0.01
0.1	0.1	0.3	0.3	0.5	0.9	0.9	0.5	4	4	2	2	0.19	0.04	0.06	0.02
0.1	0.1	0.3	0.3	0.5	1.0	1.0	0.5	4	4	2	2	0.14	0.03	0.07	0.03
0.15	0.1	0.3	0.3	0.5	0.7	0.7	0.5	3	3	3	3	0.22	0.06	0.06	0.01
0.2	0.1	0.3	0.3	0.5	0.7	0.7	0.5	3	3	3	3	0.22	0.06	0.06	0.01
0.25	0.1	0.3	0.3	0.5	0.7	0.7	0.5	3	3	3	3	0.22	0.06	0.06	0.01
0.1	0.1	0.35	0.3	0.5	0.7	0.7	0.5	3	3	3	3	0.29	0.07	0.07	0.01
0.1	0.1	0.4	0.3	0.5	0.7	0.7	0.5	3	3	3	3	0.36	0.08	0.10	0.02
0.1	0.1	0.45	0.3	0.5	0.7	0.7	0.5	3	3	3	3	0.43	0.10	0.13	0.02

表 3-3　　情况 $c_{11} \leqslant c_{21}$，$c_{22} \leqslant c_{12}$ 的分布II

参数												误差			
h_1	h_2	b_1	b_2	c_{11}	c_{12}	c_{21}	c_{22}	ρ_{11}	ρ_{12}	ρ_{21}	ρ_{22}	H1		H2	
												最大	平均	最大	平均
0.1	0.1	0.3	0.3	0.5	0.5	0.5	0.5	3	3	3	3	0.37	0.10	0.03	0.00
0.1	0.1	0.3	0.3	0.5	0.6	0.6	0.5	3	3	3	3	0.29	0.08	0.03	0.00
0.1	0.1	0.3	0.3	0.5	0.7	0.7	0.5	3	3	3	3	0.24	0.06	0.03	0.01
0.1	0.1	0.3	0.3	0.5	0.8	0.8	0.5	3	3	3	3	0.18	0.05	0.03	0.01
0.1	0.1	0.3	0.3	0.5	0.9	0.9	0.5	3	3	3	3	0.13	0.04	0.03	0.02
0.1	0.1	0.3	0.3	0.5	1.0	1.0	0.5	3	3	3	3	0.11	0.03	0.04	0.02
0.1	0.1	0.3	0.3	0.5	0.5	0.5	0.5	4	4	2	2	0.47	0.10	0.06	0.01
0.1	0.1	0.3	0.3	0.5	0.6	0.6	0.5	4	4	2	2	0.39	0.08	0.04	0.01
0.1	0.1	0.3	0.3	0.5	0.7	0.7	0.5	4	4	2	2	0.31	0.06	0.04	0.01
0.1	0.1	0.3	0.3	0.5	0.8	0.8	0.5	4	4	2	2	0.25	0.05	0.04	0.01
0.1	0.1	0.3	0.3	0.5	0.9	0.9	0.5	4	4	2	2	0.19	0.04	0.06	0.02
0.1	0.1	0.3	0.3	0.5	1.0	1.0	0.5	4	4	2	2	0.14	0.03	0.07	0.02
0.15	0.1	0.3	0.3	0.5	0.7	0.7	0.5	3	3	3	3	0.23	0.06	0.03	0.01
0.2	0.1	0.3	0.3	0.5	0.7	0.7	0.5	3	3	3	3	0.23	0.06	0.03	0.01
0.25	0.1	0.3	0.3	0.5	0.7	0.7	0.5	3	3	3	3	0.23	0.06	0.03	0.01
0.1	0.1	0.35	0.3	0.5	0.7	0.7	0.5	3	3	3	3	0.31	0.08	0.04	0.01
0.1	0.1	0.4	0.3	0.5	0.7	0.7	0.5	3	3	3	3	0.39	0.10	0.06	0.01
0.1	0.1	0.45	0.3	0.5	0.7	0.7	0.5	3	3	3	3	0.47	0.12	0.10	0.02

我们看到，对于表 3-2 中的所有数值示例，最优策略和 H1 之间的成本差距是巨大的：最大值的范围为 10% 至 48%，并且在可能状态上的平均值的范围为 3% 至 23%。这意味着资源柔性可以显著降低生产成本。对于所有示例，H2 可以显著改善性能。对于具有相同 M_k/ρ_{ij} 的情

况（组1和组3），最大差异范围在4%到11%，并且在可能状态范围内的平均差异在3%以内。对于具有不同 M_k/ρ_{ij} 的情况（组2），差距较大，最大差异在7%至14%的范围内，并且在可能状态上的平均差异在6%的范围内。很明显，虽然基本库存策略在实践中很常见，但在具有多个柔性资源的系统中效率不高，并且需要开发更复杂的启发式算法。在大多数情况下，H3的性能类似于H2的性能。在几种情况下，H3的表现甚至略好于H2（当 c_{ij}（i，$j=1$，2）具有相同或相似的值）。然而，在 c_{ij} 具有不同值的情况下，H3的性能差得多（它可能比H1差），这意味着尽管静态策略（例如H3）可以执行得很好（与H2相比），但H2通常更稳健。

有一些有趣的观察。第一，当 c_{ij}（$i\neq j$）比 c_{ii} 大得多时，H1表现得更好。在这种情况下，我们更希望使用其主要资源来生产每一种产品。因此，没有汇集的单独的基本库存策略更接近最优策略。然而，H2显示相反的模式。例如，在表3-2中的第二子组中，当 c_{12} 和 c_{21} 从0.5增加到1.0时，平均差距从4%增加到6%。这种观察是合理的，因为 c_{ij} 和 c_{ii} 之间的巨大差异意味着资源池化的成本也很高。随着 c_{ij}（$i\neq j$）的增加，H3的性能首先下降，但当 c_{ij} 进一步增加时，性能略有增加。第二，对于大多数数值示例，子组1中的性能优于子组2中的相应平均性能。第三，H1与最优策略之间的差距对缺货成本比持有成本更敏感。缺货成本越高，差距越大，这意味着资源池的柔性越重要。

情况 $c_{11}\leqslant c_{21}$，$c_{22}\leqslant c_{12}$ 的分布II的数值结果报告在表3-3。类似于分布I，我们看到对于所有数值示例，最优策略和H1之间的成本差距仍然很大：最大值在14%到70%的范围内，并且状态的平均值在5%到27%的范围内。H2和H3的表现与分布I相似。除了 c_{ij}（$i\neq j$）比子组2中的 c_{ii} 大得多的情况，H3的性能非常好。在表3-2和表3-3中，当 c_{ij} 增加到0.8时，H3的性能变得差很多。原因可能是H3是基于单周期问题，一旦 c_{ij} 为0.8或更大，则使用资源i来生产产品j会产生较高的生产成本，较高的生产成本无法弥补降低的缺货成本（在这种情况下注意 $c_{ij}-c_{ii}=0.3$，$b_{ii}=0.3$）。因此，最优决策是不使用资源 i 来生产产品 j。然而，对于多周期问题，最优决策可能是完全不同的，因为使用资源 i 来生产产品j是更优的，可以覆盖多个周期的缺货成本。这解释了为什么当c_{ij}增加到0.8时，H3的性能开始变差，但当我们进一步增加c_{ij}时，可能不会变差。

情况（2）$c_{11} < c_{21}$，$c_{12} < c_{22}$的分布I和II的数值结果报告见表3-4和表3-5。我们可以看到，H2的性能比在$c_{11} \leqslant c_{21}$，$c_{22} \leqslant c_{12}$的情况下更差。现在，分布I的最大差距在8%至38%的范围内，并且在状态上的平均差距在4%至10%的范围内。其根本原因是，在情况2中，我们需要在两个产品之间分配每种类型的资源，而情况1并非如此。为了简化分配规则，我们根据两种产品的库存水平和最多订货水平来平衡这两种产品。这种分配将导致最优策略和H2之间产生更多误差。在情况1中，主资源具有比替代资源更明确的优先级，因此不需要该分配规则。

表3-4　**情况 $c_{11} < c_{21}$，$c_{12} < c_{22}$的分布 I**

参数												误差			
												H1		H2	
h_1	h_2	b_1	b_2	c_{11}	c_{12}	c_{21}	c_{22}	ρ_{11}	ρ_{12}	ρ_{21}	ρ_{22}	最大	平均	最大	平均
0.1	0.1	0.3	0.3	0.5	0.5	0.6	0.6	3	3	3	3	0.34	0.10	0.10	0.02
0.1	0.1	0.3	0.3	0.5	0.5	0.7	0.7	3	3	3	3	0.34	0.09	0.10	0.03
0.1	0.1	0.3	0.3	0.5	0.5	0.8	0.8	3	3	3	3	0.35	0.09	0.09	0.03
0.1	0.1	0.3	0.3	0.5	0.5	0.9	0.9	3	3	3	3	0.38	0.09	0.12	0.04
0.1	0.1	0.3	0.3	0.5	0.5	1.0	1.0	3	3	3	3	0.39	0.09	0.15	0.05
0.1	0.1	0.3	0.3	0.5	0.5	0.6	0.6	4	4	2	2	0.48	0.11	0.11	0.03
0.1	0.1	0.3	0.3	0.5	0.5	0.7	0.7	4	4	2	2	0.49	0.11	0.11	0.03
0.1	0.1	0.3	0.3	0.5	0.5	0.8	0.8	4	4	2	2	0.51	0.11	0.13	0.03
0.1	0.1	0.3	0.3	0.5	0.5	0.9	0.9	4	4	2	2	0.52	0.12	0.16	0.05
0.1	0.1	0.3	0.3	0.5	0.5	1.0	1.0	4	4	2	2	0.54	0.12	0.19	0.05
0.15	0.1	0.3	0.3	0.5	0.5	0.7	0.7	3	3	3	3	0.33	0.09	0.11	0.03
0.2	0.1	0.3	0.3	0.5	0.5	0.7	0.7	3	3	3	3	0.32	0.09	0.11	0.02
0.25	0.1	0.3	0.3	0.5	0.5	0.7	0.7	3	3	3	3	0.31	0.09	0.12	0.03
0.1	0.1	0.35	0.3	0.5	0.5	0.7	0.7	3	3	3	3	0.33	0.11	0.12	0.03
0.1	0.1	0.4	0.3	0.5	0.5	0.7	0.7	3	3	3	3	0.39	0.13	0.12	0.04
0.1	0.1	0.45	0.3	0.5	0.5	0.7	0.7	3	3	3	3	0.47	0.16	0.16	0.05

表3-5 **情况 $c_{11} < c_{21}$，$c_{12} < c_{22}$的分布Ⅱ**

参数												误差			
												H1		H2	
h_1	h_2	b_1	b_2	c_{11}	c_{12}	c_{21}	c_{22}	ρ_{11}	ρ_{12}	ρ_{21}	ρ_{22}	最大	平均	最大	平均
0.1	0.1	0.3	0.3	0.5	0.5	0.6	0.6	3	3	3	3	0.37	0.10	0.11	0.03
0.1	0.1	0.3	0.3	0.5	0.5	0.7	0.7	3	3	3	3	0.38	0.11	0.10	0.03
0.1	0.1	0.3	0.3	0.5	0.5	0.8	0.8	3	3	3	3	0.39	0.11	0.10	0.04
0.1	0.1	0.3	0.3	0.5	0.5	0.9	0.9	3	3	3	3	0.42	0.12	0.14	0.06
0.1	0.1	0.3	0.3	0.5	0.5	1.0	1.0	3	3	3	3	0.44	0.12	0.20	0.08
0.1	0.1	0.3	0.3	0.5	0.5	0.6	0.6	4	4	2	2	0.52	0.13	0.11	0.03
0.1	0.1	0.3	0.3	0.5	0.5	0.7	0.7	4	4	2	2	0.53	0.14	0.11	0.04
0.1	0.1	0.3	0.3	0.5	0.5	0.8	0.8	4	4	2	2	0.55	0.15	0.12	0.04
0.1	0.1	0.3	0.3	0.5	0.5	0.9	0.9	4	4	2	2	0.57	0.16	0.16	0.07
0.1	0.1	0.3	0.3	0.5	0.5	1.0	1.0	4	4	2	2	0.59	0.16	0.21	0.08
0.15	0.1	0.3	0.3	0.5	0.5	0.7	0.7	3	3	3	3	0.36	0.11	0.12	0.04
0.2	0.1	0.3	0.3	0.5	0.5	0.7	0.7	3	3	3	3	0.34	0.10	0.12	0.03
0.25	0.1	0.3	0.3	0.5	0.5	0.7	0.7	3	3	3	3	0.33	0.10	0.14	0.03
0.1	0.1	0.35	0.3	0.5	0.5	0.7	0.7	3	3	3	3	0.37	0.12	0.11	0.04
0.1	0.1	0.4	0.3	0.5	0.5	0.7	0.7	3	3	3	3	0.36	0.13	0.12	0.04
0.1	0.1	0.45	0.3	0.5	0.5	0.7	0.7	3	3	3	3	0.41	0.14	0.14	0.04

当c_{ij}（$i \neq j$）和c_{ii}具有相似的值时，H3效果不错。然而，在某些情况下，特别是当c_{ij}（$i \neq j$）远大于c_{ii}时，H3的表现甚至比情况1中的表

现更差。可能的原因是，在情况2中一个资源优先生产两种产品，因此 c_{ij} 更多地用于计算总预期成本。由于H3基于单周期问题，当 c_{ij} 较大时（与 c_{ii} 相比），H3试图避免使用资源i来产生产品j。这使得H3偏离最优策略。在 $c_{ij}=1$ 的情况下，H3的性能甚至比H1差得多。

在第一个子组中，我们通过将 R_2 从0.6改变为1.0来增加生产成本。与表3-2和表3-3不同，H1的性能对这种变化不敏感。这种不敏感可能是由于 R_2 仅在 R_1 不足以满足生产要求时使用。通过使用 R_2，H2的平均性能在生产成本上略微增加。比较第一和第二子组，对于大多数情况，第二子组中的两个启发式算法的平均差距略高。从第三个子组中，我们可以再次看到H1对缺货成本更敏感。

总之，在我们所有的数值实验中，个体基本库存策略和最优策略之间存在很大的差距，这意味着个体基本库存策略在具有多个柔性资源的系统中是低效的。特别是在资源有限的情况下，资源柔性的价值更显著。当资源的数量足够大时，我们可以预期差距会小得多。在使用不同资源的生产成本不同时，基于单周期库存的最优策略是相似的。但是，当使用不同资源的生产成本有显著差异时，它可能表现不佳，并且当一种资源优先生产两种产品时可能表现更差。一个更复杂但具有实际意义的启发式开发：在 $c_{11} \leqslant c_{21}$，$c_{22} \leqslant c_{12}$ 情况下表现得很好，在 $c_{11} < c_{21}$，$c_{12} < c_{22}$ 的情况下，可以显著减小差距但仍有改进的空间，在性能和实现复杂性之间寻找平衡。

3.5 讨论和扩展

本节将讨论仅使用一种柔性资源的情景，并将我们的模型扩展到具有多个资源的两种不同情况。

3.5.1 仅使用一种资源的灵活性

考虑一种特殊情况，R_1 可用于生产 P_1 和 P_2，而 R_2 仅可用于生产 P_2。该背景可以在 P_1 可以仅由特定资源生产而 P_2 接受两种资源的环境中出现。

如果$c_{11} \leqslant c_{21}$，$c_{22} \leqslant c_{12}$，它等价于假设$c_{21} = +\infty$。因此，图3-2和图3-3中所给的性质结果仍然成立。唯一数量上的区别是，因为c_{21}是无限大的，$\tilde{S}_1(y)$和$\tilde{S}_0(y)$变得无限小。$\tilde{S}_1(y)$和$\tilde{S}_0(y)$将从图3-2中消失。因此，对于图3-3所示的最优策略，区域IV和V将消失，并且空隙将由区域II和VI填充，而其他区域保持类似的形状。

对于情况$c_{11} < c_{21}$，$c_{12} < c_{22}$且$\rho_{11}^{-1}(c_{11} - c_{21}) < \rho_{12}^{-1}(c_{12} - c_{22})$，切换曲线参见图3-4（左）。在图3-4（左）中，$\tilde{S}_1(y)$和$\tilde{S}_0(y)$变得无限小，因此它们将从图中消失。我们还可以通过以下方式修改附图2-A-2来表现最优策略：区域II、V、VI和VII合并为一个区域，并且在区域VIII中，R_2仅用于生产P_2。其他情况与推论3-1中描述的相同。

更特殊的情况是，每个R_i只能生产P_i，（$i = 1, 2$）。在这种情况下，我们可以应用附录2中的结果。附图2-A-1中仅出现$\overline{S}_1(y)$和$\tilde{S}_2(x)$。由于这两种产品是分开生产的，所以两条曲线变成两条直线。每种产品的最优策略是基本库存策略。

3.5.2 使用多种灵活和非灵活资源进行生产

考虑使用三种类型的资源（R_i，$i = 0, 1, 2$）生产两种产物（P_i，$i = 1, 2$）。R_i可用于仅生产P_i，$i = 1, 2$；而R_0是灵活的并且可以用于生产两种产品，参见图3-6。Van Mieghem（1998）研究了一个类似的系统，但侧重于柔性制造能力的最优投资。ρ_{ij}表示生产一个P_j所需的R_i的量，M_i是R_i的可用资源，$i = 0, 1, 2$，$j = 1, 2$。与第3节一样，我们假设$\rho_{11}/\rho_{22} = \rho_{01}/\rho_{02}$，其他所有符号与第3.2节相同。我们可以将等式（3.5）和（3.6）修改为：

$$\bar{f}_t(x, y) = \min_{\substack{0 \leqslant \rho_{11}(x' - x) \leqslant M_1 \\ 0 \leqslant \rho_{22}(y' - y) \leqslant M_2}} \left\{ \overline{G}_t(x', y') \right\}$$

和

$$\bar{J}_t(x', y') = \min_{\substack{\rho_{01}(X - x') + \rho_{02}(Y - y') \leqslant M_0 \\ X \geqslant x', \ Y \geqslant y'}} \left\{ \tilde{G}_t(X, Y) \right\}$$

注意，等式（3.5）和（3.6）之间的唯一区别是它们的约束。按照

第3.3节中的方法，可以证明，在调整的约束下，所有的成本函数都是ρ-微分单调的。因此，最优策略可以由切换曲线表示，并且在第3.3节中获得的结果保持不变。

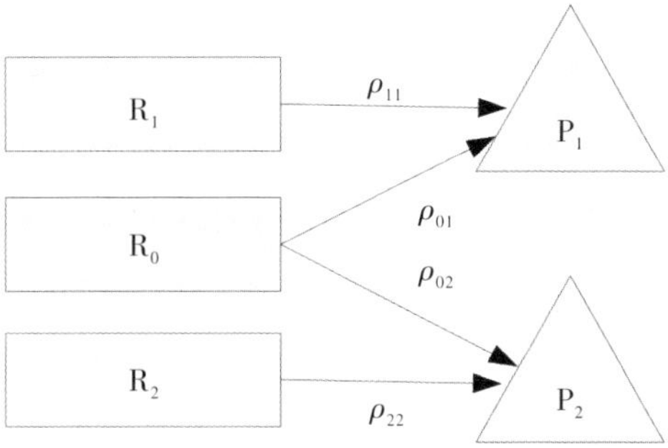

图3-6 双资源、双产品的柔性系统

该模型同样适用于柔性制造系统。R_1、R_2、R_3被认为是没有柔性的机器，而R_0是具有柔性的机器。ρ_{ij}表示机器i生产产品j的能力。

3.5.3 具有多个灵活资源的系统

考虑一种一般情况，即多个柔性资源可以用于生产两个产品。假设存在n种类型的资源，用R_i，$i=1$，2，…，n表示，每个时段R_i的可用量为M_i，每个R_i可用于生产P_1和P_2。需要R_i的ρ_{ij}来生产一个单位的P_j，$j=1$，2。对于相同的j，i可以是不同的，尽管比率ρ_{i1}/ρ_{i2}对于所有$i=1$，2，…，n是相同的。c_{ij}表示R_i用于生产P_j的单位生产成本。类似地，正如在第3.2节中，我们可以按顺序表述这个问题。在第一步中，假设嵌入了其他资源的最优决策，我们决定使用多少R_1来生产P_1和P_2。然后，假设R_i，$i=3$，…，n的最优决策已经完成，我们考虑控制R_2的最优决策，依此类推，直到R_n的最优控制。因此，对于每个R_i，$i=1$，…，n，存在安全点和三条切换曲线。正如我们已经讨论过的，曲线具有单调性质。不同资源的安全点和切换曲线的位置取决于成本c_{ij}。为了表示最优策略，我们可以基于每个R_i的三条切换曲线重复应用决策规则。然而，与第3.3节中提出的两个资源的情况相比，决策区域的划分将复杂得多。

3.6 结论

本章研究了一个有限时间、定期检查的生产系统，该系统使用柔性资源生产两种随机需求的产品。每种资源都有一个有限容量，可用于以资源/产品指定的生产率生产两种产品。我们研究了每个产品的最优生产量和最优策略，以动态分配产品之间的有限资源。我们证明了成本函数是ρ-微分单调的，这有助于刻画最优生产和分配策略。最优策略可以用安全点和状态依赖的切换曲线来表示。最优解与启发式策略的比较表明，资源柔性在生产系统中创造了大量的价值。

未来的研究有几个可能的方向。首先，考虑具有两个产品的系统，一个更一般和更具挑战性的问题是研究是否可以扩展到多个产品的情况下，是否有类似的结构特性和最优策略。其次，为了简化我们的分析，假设没有生产提前期，放松这个假设，并将我们的工作扩展到有前置时间的情况。再次，提出了一个启发式的多资源和两个产品的系统，而不考虑资源利用率的影响，制定一项更复杂的策略并使用数值研究来详细测试不同的情景。最后，在这篇文章中研究的两个资源系统只是一个特殊的情况。文献中提到的更复杂的柔性制造系统，如Graves 和 Tomlin（2003）和Chou 等（2010），由于技术的复杂性，优化分配和生产原则尚不清楚，研究这些柔性结构系统的最优规则将是很有趣的。

本章中的部分推理、证明详见附录2。

第4章 两个地点的最佳补货和转运管理

4.1 引言

横向转运（即库存在供应链中同一阶段的地点之间转移）的使用正在增长。增长的一个主要原因是快递公司现在提供当日送达服务，这通常使公司内部运输产品比从供应商处订购的速度更快。在本章中，我们考虑一种离散时间、有限周期的环境，其中一家公司在两个不同地点库存单一产品，同时利用完整的、主动的横向转运。主动转运是指在一个周期内所有需求实现之前在预定时间内在不同地点之间重新分配库存，这与被动转运相反，被动转运指库存重新分配可以在任意时间发生以应对缺货或潜在缺货。完全转运是指每个地点的全部库存都可以转移到另一个地点，这与部分转运形成对比，部分转运是指只有一个地点可以转运到另一个地点，反之亦然，或者其中一个或两个地点的部分库存被保留以满足未来当地需求。在我们设置的产品中，需求是随机的，时间是相互独立的，但地点不一定是相互独立的。在每个期间开始时，中央计划人员确定两个地点的库存单位数量，然后决定补货数量以及是否应转运一些库存。该公司产生的补货和转运成本本质上是线性的。在任何补货和转运之后，需求就得以实现。我们考虑一个统一的模型，包括缺货和销售损失案例。任何无法满足的需求要么被延期交货，要么被丢失；期末缺货或销售损失会按单位收取罚款。此外，期末任何多余的库存都会产生按单位计算的持有成本。公司的目标是在有限的时间范围内最小化其预期总贴现成本。在本章中，我们研究了上述问题并描述了最优补货和转运策略。

Paterson 等（2011）对横向转运的库存模型进行了最新的全面审查，他们将之前的研究分为主动转运和被动转运。我们以同样的方式组织对现有文献的回顾。如上所述，被动转运，也被称为紧急转运，是在需求实现后在地点之间转移库存。最早关于被动转运的研究是由 Krishnan 和 Rao（1965）进行的。随后，Robinson（1990）展示了针对具有相同成本的多时期多地点问题的基础库存策略的最优性。Herer 和 Tzur（2001）为具有确定性需求的两地点系统开发了一种解决方案。Yang 和 Qin（2007）、Hu 等（2008）以及 Li 和 Yu（2014）描述了多时期、两个工厂环境中的最优生产/补货和转运策略。Yang 和 Qin（2007）的研究中，两个工厂都有能力并且允许虚拟转运，也就是说，一个工厂面临的需求可以分配给另一个工厂以最终满足（最终是因为在分配时分配需求的工厂当时的库存水平可能为负）。Hu 等（2008）研究了销售损失情况，其中两个工厂都具有随机容量，而 Li 和 Yu（2014）考虑了与 Hu 等（2008）相同的情况，但工厂只是简单地具有容量，并说明了多模性在其分析中的作用。Zhao 等（2008）分析了一个连续审查、两个地点、按库存生产的排队系统，该系统具有指数生产和到达时间。Bhatnagara 和 Lin（2019）考虑了一个与 Zhao 等（2008）发现的系统类似的系统，然而，在他们的研究中，转运（包括虚拟）仅在需求时期才允许。Yao 等（2016）研究了具有复合泊松需求过程的两个地点季节性问题，为每个地点作出季节前的初始库存决策，然后在每个时期都面临季节内的转运决策。他们发现最初的库存决策对整体利润的影响比转运决策大得多。Wang 等（2020）研究了总供应量有限的双地点系统，其中每个地点都是报童类型的零售商，并提出转运可能并不总是使两个零售商受益。Govindarajan 等（2021）开发了一种可扩展的启发式方法，用于在允许虚拟转运的地点网络中作出履行决策。读者可以参考 Paterson 等（2011）对反应性纵向转运文献进行全面回顾。

本章的分析采用了一种称为$L^\natural$-凸性的结构属性，该属性之前已用于库存模型的分析中（Chen 等，2015；Feng 等，2019；Gong 和 Chao，2013；Huh 和 Janakiraman，2010；Pang 等，2012；Zipkin，2008）。读者可参阅 Chen（2017）最近对$L^\natural$-凸性应用的调查，以及 Chen 和 Li（2021）对$L^\natural$-凸性、$M^\natural$-凸性及其变体的全面回顾。此外，上述两篇论文使用$L^\natural$-凸性研究了转运问题或类似的替代问题。更具体地说，Chen 等（2015）研究了 Hu 等（2008）的销售损失版本，其中允许虚拟转运，并确定最佳成本函数是$L^\natural$-凸。Feng 等（2019）考虑了两种具有正补货提前期的可替代产品的定期审查库存系统。在最近的一篇工作论文中，Feng 和 Xu（2020）使用$L^\natural$-凸性来研究线上到线下供应链中的生产、定价和转运控制。Li 和 Yu（2014）将多模性的概念（可以等效地转化为$L^\natural$-凸性）应用于类似于 Hu 等（2008）但没有容量不确定性的转运问题。与当前论文的研究不同，上述论文都研究了被动转运（或替代）问题。Chen 等（2022）最近发表的论文也值得一提。作者利用多模块性，设置了一些条件，在这种条件下，主动升级比在客户的首选产品缺货后向客户提供的传统被动升级表现出更高的价值。

接下来，我们回顾一下有关主动横向转运的相关文献。最早的研究是由 Allen（1958、1961、1962）进行的。他忽略了补货决策，只关心销售损失情况下的重新分配。类似的评论适用于 Hoadley 和 Heyman（1977）、Banerjee 等（2003）、Agrawal 等（2004）、Burton 和 Banerjee（2005）以及 Lee 等（2007）的研究，尽管除了 Agrawal 等（2004），他们都考虑了缺货情况。Gross（1963）最早对包括补货决策的横向转运进行研究。他针对具有可忽略不计的提前期和缺货的单期两地点问题制定了最优策略。Das（1975）还研究了考虑缺货和销售损失的单期两个地点情况。随后，Karmarkar 和 Patel（1977）研究了有缺货的单期多地点问题。Karmarkar（1981）描述了多时期、多地点缺货问题中的最优补货和转运策略。Karmarkar（1981）的结果取决于问题各个方面的平稳性假设，并且研究结果仅限于初始库存“足够低”的情况。Jonsson和Silver（1987）首先考虑了具有不可忽略的补货和/或转运提前期的情况。Diks和de Kok（1996）、Betrand和Bookbinder（1998）以及Tagaras和Vlachos（2002）也研究了具有不可忽略的提前期的问题。Jonsson和Silver（1987）以及Betrand和Bookbinder（1998）研究了具有和不具有转运选项的多地点缺货系统的性能；Diks和de Kok（1996）在销售损失案例中也做了同样的事情。Tagaras和Vlachos（2002）研究了两个地点缺货问题的替代订购和转运策略。Mehrota等（2020）考虑了新冠肺炎（COVID-19）的影响，其目标是在跨地点网络中有或没有转运的情况下最小化通风设备的期望短缺。

Abouee-Mehrizi等（2015）描述了具有忽略不计的提前期和销售损失的多时期、两个地点的问题的最优补货和主动转运策略。结果表明，在四个切换曲线的帮助下，可以确定每个时间段的最优策略，并表明对缺货情况的研究是值得的。在本章中，我们为Abouee-Mehrizi等（2015）考虑的但存在缺货的系统确定了最优补货和转运策略。我们首先通过证明在温和的假设下，我们设置的最优成本函数在时间上保持$L^{\natural}$-凸性的结构性质来建立最优策略。在建立了这一结构特性的基础上，并定义了5条单调切换曲线后，我们能够应用边际比较方法来描述最优补货和转运策略。我们的方法包括比较不同决策（补货、转运、什么都不做）的边际成本，并总是选择成本最小的一个或几个。使用我们的方法，切换曲线作为成本最小化决策变化的边界。正如稍后将在论文中看到的那样，我们的边际比较方法与切换曲线相结合，使我们能够进行结构分析，从而得到关于如何动态作出最佳补货和转运决策的有益见解。最后，本章说明了如何简化类似问题的分析。

在表4-1中，我们将我们的工作与密切相关的研究进行了比较，注意到Chen等（2015）和Li和Yu（2014）使用的方法与我们使用的方法相似。然而，我们的工作在许多方面与他们不同，我们将在下面详细介绍。第一，我们考虑了一个统一的模型，包含了缺货和销售损失，而之前的两个研究都只考虑销售损失的情况。第二，我们考虑了主动转运问题，而前面的两个研究只研究了被动转运问题。第三，对于被动转运问题，本模型顺序地作出订货和转运决策（分别在需求实现之前和之后），因此，每个决策的最优策略可以单独提出。对于主动转运问题，这两个决策是同时作出的。最优策略更加复杂，因为它结合了订购和转运决策，还揭示了它们之间的相互作用。第四，我们的缺货模型的转运约束不是一个，因此不能直接应用现有的$L^{\natural}$-凸性性质。我们证明了原问题等价于没有转运约束的问题，因此可以应用$L^{\natural}$-凸性。

表4-1 **本章与密切相关的论文之间的关系**

	地点数量	主动还是被动	平稳还是非平稳	缺货还是销售损失	研究方法
Karmarkar（1981）	N	主动	平稳	缺货	凸性
Yang和Qin（2007）	2	被动	非平稳	缺货	凸性，超模性，对角占优性
Hu等（2008）	2	被动	平稳	销售损失	凹性，子模性
Li和Yu（2014）	2	被动	平稳	销售损失	多模性
Chen等（2022）	2	被动	平稳	销售损失	$L^{\natural}$-凸性
Abouee-Mehrizi等（2015）	2	主动	非平稳	销售损失	凸性，超模性，对角占优性
本章	2	主动	非平稳	二者兼顾	$L^{\natural}$-凸性

本章的其余部分组织如下。在第4.2节中，我们制定了为此问题设置的模型。在第4.3节中，我们得出了一些在后续研究中使用的初步结

果。在第4.4节中，我们描述了最佳补货和转运策略。在第4.5节中，我们提出了两个启发式方法，一个用于两地点的缺货问题，另一个用于三地点的缺货问题。在第4.6节中，我们考虑了只有一个地点从外部供应补充其库存并可以转运到另一个地点的部分转运问题，以及具有固定参数的系统的短视策略。在第4.7节中，我们提出了关于进一步研究的建议。所有的证明都归入附录3。

在本章中，我们用$\mathbb{R}$来表示所有实数的集合。当$\varnothing(x_1, x_2)$是定义在$\mathbb{R}^2$上的可微函数时，令$\varnothing^j(x_1, x_2) = \frac{\partial \varnothing(x_1, x_2)}{\partial x_j}$表示第$j$次偏导数$(j = 1, 2)$，$\varnothing^{12}(x_1, x_2) = \frac{\partial^2 \varnothing(x_1, x_2)}{\partial x_1 \partial x_2}$表示交叉偏导数。同样，我们使用↑和↓分别表示非递减和非递增。

4.2 模型建立

我们考虑一家公司在T周期的时间范围内在两个不同的地点（称为1和2）存储单一产品。每个地点$i(i = 1, 2)$在时期$t(t = 1, \cdots, T)$面临产品的非负随机需求D_{it}。我们假设需求在时间上是独立的，且其分布是已知的，尽管不一定是固定的，并且可能在不同地点之间相关。在每个时期t开始时，确定每个地点$i(i = 1, 2)$的净库存x_{it}，其中净库存是现有库存减去任何未完成的缺货。然后，公司决定每个地点$i(i = 1, 2)$的补货数量。我们假设在需求被观察到之前每个位置都有可用的数量q_{it}。第t时期地点$i(i = 1, 2)$的单位补货成本为c_{it}，且$c_{it} > 0$。

在需求被观察到之前，库存允许在两个地点之间转运。第t时期从地点i转运到地点$3 - i$的单位成本为$c_{i, 3-i, t}(i = 1, 2)$。假设c_{12t}，$c_{21t} > 0$。由于转运总是要产生费用的，因此在同一期间从两个地点转运从来都不是划算的。令z_t表示在t时期转运的数量。在后续计算中，$z_t > 0$被理解为数量z_t的产品被从地点1转运到地点2，而$z_t < 0$被理解为数

量$-z_t$的产品被从地点2转运到地点1。我们既考虑了缺货情况，也考虑了销售损失情况。在任何转运之后，需求被观察并尽可能地满足，任何未满足的需求要么在晚些时候延期交货满足，要么丢失。在每个期间结束时，在每个地点核算库存持有和缺货成本以及任何与补充或转运有关的费用。

令y_{it}为补货后转运前第t时期地点$i(i=1, 2)$的库存水平，即$y_{it}=x_{it}+q_{it}$，$i=1, 2$。我们将h_{it}定义为第t时期地点$i(i=1, 2)$的单位库存持有成本，b_{it}定义为第t时期地点$i(i=1, 2)$在缺货情况下的单位惩罚成本或销售损失情况下的惩罚成本。每个时期t结束时的期望库存持有和缺货成本计算公式为$g_t(y_{1t}-z_t, y_{2t}+z_t)=L_{1t}(y_{1t}-z_t)+L_{2t}(y_{2t}+z_t)$其中$L_{it}(y_{it})=E\left[h_{it}(y_{it}-D_{it})^{+}+b_{it}(y_{it}-D_{it})^{-}\right]$是地点$i$的期望库存持有和短缺成本。我们假设$g_t(y_{1t}, y_{2t})$是$y_{1t}$和$y_{2t}$的联合凸函数。

令$f_t(x_{1t}, x_{2t})$表示在第t时期开始时给定初始库存水平(x_{1t}, x_{2t})下的期望总折扣成本，同时令γ为折现因子$(0<\gamma\leqslant 1)$。在时间期限结束时（在时期$T+1$开始时），因回收未使用库存或获得产品以满足缺货情况下的任何短缺而产生的终端成本为$f_{T+1}(x_{1,T+1}, x_{2,T+1})=-c_{1,T+1}x_{1,T+1}-c_{2,T+1}x_{2,T+1}$。

公司的目标是在有限的时间范围T内作出最优的补货和转运决策，使期望总折扣成本最小化。一段时间的决策规则指定了每种状态下要采取的最优补货和转运策略。为了确定决策规则的策略/序列，我们将问题表述为马尔可夫决策过程（见Porteus，2002）。使用上述定义的$f_t(x_{1t}, x_{2t})$，我们可以将问题的最优性方程写成：

$$f_t(x_{1t}, x_{2t})=f_t(x_{1t}, x_{2t})=\min_{\substack{y_{1t}\geqslant x_{1t},\ y_{2t}\geqslant x_{2t}\\ -y_{2t}^{+}\leqslant z_t\leqslant y_{1t}^{+}}}\Big\{c_{1t}(y_{1t}-x_{1t})+c_{2t}(y_{2t}-x_{2t})+c_{12t}z_t^{+}+c_{21t}z_t^{-}+G_t(y_{1t}-z_t, y_{2t}+z_t)\Big\} \tag{4.1}$$

其中

$$G_t(y_{1t}, y_{2t})=g_t(y_{1t}, y_{2t})+\gamma Ef_{t+1}\big(\varnothing(y_{1t}-D_{1t}), \varnothing(y_{2t}-D_{2t})\big) \tag{4.2}$$

在这里，我们假设在第t期结束时，地点i的库存水平由函数

$\varnothing\left(y_{it}-D_{it}\right)$给出。在缺货情况下，这对应$\varnothing\left(y_{it}-D_{it}\right)=y_{it}-D_{it}$，而在销售损失情况下，它对应$\varnothing\left(y_{it}-D_{it}\right)=\left(y_{it}-D_{it}\right)^{+}$。(4.1) 中的最后一个约束表明，在一个时期内从一个地点转运到另一个地点的数量不能超过进行运输的地点的现有库存。注意，在销售损失的情况下，这个约束可以用$-y_{2t}\leqslant z_t\leqslant y_{1t}$代替，因为$y_{1t}$和$y_{2t}$总是非负的。这些最优性方程可以递归求解，以便在任何净库存情况下，确定任何时期的最优值，进而推导出最优策略。

为了避免琐碎或无意义的最优解，我们对缺货模型和销售损失模型作如下假设：

假设4-1 对于缺货模型，对于$i=1,\ 2$和$t=1,\ \cdots,\ T$，

(i) $b_{it}+\gamma c_{i,t+1}\geqslant c_{it}$，

(ii) $c_{it}-c_{3-i,\ t}\leqslant c_{3-i,\ i,\ t}$。

假设4-1中的 (i) 排除了在一个期间开始时出现缺货情况，但最好将补货推迟到下一个期间的情况；(ii) 确保仅在一个地点补充货物，通过转运满足另一个地点的所有需求，绝不是最优的。

假设4-2 对于销售损失模型，对于$i=1,\ 2$和$t=1,\ \cdots,\ T$，

(i) $b_{it}\geqslant c_{it}$，

(ii) $c_{it}-c_{3-i,\ t}\leqslant c_{3-i,\ i,\ t}$。

假设4-2中的 (i) 意味着在每个地点的销售损失成本高于订购成本。我们注意到，上述假设并不排除地理和时间套利的机会，也就是说，在一个时间点将产品储存在一个地点进行销售，然后如果产品仍未售出并且这样做是有利的，则在稍后的时间点将其转运到另一个地点。

对于销售损失模型，我们将上述假设与Abouee-Mehrizi等 (2015) 的假设进行了比较。我们假设4-2中的 (i) 和 (ii) 分别等价于他们假设1中的 (i) 和 (iii)。在引理4-2 (见下文) 中，我们给出了一个条件，$h_{jt}+b_{jt}+\gamma f_t^j\left(x_{1t},\ x_{2t}\right)\geqslant 0$，这是保持$L^{\natural}$-凸性所必需的。这个条件实际上暗指他们假设4-1中的 (iv)，在他们的论文中注明了$\gamma=1$。为了证明$L^{\natural}$-凸性可以保持，我们不使用他们假设4-1中的 (ii)，b_i+

$c_{ij} > b_j$，i，$j = 1$，2，$i \neq j$。这是因为，根据我们假设4–2中的（i），订购更多以避免销售损失总是具有成本效益的。因此，关于是从一个地点转运但可能导致发货地点的销售损失更好，还是不转运到另一个地点但可能导致收货地点的销售损失更好的决策，实际上已经不再是需要作出的决定。

Abouee-Mehrizi等（2015）假设4–1中的（v）和（vi）是关于终端条件的。根据我们对终端函数的定义，$f_{T+1}(x_{1,T+1}, x_{2,T+1}) = -c_{1,T+1}x_{1,T+1} - c_{2,T+1}x_{2,T+1}$，很容易检验其假设4–1中的（v）和（vi）是否被满足。

4.3 $L^\natural$–凸性的保持

首先为我们的分析做一些初步介绍。令$\mathbb{R}$是所有实数的集合。$\mathbb{R}^K$的一个子格记为V，是一个集合，使得对V的任意$x' = (x_{1'}, \cdots, x_{K'})$和$x'' = (x_{1''}, \cdots, x_{K''})$，它们的交集$x' \wedge x'' = (x_{1'} \wedge x_{1''}, \cdots, x_{K'} \wedge x_{K''})$和并集$x' \vee x'' = (x_{1'} \vee x_{1''}, \cdots, x_{K'} \vee x_{K''})$也属于$V$。这里对于实标量$x$和$y$，$x \wedge y = \min(x, y)$，$x \vee y = \max(x, y)$。在$\mathbb{R}^K$子格上定义了$\psi(x_1, \cdots, x_K)$，函数$\psi$被称为次模（超模），假如对其定义域的所有$x'$和$x''$，有$\psi(x') + \psi(x'') \geq (\leq)(x' \wedge x'') + \psi(x' \vee x'')$。

继Zipkin（2008）之后，如果对于任意$z \in \mathbb{R}$，$(x_1, x_2) \in \mathbb{R}^2$，我们称函数$v(x_1, x_2)$在$(x_1, -x_2)$中是$L^\natural$–凸性的，$v(x_1 - z, x_2 + z)$在$(x_1, -x_2, z)$中是次模的。由于$\mathbb{R}^3$是自身的子格，$v(x_1 - z, x_2 + z)$在$(x_1, -x_2, z)$中的次模性在$\mathbb{R}^3$上是明确的。令$V$是定义在$\mathbb{R}^2$上的结构化函数的集合，使得对于任意$v \in V$，$v(x_1, x_2)$在$(x_1, -x_2)$中是$L^\natural$–凸性的。

接下来我们考虑松弛问题：

$$f_t(x_{1t}, x_{2t}) = \min_{y_{1t} \geq x_{1t},\ y_{2t} \geq x_{2t},\ z_t} \{c_{1t}(y_{1t} - x_{1t}) + c_{2t}(y_{2t} - x_{2t}) + c_{12t}z_t^+ + c_{21t}z_t^- + G_t(y_{1t} - z_t, y_{2t} + z_t)\} \tag{4.3}$$

注意，与（4.1）的唯一区别是，在（4.3）中，去掉了约束 $-y_{2t}^{+} \leqslant z_t \leqslant y_{1t}^{+}$。接下来引理的证明和所有后续结果都可以在附录3中找到。

引理4-1 对于松弛问题（4.3），假设 y_{1t}^{*}，y_{2t}^{*} 和 z_t^{*} 分别为周期 t 状态 $\left(x_{1t}, x_{2t}\right)$ 下在两个位置的最优补货值水平和最优转运量，然后 $-y_{2t}^{*+} \leqslant z_t^{*} \leqslant y_{1t}^{*+}$。

引理4-1表明，即使去掉（4.1）的最后一个约束，在最优策略下，$-y_{2t}^{+} \leqslant z_t \leqslant y_{1t}^{+}$ 总是成立的。由于（4.3）的最优解对（4.1）是可行的，所以它也是（4.1）的最优解。因此，在后续中，我们可以将研究限制在（4.3）上。

我们将证明每个最优价值函数 f_t 都属于 V。但在此之前，我们对销售损失模型进行了额外的分析。与Li和Yu（2014）类似，我们给出了以下性质，这些性质将被应用于引理4-2的证明。当 $x^{+} = x + x^{-}$，$x^{-} = \min_q \left\{q: q \geqslant 0; \ q \geqslant -x\right\}$，$x^{+} = \min_q \left\{x + q: q \geqslant 0; \ x + q \geqslant 0\right\}$，那么对于任意递增函数 $\varnothing(x)$，$\varnothing\left(x^{+}\right) = \min_{q \geqslant 0,\ x+q \geqslant 0} \varnothing\left(x + q\right)$。

引理4-2 对于销售损失模型，假设 $f_{t+1}\left(x_{1,t+1}, x_{2,t+1}\right)$ 在 $\left(x_{1,t+1}, x_{2,t+1}\right)$ 中是 $L^{\natural}$-凸性的，并且 $h_{it} + b_{it} + \gamma f_{t+1}^{i}\left(x_{1,t+1}, x_{2,t+1}\right) \geqslant 0$，其中 $i = 1, 2$。那么 $G_t\left(y_{1t}, y_{2t}\right)$ 在 $\left(y_{1t}, -y_{2t}\right)$ 中是 $L^{\natural}$-凸性的，且 $h_{it} + b_{it} + \gamma G_t^{i}\left(y_{1t}, y_{2t}\right) \geqslant 0$。

现在我们通过展示每个最优值函数 f_t 属于 V 来推断出本节，这将有助于最优策略的表征。

定理4-1 （i）对于缺货模型，假设4-1成立，那么对于 $t = 1, \cdots, T+1$，$f_t \in V$。

（ii）对于销售损失模型，若假设4-2成立，则对于 $t = 1, \cdots, T$，$f_t \in V$，且满足 $h_{jt} + b_{jt} + \gamma f_t^{j}\left(x_{1t}, x_{2t}\right) \geqslant 0\left(j = 1, 2\right)$。

关于销售损失，我们注意到Abouee-Mehrizi等（2015）研究了一个类似的具有主动转运性质的两地点销售损失库存模型。然而，我们考虑一个更一般的模型，包括缺货和销售损失的情况。此外，对于销售损失的情况，我们建立了成本函数的 $L^{\natural}$-凸性，这可以大大简化Abouee-

Mehrizi等（2015）的分析。

4.4 最优补货和转运策略

在本节中，我们描述了最优补货和转运策略。更具体地说，我们证明了：①最优补货和转运策略可以用切换曲线来描述；②最优控制在系统状态下是单调的。由于具有$L^{\natural}$-凸性，对销售损失情况的分析和最优策略与缺货情况的分析和最优策略非常相似，因此我们在下文中重点关注后者。

考虑一个函数$\boldsymbol{v}(x_1, x_2)\in V$，如果$\boldsymbol{v}(x_1, x_2)$是可微的，对$\boldsymbol{v}(x_1 - z, x_2 + z)$关于$z$求导，我们可以从$\boldsymbol{v}(x_1 - z, x_2 + z)$在$(x_1, -x_2, z)$中的次模性得到$\boldsymbol{v}^1(x_1 - z, x_2 + z) - \boldsymbol{v}^2(x_1 - z, x_2 + z)$关于$x_1$是非减的，关于$x_2$是非增的。一般来说，我们有$\boldsymbol{v}^1(x_1, x_2) - \boldsymbol{v}^2(x_1, x_2)$关于$x_1$是非减的，关于$x_2$是非增的。

令 $J_t(y_{1t}, y_{2t}, z_t) = c_{1t}y_{1t} + c_{2t}y_{2t} + c_{12t}z_t^+ + c_{21t}z_t^- + G_t(y_{1t} - z_t, y_{2t} + z_t)$，则（4.3）可以写成$f_t(x_{1t}, x_{2t}) = \min\limits_{y_{1t}\geqslant x_{1t},\ y_{2t}\geqslant x_{2t},\ z_t} J_t(y_{1t}, y_{2t}, z_t) - c_{1t}x_{1t} - c_{2t}x_{2t}$。因为我们在定理4-3中证明了$J_t(y_{1t}, y_{2t}, z_t)$在$(y_{1t}, -y_{2t}, z_t)$中是$L^{\natural}$-凸性的，那么下面的性质就立即产生了：

引理4-3 （i）$J_t^1(y_{1t}, y_{2t}, z_t)\uparrow y_{1t}\uparrow y_{2t}$；

（ii）$J_t^2(y_{1t}, y_{2t}, z_t)\uparrow y_{1t}\uparrow y_{2t}$；

（iii）$J_t^1(y_{1t}, y_{2t}, z_t) - J_t^2(y_{1t}, y_{2t}, z_t)\uparrow y_{1t}\downarrow y_{2t}$。

为了帮助刻画最优策略，定义以下转换曲面：

$$s_{1t}(y_{2t}, z_t) = \sup\{y_{1t}:\ c_{1t} + G_t^1(y_{1t} - z_t, y_{2t} + z_t)\leqslant 0\}$$

$$s_{2t}(y_{1t}, z_t) = \sup\{y_{2t}:\ c_{2t} + G_t^2(y_{1t} - z_t, y_{2t} + z_t)\leqslant 0\}$$

$$s_{0t}(y_{2t}, z_t) = \sup\{y_{1t}:\ c_{1t} - c_{2t} + G_t^1(y_{1t} - z_t, y_{2t} + z_t) - G_t^2(y_{1t} - z_t, y_{2t} + z_t)\leqslant 0\}$$

还有两条与转运有关的转换曲线：

$$S_t(y_{2t}, z_t) = \inf\{y_{1t}:\ c_{12t} - G_t^1(y_{1t} - z_t, y_{2t} + z_t) + G_t^2(y_{1t} - z_t, y_{2t} + z_t)\leqslant 0\}$$

$$\overline{S}_t(y_{2t}, z_t) = \sup\{y_{1t}:\ c_{21t} + G_t^1(y_{1t} - z_t, y_{2t} + z_t) - G_t^2(y_{1t} - z_t, y_{2t} + z_t)\leqslant 0\}$$

如图4-1所示，根据引理4-3的第（i）和（ii）部分，对给定的y_{2t}和z_t，$s_{1t}\left(y_{2t}, z_t\right)$是最大的$y_{1t}$，其中地点1的补货正在降低成本；对给定的$y_{1t}$和$z_t$，$s_{2t}\left(y_{1t}, z_t\right)$是最大的$y_{2t}$，其中地点2的补货正在降低成本。根据引理4-3（iii），对给定的y_{2t}和z_t，$s_{0t}\left(y_{2t}, z_t\right)$是最大的$y_{1t}$，其中地点1的补货比地点2的补货更有利。对给定的$y_{2t}$和$z_t$，$S_t\left(y_{2t}, z_t\right)\left(\overline{S}_t\left(y_{2t}, z_t\right)\right)$是最小（最大）的$y_{1t}$，其中将产品从地点1（2）转运到地点2（1）正在降低成本。

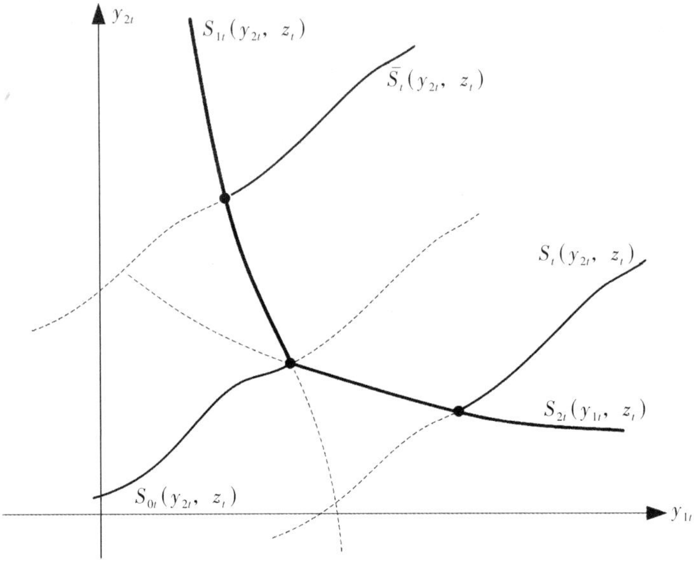

图4-1 补货和转运的切换曲线

从前面可以清楚地看出，在每个时期都要作出三个决策：一个是在地点1补货，另一个是在地点2补货，最后一个是在两个地点之间转运。为了建立对接下来事情的直觉，也为了说明开关曲线的作用，我们首先考虑只有一个决策要做，其他两个已经决定或固定的情况。假设唯一要做的决定是在地点1补货，在这种情况下，切换曲线$s_{1t}\left(y_{2t}, z_t\right)$表示最佳库存水平，并且如果$x_{1t} < s_{1t}\left(y_{2t}, z_t\right)$，采取的措施是补充到该水平，否则不补充。作为另一个例子，考虑唯一要做的决策是关于转运的情况。在这种情况下，切换曲线$S_t\left(y_{2t}, z_t\right)$表示$y_{1t}$的值，在这个值以下，

将库存从地点1转运到地点2并不能降低成本。

值得一提的是，上面定义的五条曲线都是z_t的函数。然而，在负对角线方向上，y_{1t}的减少导致y_{2t}的等量增加，每条曲线通过负对角线平移而不改变其形状。以$s_{1t}(y_{2t}, z_t)$为例，根据定义，

$$s_{1t}(y_{2t}, z_t, 0) = \sup\{y_{1t}: c_{1t} + G_t^1(y_{1t}, y_{2t} + z_t) \leqslant 0\} = \sup\{\bar{y}_{1t} - z_t: c_{1t} + G_t^1(\bar{y}_{1t} - z_t, y_{2t} + z_t) \leqslant 0\}, (\text{where } \bar{y}_{1t} = y_{1t} + z_t) = s_{1t}(y_{2t}, z_t) - z_t。$$

一般来说，对任意$z_t' < z_t''$，我们有：

$$s_{1t}(y_{2t}, z_t') = s_{1t}(y_{2t} - z_t'' + z_t', z_t'') - (z_t'' - z_t'). \tag{4-4}$$

同理，$s_{2t}(y_{1t}, z_t)$、$s_{0t}(y_{2t}, z_t)$、$S_t(y_{2t}, z_t)$和$\overline{S}_t(y_{2t}, z_t)$在$z_t$变化时也沿负对角线平移。图4-2解释了这些曲线在不同z_t平面上的投影。当z_t从z_t'增加到z_t''时，$z_t = z_t'$的状态(y_{1t}, y_{2t})转化为$z_t = z_t''$，而$y_{1t}(y_{2t})$减少（增加）$z_t'' - z_t'$单位。因此，为了研究这些曲线如何帮助描述最优策略，我们只需要关注z_t的一个特定值。

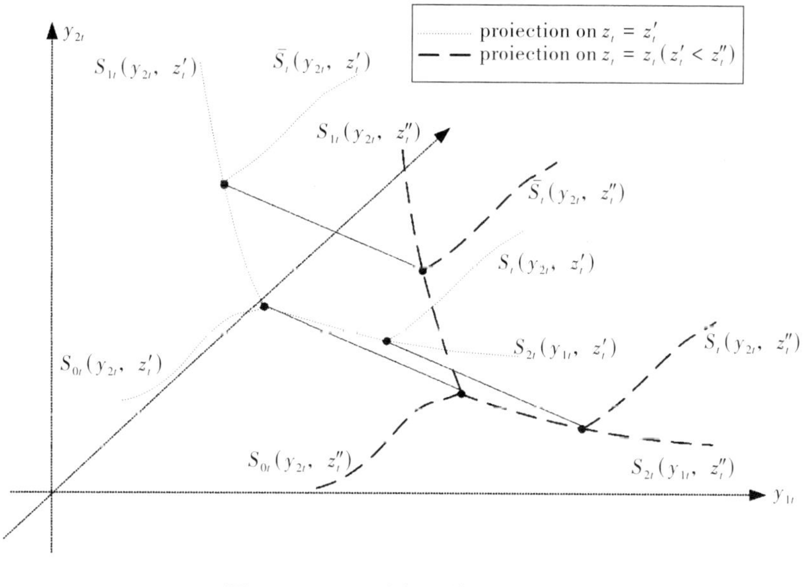

图4-2　z_t平面上投影的切换曲线

下面的引理证明了这些开关曲线以单调的方式变化。

引理4-4　(a) 对于固定的z_t，① $s_{1t}(y_{2t}, z_t) \downarrow y_{2t}$且

$s_{2t}(y_{1t}, z_t) \downarrow y_{1t}$；② $0 \geq s_{1t}^1(y_{2t}, z_t) \geq -1$ 且 $0 \geq s_{2t}^1(y_{1t}, z_t) \geq -1$；③ $s_{0t}(y_{2t}, z_t) \uparrow y_{2t}$，$S_t(y_{2t}, z_t) \uparrow y_{2t}$ 且 $\overline{S}_t(y_{2t}, z_t) \uparrow y_{2t}$。

（b）对于固定的 y_{2t}，① $s_{1t}(y_{2t}, z_t) \uparrow z_t$ 且 $0 \leq s_{1t}^2(y_{2t}, z_t) \leq 1$；② $s_{0t}(y_{2t}, z_t) \uparrow z_t$，$S_t(y_{2t}, z_t) \uparrow z_t$ 且 $\overline{S}_t(y_{2t}, z_t) \uparrow z_t$。

（c）对于固定的 y_{1t}，$s_{2t}(y_{1t}, z_t) \downarrow z_t$ 且 $-1 \leq s_{2t}^2(y_{1t}, z_t) \leq 0$。

（d）对于任意 y_{2t} 和 z_t，$\overline{S}_t(y_{2t}, z_t) < s_{0t}(y_{2t}, z_t) < S_t(y_{2t}, z_t)$。

引理4-4（a）第①部分表明，当另一个地点的库存增加时，在一个地点的理想库存数量会下降，而（a）第②部分告诉我们，在一个地点的库存决策对另一个地点的库存增加具有有限的敏感性。（a）第③部分的增加直接来自 $L^\natural$-凸性，并且是直观的，若从一个地点到另一个地点的转运更有利，这个地点的库存越多，或者被转运到（b）第①部分地点的库存越少。部分（c）表明，如果转运的库存越多，那么，最好在转运出发地补充更多的货物，而在转运地点补充更少的货物。（d）部分是根据定义和假设4-1得出的。由于引理4-4中获得的单调性，$s_{0t}(y_{2t}, z_t)$（其中两个地点的库存是平衡的）总是介于 $\overline{S}_t(y_{2t}, z_t)$ 和 $S_t(y_{2t}, z_t)$ 之间并不奇怪（其中一个地点的库存是冗余的，而另一个地点的库存是不足的）。最有趣的是关注 $z_t = 0$ 的情况，其中 $\overline{S}_t(y_{2t}, 0)$ 和 $S_t(y_{2t}, 0)$ 将 (y_{1t}, y_{2t}) 坐标平面划分为三个区域：从地点2转运到地点1，不转运，从地点1转运到地点2。

由于 $J_t(y_{1t}, y_{2t}, z_t)$ 在 $(y_{1t}, -y_{2t}, z_t)$ 中是 $L^\natural$-凸性的，（4.3）中的目标函数在 $(y_{1t}, -y_{2t}, z_t)$ 的一个子格上是次模的。在补货后库存状态为 (y_{1t}, y_{2t}) 的情况下，令 $\tilde{z}_t(y_{1t}, y_{2t})$ 为最优转运量。下面的单调性直接来自Topkis（1998）的定理。

引理4-5 $\tilde{z}_t(y_{1t}, y_{2t}) \uparrow y_{1t} \downarrow y_{2t}$。

在本节的其余部分，我们将放宽假设，即只有一个决策需要作出，其他决策已经决定或固定。对初始状态 (x_{1t}, x_{2t})，令 (y_{1t}^*, y_{2t}^*) 为最优补货水平，z_t^* 为最优转运量。定义 (X_{1t}^*, X_{2t}^*) 为补货和转运决策后但需求实现前的最优库存，即 $X_{1t}^* = y_{1t}^* - z_t^*$，$X_{2t}^* = y_{2t}^* - z_t^*$。在下面的分析中，我们使用边际成本比较法结合上述切换曲线来确定最优补货和转运数量。这种边际成本比较法分为三个步骤。步骤1：当 $x_{1t} > s_{1t}(y_{2t}, z_t)\left(x_{2t} > s_{2t}(y_{1t}, z_t)\right)$时，地点1（2）的补货不能降低成本，因此不进行补货；只有当 $x_{1t} > S_t(y_{2t}, z_t)\left(x_{1t} < \overline{S}_t(y_{2t}, z_t)\right)$时，从地点1（2）转运到地点2（1）才降低成本。步骤2：当多个行动（例如，在一个地点补充和地点之间的转运）降低成本时，我们比较边际成本，并选择最能降低成本的措施。当大多数降低成本的措施之间存在联系时，那么应该采取所有措施。步骤3：如果执行前面的步骤导致任何状态更改，则重复步骤1和2，否则该方法完成，因为没有任何操作将进一步降低期望成本。

引理4-5保证了 $s_{2t}(y_{1t}, z_t)$对 y_{1t}的斜率和 $s_{1t}(y_{2t}, z_t)$对 y_{2t}的斜率都不小于-1。因此 $s_{1t}(y_{2t}, z_t)$和 $s_{2t}(y_{1t}, z_t)$在 $y_1 - y_2$平面相交，一旦它们分开，它们就不会再在别处相交。我们把这个交点记作$(\bar{y}_{1t}^0, \bar{y}_{2t}^0)$。值得注意的是，$\bar{y}_{1t}^0$和$\bar{y}_{2t}^0$是 z_t的函数。但是由于 $s_{1t}(y_{2t}, z_t)$和 $s_{2t}(y_{1t}, z_t)$在 z_t改变时沿着负对角线平移，它们的交点也会平移。因此，为了简化符号，我们在这里省略了 z_t。根据 $s_{1t}(y_{2t}, z_t)$，$s_{2t}(y_{1t}, z_t)$和 $s_{0t}(y_{2t}, z_t)$的定义，很明显 $s_{0t}(y_{2t}, z_t)$也相交于$(\bar{y}_{1t}^0, \bar{y}_{2t}^0)$。

注：如果 $G_t(y_{1t}, y_{2t})$不是严格凸时，则对于给定的 y_{2t}和 z_t，可能存在多个 y_{1t}满足 $c_{1t} + G_t^1(y_{1t} - z_t, y_{2t} + z_t) = 0$，或者存在多个 y_{2t}满足 $c_{2t} + G_t^2(y_{1t} - z_t, y_{2t} + z_t) = 0$。根据它们的定义，在这种情况下，我们选择 y_{1t}和 y_{2t}中最大的一个。这保证了对于给定的 z_t，$(y_{1t}^0, \bar{y}_{2t}^0)$即 $s_{1t}(y_{2t}, z_t)$和 $s_{2t}(y_{1t}, z_t)$的交点是唯一的。然而，当 $G_t(y_{1t}, y_{2t})$不是严格凸时，满足 $c_{1t} - c_{2t} + G_t^1(y_{1t} - z_t, y_{2t} + z_t) - G_t^2(y_{1t} - z_t, y_{2t} + z_t) \leqslant 0$ 的最大 y_{1t} 可能不是$(\bar{y}_{1t}^0, \bar{y}_{2t}^0)$。在这种情况下，存在一条带状区域而不是一条曲线，在地点1或地点2补货的成本降低是相等的（参见Chen，2004年的类似讨论）。很容易验证$(\bar{y}_{1t}^0, \bar{y}_{2t}^0)$在这个带内，因此，对于给定的 y_{2t}和

z_t，我们可以将$s_{0t}(y_{2t}, z_t)$重新定义为经过$(\bar{y}_{1t}^0, \bar{y}_{2t}^0)$的$y_{1t}$，在地点1补货与地点2补货一样有利。在本章的其余部分，如果$G_t(y_{1t}, y_{2t})$不是严格凸时，我们将在必要时对其他曲线进行同样的调整。通过这种方式，我们可以只关注一个基于$L^{\natural}$-凸性的最优策略，尽管可能存在备选的最优策略。

由于$s_{1t}(y_{2t}, z_t)$和$s_{2t}(y_{1t}, z_t)$是非递增的，而$S_t(y_{2t}, z_t)$和$\overline{S}_t(y_{2t}, z_t)$是非递减的，因此前两条曲线必然与后两条曲线相交。我们把$s_{1t}(y_{2t}, z_t)$和$\overline{S}_t(y_{2t}, z_t)$的交点记作$(\bar{y}_{1t}^1, \bar{y}_{2t}^1)$，$s_{2t}(y_{1t}, z_t)$和$S_t(y_{2t}, z_t)$的交点记作$(\bar{y}_{1t}^2, \bar{y}_{2t}^2)$。再次注意它们是$z_t$的函数，但是为了简单起见我们忽略了这个。根据曲线的定义及$s_{1t}(y_{2t}, z_t)$和$s_{2t}(y_{1t}, z_t)$的单调性，很容易验证$\bar{y}_{1t}^1 \leqslant \bar{y}_{1t}^0 \leqslant \bar{y}_{1t}^2$和$\bar{y}_{2t}^1 \geqslant \bar{y}_{2t}^0 \geqslant \bar{y}_{2t}^2$。为了帮助比较补货和转运的边际成本，我们定义了两条辅助曲线：

$$\tilde{s}_{1t}(y_{2t}, z_t) = \sup\left\{y_{1t}:\ c_{2t} - c_{12t} + G_t^1(y_{1t} - z_t,\ y_{2t} + z_t) \leqslant 0\right\}$$

$$\tilde{s}_{2t}(y_{1t}, z_t) = \sup\left\{y_{2t}:\ c_{1t} - c_{21t} + G_t^2(y_{1t} - z_t,\ y_{2t} + z_t) \leqslant 0\right\}$$

需要注意的是，$\tilde{s}_{1t}(y_{2t}, z_t)\left(\tilde{s}_{2t}(y_{1t}, z_t)\right)$是最大的$y_{1t}(y_{2t})$，因此地点2（1）补货比从地点1（2）转运到地点2（1）更具成本效益。

引理4-5（i）和（ii）部分的逻辑并行，这些辅助曲线具有以下性质：

（i）$\tilde{s}_{1t}(y_{2t}, z_t) \downarrow y_{2t}$和$\tilde{s}_{2t}(y_{1t}, z_t) \downarrow y_{1t}$；

（ii）$0 \geqslant \tilde{s}_{1t}^1(y_{2t}, z_t) \geqslant -1$且$0 \geqslant \tilde{s}_{2t}^1(y_{1t}, z_t) \geqslant -1$。此外，很容易检验出$(\bar{y}_{1t}^1, \bar{y}_{2t}^1) \in \tilde{s}_{2t}(y_{1t}, z_t)$和$(\bar{y}_{1t}^2, \bar{y}_{2t}^2) \in \tilde{s}_{1t}(y_{2t}, z_t)$。

为了简化表示，但又不失一般性，在本节的其余部分中，我们只考虑$z_t = 0$的情况。我们进一步定义6条线：$L_{1t} = \left\{(y_{1t}, y_{2t}):\ y_{2t} = \bar{y}_{2t}^0\right\}$，$L_{2t} = \left\{(y_{1t}, y_{2t}):\ y_{1t} = \bar{y}_{1t}^0\right\}$，$L_{3t} = \left\{(y_{1t}, y_{2t}):\ y_{2t} = \bar{y}_{2t}^1\right\}$，$L_{4t} = \left\{(y_{1t}, y_{2t}):\ y_{2t} - \bar{y}_{2t}^1 = \bar{y}_{1t}^1 - y_{1t}\right\}$，$L_{5t} = \left\{(y_{1t}, y_{2t}):\ y_{1t} = \bar{y}_{1t}^2\right\}$，$L_{6t} = \left\{(y_{1t}, y_{2t}):\ \bar{y}_{2t}^2 - y_{2t} = y_{1t} - \bar{y}_{1t}^2\right\}$。这些线和已经定义的四条切换曲线将坐标平面的第一象限划分为以下八个区域（如图4-3所示）：Ⅰ =

$\left\{\left(y_{1t},\ y_{2t}\right):\ y_{1t} \leqslant \bar{y}_{1t}^{0},\ y_{2t} = \bar{y}_{2t}^{0}\right\}$，Ⅱ $=\left\{\left(y_{1t},\ y_{2t}\right):\ y_{1t} \leqslant s_{1t}\left(y_{2t},\ 0\right),\ \bar{y}_{2t}^{0} < y_{2t} \leqslant \bar{y}_{2t}^{1}\right\}$，Ⅲ $=\left\{\left(y_{1t},\ y_{2t}\right):\ y_{1t} \leqslant \bar{y}_{1t}^{1},\ \bar{y}_{2t}^{1} < y_{2t} \leqslant \bar{y}_{2t}^{1} + \left(\bar{y}_{1t}^{1} - y_{1t}\right)\right\}$，Ⅳ $=\left\{\left(y_{1t},\ y_{2t}\right):\ y_{1t} > \bar{y}_{1t}^{1},\ \bar{y}_{1t}^{1} - \left(\bar{y}_{2t}^{1} - y_{2t}\right) < y_{2t} \leqslant \bar{S}_{t}\left(y_{2t},\ 0\right)\right\}$，Ⅴ $=\left\{\left(y_{1t},\ y_{2t}\right):\ s_{1t}\left(y_{2t},\ 0\right) \vee \bar{S}_{t}\left(y_{2t},\ 0\right) < y_{1t} \leqslant S_{t}\left(y_{2t},\ 0\right),\ y_{2t} > s_{2t}\left(y_{1t},\ 0\right)\right\}$，Ⅵ $=\left\{\left(y_{1t},\ y_{2t}\right):\ \bar{y}_{1t}^{0} < y_{1t} \leqslant \bar{y}_{1t}^{2},\ y_{2t} \leqslant s_{2t}\left(y_{1t},\ 0\right)\right\}$，Ⅶ $=\left\{\left(y_{1t},\ y_{2t}\right):\ \bar{y}_{1t}^{2} < y_{1t},\ y_{2t} \leqslant \bar{y}_{2t}^{2} - \left(y_{1t} - \bar{y}_{1t}^{2}\right)\right\}$和Ⅷ $=\left\{\left(y_{1t},\ y_{2t}\right):\ y_{1t} > S_{t}\left(y_{2t},\ 0\right) \vee \bar{y}_{1t}^{2} + \left(\bar{y}_{2t}^{2} - y_{2t}\right)\right\}$。

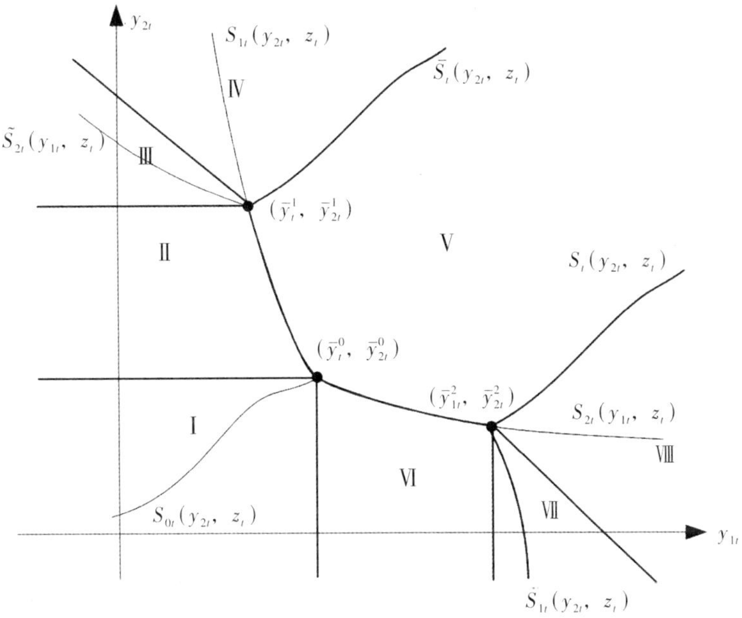

图4-3 不同区域的最优补货和转运决策

在接下来的定理中我们给出本章的主要结果，即我们的问题设置下的最优补货和转运策略。

定理4-2 $\left(X_{1t}^{*},\ X_{2t}^{*}\right)$表示补货和转运决策后的最优库存水平。$t$时期的最优补货和转运决策取决于初始状态$\left(x_{1t},\ x_{2t}\right)$在8个区域中的哪个区域。具体地说：

①对于$\left(x_{1t},\ x_{2t}\right) \in$ Ⅰ，补充两个地点到$\left(\bar{y}_{1t}^{0},\ \bar{y}_{2t}^{0}\right)$，不转运，即$\left(X_{1t}^{*},\ X_{2t}^{*}\right) = \left(\bar{y}_{1t}^{0},\ \bar{y}_{2t}^{0}\right)$；

②对于$(x_{1t}, x_{2t}) \in \text{Ⅱ}$，只补充地点1直到$s_{1t}(y_{2t}, 0)$，不转运，即$(X_{1t}^*, X_{2t}^*) = (s_{1t}(y_{2t}, 0), x_{2t})$；

③对于$(x_{1t}, x_{2t}) \in \text{Ⅲ}$，只补充地点1$\bar{y}_{1t}^1 - x_{1t} - x_{2t} + \bar{y}_{2t}^1$个单位，并将$x_{2t} - \bar{y}_{2t}^1$个单位从地点2转运到地点1，即$(X_{1t}^*, X_{2t}^*) = (\bar{y}_{1t}^1, \bar{y}_{2t}^1)$；

④对于$(x_{1t}, x_{2t}) \in \text{Ⅳ}$，只从地点2转运到地点1，$(X_{1t}^*, X_{2t}^*)$满足$X_{1t}^* = \bar{S}_t(X_{2t}^*, 0)$且$X_{1t}^* - x_{1t} = x_{2t} - X_{2t}^*$；

⑤对于$(x_{1t}, x_{2t}) \in \text{Ⅴ}$，不补充也不转运，即$(X_{1t}^*, X_{2t}^*) = (x_{1t}, x_{2t})$；

⑥对于$(x_{1t}, x_{2t}) \in \text{Ⅵ}$，只补充地点2直到$s_{2t}(y_{1t}, 0)$，不转运，即$(X_{1t}^*, X_{2t}^*) = (x_{1t}, s_{2t}(y_{1t}, 0))$；

⑦对于$(x_{1t}, x_{2t}) \in \text{Ⅶ}$，只补充地点2$\bar{y}_{2t}^2 - x_{2t} - x_{1t} + \bar{y}_{1t}^2$个单位，并将$x_{1t} - \bar{y}_{1t}^2$个单位从地点1转运到地点2，即$(X_{1t}^*, X_{2t}^*) = (\bar{y}_{1t}^2, \bar{y}_{2t}^2)$；

⑧对于$(x_{1t}, x_{2t}) \in \text{Ⅷ}$，只从地点1转运到地点2，$(X_{1t}^*, X_{2t}^*)$满足$X_{1t}^* = S_t(X_{2t}^*, 0)$且$X_{1t}^* - x_{1t} = x_{2t} - X_{2t}^*$。

对于最优补货和转运策略，有三点$(\bar{y}_{1t}^0, \bar{y}_{2t}^0)$，$(\bar{y}_{1t}^1, \bar{y}_{2t}^1)$和$(\bar{y}_{1t}^2, \bar{y}_{2t}^2)$值得讨论。首先，$(\bar{y}_{1t}^0, \bar{y}_{2t}^0)$是一个补货对冲点：当地点1的库存水平在$\bar{y}_{1t}^0$及以上时，不补货；当地点2的库存水平在$\bar{y}_{2t}^0$及以上时，不补货。其次，$(\bar{y}_{1t}^1, \bar{y}_{2t}^1)$是一个转运对冲点：当地点2的库存水平低于$\bar{y}_{2t}^1$时，不从地点2转运到地点1。最后，$(\bar{y}_{1t}^2, \bar{y}_{2t}^2)$也是转运对冲点：当地点1的库存水平低于$\bar{y}_{1t}^2$时，不从地点1转运到地点2。

图4-4阐明了一个有如下参数值：$c_1 = c_2 = 5$，$c_{12} = c_{21} = 1$，$h_1 = 0.6$，$h_2 = 0.5$，$b_1 = 1.2$，$b_2 = 1$，$\gamma = 0.95$，$T = 3$的情况下最优策略的结构，而D_{1t}和D_{2t}是离散的均匀随机变量，其支撑集为整数1到5。粗直线/曲线代表八个区域的边界。对冲点为：$(\bar{y}_1^0, \bar{y}_2^0) = (3, 3)$，$(\bar{y}_1^1, \bar{y}_2^1) = (3, 6)$和$(\bar{y}_1^2, \bar{y}_2^2) = (6, 3)$。

$x_2 \backslash x_1$	-2	-1	0	1	2	3	4	5	6	7	8	9	10	11	12
15	(0, 0, -6)	(0, 0, -6)	(0, 0, -5)	(0, 0, -4)	(0, 0, -3)	(0, 0, -2)	(0, 0, -1)	(0, 0, 0)	(0, 0, 0)	(0, 0, 0)	(0, 0, 0)	(0, 0, 0)	(0, 0, 0)	(0, 0, 0)	(0, 0, 0)
14	(0, 0, -6)	(0, 0, -5)	(0, 0, -5)	(0, 0, -4)	(0, 0, -3)	(0, 0, -2)	(0, 0, -1)	(0, 0, 0)	(0, 0, 0)	(0, 0, 0)	(0, 0, 0)	(0, 0, 0)	(0, 0, 0)	(0, 0, 0)	(0, 0, 0)
13	(0, 0, -6)	(0, 0, -5)	(0, 0, -4)	(0, 0, -4)	(0, 0, -3)	(0, 0, -2)	(0, 0, -1)	(0, 0, 0)	(0, 0, 0)	(0, 0, 0)	(0, 0, 0)	(0, 0, 0)	(0, 0, 0)	(0, 0, 0)	(0, 0, 0)
12	(0, 0, -5)	(0, 0, -5)	(0, 0, -4)	(0, 0, -3)	(0, 0, -3)	(0, 0, -2)	(0, 0, -1)	(0, 0, 0)	(0, 0, 0)	(0, 0, 0)	(0, 0, 0)	(0, 0, 0)	(0, 0, 0)	(0, 0, 0)	(0, 0, 0)
11	(0, 0, -5)	(0, 0, -4)	(0, 0, -4)	(0, 0, -3)	(0, 0, -2)	(0, 0, -2)	(0, 0, -1)	(0, 0, 0)	(0, 0, 0)	(0, 0, 0)	(0, 0, 0)	(0, 0, 0)	(0, 0, 0)	(0, 0, 0)	(0, 0, 0)
10	(1, 0, -4)	(0, 0, -4)	(0, 0, -3)	(0, 0, -3)	(0, 0, -2)	(0, 0, -1)	(0, 0, -1)	(0, 0, 0)	(0, 0, 0)	(0, 0, 0)	(0, 0, 0)	(0, 0, 0)	(0, 0, 0)	(0, 0, 0)	(0, 0, 0)
9	(2, 0, -3)	(1, 0, -3)	(0, 0, -3)	(0, 0, -2)	(0, 0, -2)	(0, 0, -1)	(0, 0, 0)	(0, 0, 0)	(0, 0, 0)	(0, 0, 0)	(0, 0, 0)	(0, 0, 0)	(0, 0, 0)	(0, 0, 0)	(0, 0, 0)
8	(3, 0, -2)	(2, 0, -2)	(1, 0, -2)	(0, 0, -2)	(0, 0, -1)	(0, 0, -1)	(0, 0, 0)	(0, 0, 0)	(0, 0, 0)	(0, 0, 0)	(0, 0, 0)	(0, 0, 0)	(0, 0, 0)	(0, 0, 0)	(0, 0, 0)
7	(4, 0, -1)	(3, 0, -1)	(2, 0, -1)	(1, 0, -1)	(0, 0, -1)	(0, 0, 0)	(0, 0, 0)	(0, 0, 0)	(0, 0, 0)	(0, 0, 0)	(0, 0, 0)	(0, 0, 0)	(0, 0, 0)	(0, 0, 0)	(0, 0, 0)
6	(5, 0, 0)	(4, 0, 0)	(3, 0, 0)	(2, 0, 0)	(1, 0, 0)	(0, 0, 0)	(0, 0, 0)	(0, 0, 0)	(0, 0, 0)	(0, 0, 0)	(0, 0, 0)	(0, 0, 0)	(0, 0, 0)	(0, 0, 0)	(0, 0, 0)
5	(5, 0, 0)	(4, 0, 0)	(3, 0, 0)	(2, 0, 0)	(1, 0, 0)	(0, 0, 0)	(0, 0, 0)	(0, 0, 0)	(0, 0, 0)	(0, 0, 0)	(0, 0, 0)	(0, 0, 0)	(0, 0, 0)	(0, 0, 0)	(0, 0, 1)
4	(5, 0, 0)	(4, 0, 0)	(3, 0, 0)	(2, 0, 0)	(1, 0, 0)	(0, 0, 0)	(0, 0, 0)	(0, 0, 0)	(0, 0, 0)	(0, 0, 0)	(0, 0, 0)	(0, 0, 1)	(0, 0, 1)	(0, 0, 1)	(0, 0, 1)
3	(5, 0, 0)	(4, 0, 0)	(3, 0, 0)	(2, 0, 0)	(1, 0, 0)	(0, 0, 0)	(0, 0, 0)	(0, 0, 0)	(0, 0, 0)	(0, 0, 1)	(0, 0, 1)	(0, 0, 1)	(0, 0, 2)	(0, 0, 2)	(0, 0, 2)
2	(5, 1, 0)	(4, 1, 0)	(3, 1, 0)	(2, 1, 0)	(1, 1, 0)	(0, 1, 0)	(0, 1, 0)	(0, 1, 0)	(0, 1, 0)	(0, 0, 1)	(0, 0, 2)	(0, 0, 2)	(0, 0, 2)	(0, 0, 3)	(0, 0, 3)
1	(5, 2, 0)	(4, 2, 0)	(3, 2, 0)	(2, 2, 0)	(1, 2, 0)	(0, 2, 0)	(0, 2, 0)	(0, 2, 0)	(0, 2, 0)	(0, 1, 1)	(0, 0, 2)	(0, 0, 3)	(0, 0, 3)	(0, 0, 3)	(0, 0, 4)
0	(5, 3, 0)	(4, 3, 0)	(3, 3, 0)	(2, 3, 0)	(1, 3, 0)	(0, 3, 0)	(0, 3, 0)	(0, 3, 0)	(0, 3, 0)	(0, 2, 1)	(0, 1, 2)	(0, 0, 3)	(0, 0, 4)	(0, 0, 4)	(0, 0, 4)
-1	(5, 4, 0)	(4, 4, 0)	(3, 4, 0)	(2, 4, 0)	(1, 4, 0)	(0, 4, 0)	(0, 4, 0)	(0, 4, 0)	(0, 4, 0)	(0, 3, 1)	(0, 2, 2)	(0, 1, 3)	(0, 0, 4)	(0, 0, 5)	(0, 0, 5)
-2	(5, 5, 0)	(4, 5, 0)	(3, 5, 0)	(2, 5, 0)	(1, 5, 0)	(0, 5, 0)	(0, 5, 0)	(0, 5, 0)	(0, 5, 0)	(0, 4, 1)	(0, 3, 2)	(0, 2, 3)	(0, 1, 4)	(0, 0, 5)	(0, 0, 6)

L_1, L_2, L_3, L_4, L_5, L_6, $S_t\ (y_{2t},\ 0)$

图4-4　以参数$c_1 = c_2 = 5$，$c_{12} = c_{21} = 1$，$h_1 = 0.6$，$h_2 = 0.5$，$b_1 = 1.2$，$b_2 = 1$，$\gamma = 0.95$，$T = 3$为例，D_{1t}和D_{2t}离散均匀分布在1和5之间

注意，根据$L^{\natural}$-凸性，销售损失模型的最优补货和转运策略可以用定理4-2中的缺货模型来进行相似描述。它可以通过图4-3可视化，唯一的区别是状态空间现在被限制在第一象限。请注意，这里的最优策略与Abouee-Mehrizi等（2015）所示的结构相同。

4.5 启发式策略

在本节中，我们首先提出了一种启发式策略来解决本章所研究的两地点缺货问题。利用从两地点启发式方法中获得的见解，我们还提出了针对相关的三地点缺货问题的启发式策略。如第4.4节所述，两地点问题的最优策略非常复杂，使得其实现非常具有挑战性。在本小节中，我们提出了一种启发式方法，与最优策略相比，它直观且易于实现。启发式是基于我们在第4.4节中获得的分析结果和我们的数值工作的观察结果。由定理4-2可知，最优策略可以由临界点$\left(\bar{y}_{1t}^0,\ \bar{y}_{2t}^0\right)$、$\left(\bar{y}_{1t}^1,\ \bar{y}_{2t}^1\right)$、$\left(\bar{y}_{1t}^2,\ \bar{y}_{2t}^2\right)$和切换曲线$s_{1t}\left(y_{2t},\ z_t\right)$、$s_{2t}\left(y_{1t},\ z_t\right)$、$S_t\left(y_{2t},\ z_t\right)$、$\overline{S}_t\left(y_{2t},\ z_t\right)$确定（如图4-3所示）。在我们的数值工作中，我们发现在许多情况下，$s_{1t}\left(y_{2t},\ z_t\right)$和$s_{2t}\left(y_{1t},\ z_t\right)$在状态空间的合理范围内略微减小或退化成一条直线，这表明可以使用两条线$y_{1t} = \bar{y}_{1t}^0$和$y_{2t} = \bar{y}_{2t}^0$来分别近似$s_{1t}\left(y_{2t},\ z_t\right)$和$s_{2t}\left(y_{1t},\ z_t\right)$。在这个启发式中，我们需要先找到$\left(\bar{y}_{1t}^0,\ \bar{y}_{2t}^0\right)$，然后用两个点（即$\left(\bar{y}_{1t}^0,\ \hat{y}_{2t}^1\right)$，$\left(\hat{y}_{1t}^2,\ \bar{y}_{2t}^0\right)$）来分别近似$\left(\bar{y}_{1t}^1,\ \bar{y}_{2t}^1\right)$和$\left(\bar{y}_{1t}^2,\ \bar{y}_{2t}^2\right)$。我们进一步使用两条斜率为45°、分别通过$\left(\bar{y}_{1t}^0,\ \hat{y}_{2t}^1\right)$和$\left(\hat{y}_{1t}^2,\ \bar{y}_{2t}^0\right)$的直线来近似$\overline{S}_t\left(y_{2t},\ z_t\right)$和$S_t\left(y_{2t},\ z_t\right)$。

启发式总结如下（为简单起见，省略下标t）：

（1）找到$\left(\bar{y}_{1t}^0,\ \bar{y}_{2t}^0\right)$：选择具有非常小$x_1$和$x_2$（> 0）的状态，计算最优订货量$q_1$和$q_2$。令$\bar{y}_1^0 = x_1 + q_1$和$\bar{y}_2^0 = x_2 + q_2$。

（2）用$y_1 = \bar{y}_1^0$替换$s_1\left(y_2,\ 0\right)$，用$y_2 = \bar{y}_2^0$替换$s_2\left(y_1,\ 0\right)$。

（3）对于$y_2 = \bar{y}_2^0$，找出最小的y_1（记为$\hat{y}_1^2$），使得从地点1转运到地点2是最优的。用$\left(\hat{y}_1^2,\ \bar{y}_2^0\right)$代替$\left(\bar{y}_1^2,\ \bar{y}_2^2\right)$。对于$y_1 = \bar{y}_1^0$，找出最小的$y_2$

（记为 $\hat{y}_2^1$），使得从地点 2 转运到地点 1 是最优的。用 $\left(\bar{y}_1^0, \hat{y}_2^1\right)$ 代替 $\left(\bar{y}_1^1, \bar{y}_2^1\right)$。

（4）用直线 $y_1 = y_2 - \bar{y}_2^1 + \bar{y}_1^0$ 代替 $\bar{S}_t\left(y_2, 0\right)$；用 $y_1 = y_2 - \bar{y}_2^0 + \hat{y}_1^2$ 代替 $S_t\left(y_2, 0\right)$。

启发式策略如图 4-5 所示。这样就确定了 8 个区域的临界点和边界。对于所有状态，补货和转运都仅仅遵循定理 4-2 中规定的规则。因此，启发式策略通过只计算每个时期的 $\left(\bar{y}_1^0, \bar{y}_2^0\right)$、$\hat{y}_1^2$ 和 $\hat{y}_2^1$ 的值，大大减少了计算工作量。

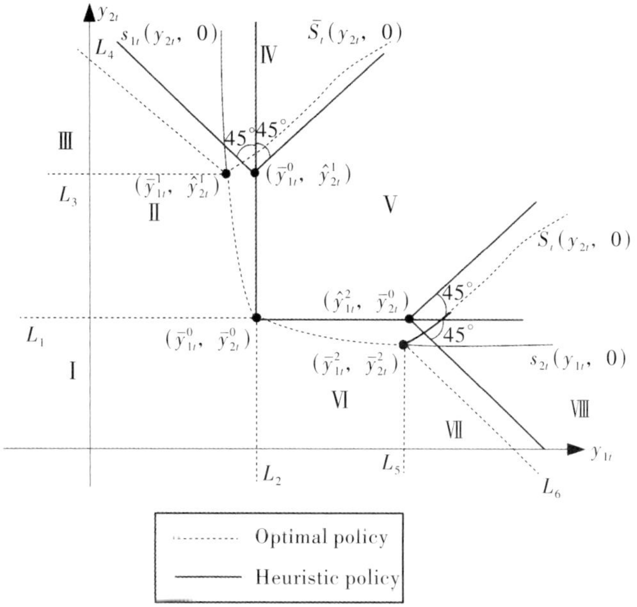

图 4-5　启发式策略示意图

为了评估启发式策略，我们考虑了 40 个不同的两地点问题实例（见表 4-2 和表 4-3）。在表 4-2 中，两个地点的参数值是相同的，而在表 4-3 中，除了最后五个实例的需求分布外，问题实例与表 4-2 中地点 1 的参数值相同，而在地点 2 中，三个或更多的参数值与表 4-2 中使用的值有所不同。对于每个实例，我们计算了每个状态，最优策略下的成本和启发式策略下的成本。然后，我们计算了所有状态之间成本差异的平均百分比以及所有状态之间成本差异的最大百分比。通过表 4-2 和表

4-3可以看出，除1个实例外，最差情况误差均小于5%，除3个实例外，所有的平均误差均小于1%。似乎对于对称和非对称数据，启发式策略在改变缺货成本方面是最稳健的，而在改变转运成本方面是最不稳健的。还可以观察到，在所有实例中，表4-3的问题实例的最大百分比差异高于表4-2的相应问题实例，而表4-2问题实例的平均百分比差异仅有3个实例高于表4-3的相应问题实例，因此，对于启发式策略来说，非对称数据显然比对称数据更具挑战性。

表4-2　**对称数据、两地点问题的启发式策略的有效性——平均和最坏（最大）情况**

参数											误差（%）	
T	γ	c_1	c_2	c_{12}	c_{21}	h_1	h_2	b_1	b_2	D_{it}	平均	最大
5	0.95	5	5	1	1	0.1	0.1	1	1	$U[1, 5]$	0.57	1.91
5	0.95	5	5	1	1	0.2	0.2	1	1	$U[1, 5]$	0.36	1.61
5	0.95	5	5	1	1	0.3	0.3	1	1	$U[1, 5]$	0.32	1.42
5	0.95	5	5	1	1	0.4	0.4	1	1	U[1, 5]	0.21	1.28
5	0.95	5	5	1	1	0.5	0.5	1	1	$U[1, 5]$	0.15	1.16
5	0.95	5	5	1	1	0.5	0.5	1.2	1.2	U[1, 5]	0.15	1.15
5	0.95	5	5	1	1	0.5	0.5	1.8	1.8	$U[1, 5]$	0.12	1.11
5	0.95	5	5	1	1	0.5	0.5	2.5	2.5	$U[1, 5]$	0.12	1.10
5	0.95	5	5	1	1	0.5	0.5	3	3	$U[1, 5]$	0.12	1.09
5	0.95	5	5	1	1	0.5	0.5	4	4	$U[1, 5]$	0.10	1.07
5	0.95	5	5	0.4	0.4	0.5	0.5	1	1	$U[1, 5]$	0.06	0.40
5	0.95	5	5	0.8	0.8	0.5	0.5	1	1	$U[1, 5]$	0.08	0.86
5	0.95	5	5	1.2	1.2	0.5	0.5	1	1	$U[1, 5]$	0.27	1.52
5	0.95	5	5	1.6	1.6	0.5	0.5	1	1	$U[1, 5]$	0.63	1.35
5	0.95	5	5	2	2	0.5	0.5	1	1	$U[1, 5]$	1.11	3.31

续表

参数											误差（%）	
T	γ	c_1	c_2	c_{12}	c_{21}	h_1	h_2	b_1	b_2	D_{it}	平均	最大
5	0.95	5	5	1	1	0.5	0.5	1	1	$U[1, 2]$	0.35	4.10
5	0.95	5	5	1	1	0.5	0.5	1	1	$U[1, 4]$	0.18	1.65
5	0.95	5	5	1	1	0.5	0.5	1	1	$U[1, 6]$	0.21	1.03
5	0.95	5	5	1	1	0.5	0.5	1	1	$U[1, 8]$	0.23	0.94
5	0.95	5	5	1	1	0.5	0.5	1	1	$U[1, 10]$	0.24	0.86

注：在每个场景中，平均值和最大值是通过评估构成状态空间的大约1 600个状态中的每个状态的成本函数来获得的。

表4-3　不对称数据、两地点问题的启发式策略的有效性——平均和最坏（最大）情况

参数											误差（%）	
T	γ	c_1	c_2	c_{12}	c_{21}	h_1	h_2	b_1	b_2	D_{it}	平均	最大
5	0.95	5	4.5	1	1	0.1	0.09	1	0.9	$U[1, 5]$	0.51	2.31
5	0.95	5	4.5	1	1	0.2	0.18	1	0.9	$U[1, 5]$	0.40	1.93
5	0.95	5	4.5	1	1	0.3	0.27	1	0.9	$U[1, 5]$	0.52	1.92
5	0.95	5	4.5	1	1	0.4	0.36	1	0.9	$U[1, 5]$	0.40	1.80
5	0.95	5	4.5	1	1	0.5	0.45	1	0.9	$U[1, 5]$	0.31	1.85
5	0.95	5	4.5	1	1	0.5	0.45	1.2	1.08	$U[1, 5]$	0.33	1.85
5	0.95	5	4.5	1	1	0.5	0.45	1.8	1.62	$U[1, 5]$	0.34	1.94
5	0.95	5	4.5	1	1	0.5	0.45	2.5	2.25	$U[1, 5]$	0.28	1.52
5	0.95	5	4.5	1	1	0.5	0.45	3	2.7	$U[1, 5]$	0.29	1.53
5	0.95	5	4.5	1	1	0.5	0.45	4	3.6	$U[1, 5]$	0.05	1.48
5	0.95	5	4.5	0.4	0.4	0.5	0.45	1	0.9	$U[1, 5]$	1.04	2.52
5	0.95	5	4.5	0.8	0.8	0.5	0.45	1	0.9	$U[1, 5]$	0.18	1.51

续表

参数											误差（%）	
T	γ	c_1	c_2	c_{12}	c_{21}	h_1	h_2	b_1	b_2	D_{it}	平均	最大
5	0.95	5	4.5	1.2	1.2	0.5	0.45	1	0.9	$U[1, 5]$	0.47	2.23
5	0.95	5	4.5	1.6	1.6	0.5	0.45	1	0.9	$U[1, 5]$	0.92	3.18
5	0.95	5	4.5	2	2	0.5	0.45	1	0.9	$U[1, 5]$	1.52	4.38
5	0.95	5	4.5	1	1	0.5	0.45	1	0.9	$U[1, 2]$	0.48	5.03
5	0.95	5	4.5	1	1	0.5	0.45	1	0.9	$U[1, 4]$	0.39	2.25
5	0.95	5	4.5	1	1	0.5	0.45	1	0.9	$U[1, 6]$	0.37	1.60
5	0.95	5	4.5	1	1	0.5	0.45	1	0.9	$U[1, 8]$	0.29	1.16
5	0.95	5	4.5	1	1	0.5	0.45	1	0.9	$U[1, 10]$	0.22	0.87

注：在每个场景中，平均值和最大值是通过评估构成状态空间的大约1 600个状态中的每个状态的成本函数来获得的。

表4-2为在时间范围内改变T个周期的情况下，与使用最优策略相比，两地点问题的启发式策略的有效性——平均和最坏情况下（最大）的对称数据。γ：贴现系数；$c_i(i = 1, 2)$：地点i处每单位的补货成本；$c_{i, 3-i}(i = 1, 2)$：从地点i转运到地点$3 - i$的单位成本；$h_i(i = 1, 2)$：地点i处的单位库存持有成本；$b_i(i = 1, 2)$：地点i处的单位短缺成本；D为每个周期在两个地点假设的离散均匀分布。

表4-3为在时间范围内改变T个周期的情况下，与使用最优策略相比，两地点问题的启发式策略的有效性——平均和最坏情况下（最大）的不对称数据。γ：贴现系数；$c_i(i = 1, 2)$：地点i处每单位的补货成本；$c_{i, 3-i}(i = 1, 2)$：从地点i转运到地点$3 - i$的单位成本；$h_i(i = 1, 2)$：地点i处的单位库存持有成本；$b_i(i = 1, 2)$：地点i处的单位短缺成本；D为每个周期在两个地点假设的离散均匀分布。

在本节的剩余部分中，我们提出了一个针对三地点问题的启发式策略，其中在每个时期，如果一个地点选择转运，可以将产品转运到其他一个或两个地点，尽管每个时期只有一个地点可以转运。我们的三地点启发式策略首先将三地点问题分解为三个两地点问题：地点1相对于地点2，地点1相对于地点3，以及地点2相对于地点3。使用三地点启发式策略，我们首先最优地解决每个两地点问题，获得地点1—地点2问题的值 $(\bar{y}_1^0, \bar{y}_2^0)(12)$、$\hat{y}_1^2(12)$ 和 $\hat{y}_2^1(12)$，地点1—地点3问题的值 $(\bar{y}_1^0, \bar{y}_2^0)(13)$、$\hat{y}_1^2(13)$ 和 $\hat{y}_2^1(13)$，以及地点2—地点3问题的值 $(\bar{y}_1^0, \bar{y}_2^0)(23)$、$\hat{y}_1^2(23)$和$\hat{y}_2^1(23)$，其中获得的每个值的定义与两地点启发式策略相同，括号中的两个数字表示地点对。然后，我们得到三地点问题 $(\bar{y}_1^0, \bar{y}_2^0)$ 的等价，通过设置 $\bar{u}_1^0 = \min(\bar{y}_1^0(12), \bar{y}_1^0(13))$，$\bar{u}_2^0 = \min(\bar{y}_2^0(12), \bar{y}_1^0(23))$ 和 $\bar{u}_3^0 = \min(\bar{y}_2^0(13), \bar{y}_2^0(23))$，我们将其记为 $(\bar{u}_1^0, \bar{u}_2^0, \bar{u}_3^0)$。对于这三个地点中的每一个，我们也得到$\hat{y}_1^2$的一个等价，在地点1的情况下将其表示为$\hat{u}_1^2$，其中$\hat{u}_1^2 = \min(\hat{y}_1^2(12), \hat{y}_1^2(13))$；在地点2的情况下将其表示为$\hat{u}_2^2$，其中$\hat{u}_2^2 = \min(\hat{y}_2^2(12), \hat{y}_1^2(23))$；在地点3的情况下将其表示为$\hat{u}_3^2$，其中$\hat{u}_3^2 = \min(\hat{y}_2^2(13), \hat{y}_2^2(23))$。一旦上述计算完成，补货和转运就按如下步骤进行：

对于任意状态(x_1, x_2, x_3)：①当$x_1 < \bar{u}_1^0$且$x_2 \geqslant \hat{u}_2^2$时，更新$x_1 = x_1 + 1$和$x_2 = x_2 - 1$；②当$x_2 < \bar{u}_2^0$且$x_3 \geqslant \hat{u}_3^2$时，更新$x_2 = x_2 + 1$和$x_3 = x_3 - 1$；③当$x_3 < \bar{u}_3^0$且$x_1 \geqslant \hat{u}_1^2$时，更新$x_3 = x_3 + 1$和$x_1 = x_1 - 1$。

对于上一步得到的状态(x_1, x_2, x_3)，如果$x_1 < \bar{u}_1^0$，则计算$q_1 = \bar{u}_1^0 - x_1$，设置$y_1 = x_1 + q_1$。对x_2和x_3进行类似的处理。

为了评估三地点启发式策略，我们考虑了11个不同的实例（见表4-4）。对于每个实例，我们计算了每个状态下最优策略下的成本和启发式策略下的成本，其中$-15 \leqslant y_1 \leqslant 15$，$-15 \leqslant y_2 \leqslant 15$，$-15 \leqslant y_3 \leqslant 15$。然后，我们计算了所有状态下成本的平均百分比差异以及所有状态下最大百分比差异（见表4-4）。对表4-4的检查显示，最坏情况的误差范围在2%到7%之间，远高于两地点启发式策略，但平均误差都小于1%。此外，三地点启发式策略在几分钟内提供结果，而解决有意义的状态空间三地点问题实际需要几天时间。

表4-4 **不对称数据、三地点问题的启发式策略的有效性——平均和最坏（最大）情况**

参数							误差（%）	
T	γ	c_i	c_{ij}	h_i	b_i	D_{it}	平均	最大
3	0.95	5	1	0.3	1	$U[1，5]$	0.10	2.91
3	0.95	5	1	0.4	1	$U[1，5]$	0.28	4.77
3	0.95	5	1	0.5	1	$U[1，5]$	0.51	6.20
3	0.95	5	1	0.5	1.2	$U[1，5]$	0.50	6.15
3	0.95	5	1	0.5	1.8	$U[1，5]$	0.30	4.93
3	0.95	5	1	0.5	2.5	$U[1，5]$	0.30	4.89
3	0.95	5	1	0.5	3	$U[1，5]$	0.53	6.89
3	0.95	5	1	0.5	4	$U[1，5]$	0.15	2.17
3	0.95	5	0.4	0.5	1	$U[1，5]$	0.55	4.57
3	0.95	5	0.8	0.5	1	$U[1，5]$	0.64	6.19
3	0.95	5	1.2	0.5	1	$U[1，5]$	0.32	5.41

注：在每个场景中，平均值和最大值是通过评估构成状态空间的大约27 000个状态中的每个状态的成本函数来获得的。

表4-4为在时间范围内改变T个周期的情况下，与使用最优策略相比，三地点问题的启发式策略的有效性——平均和最坏情况下（最大）的不对称数据；γ：贴现系数；$c_i(i=1，2，3)$：地点i处每单位的补货成本；$c_{i,j}(i=1，2，3；j=1，2，3；i\neq j)$：从地点$i$转运到地点$j$的单位成本；$h_i(i=1，2，3)$：地点$i$处的单位库存持有成本；$b_i(i=1，2，3)$：地点$i$处的单位短缺成本；$D$为每个周期在3个地点假设的离散均匀分布。

4.6 扩展

在本节中，我们讨论这个问题的一些扩展。在第4.6.1节中，我们将讨论部分转运问题。在第4.6.2节中，我们考虑具有平稳参数的系统的近视策略。

4.6.1 部分转运模型

在本节中，我们考虑部分转运问题。我们对这个问题的兴趣源于与一家电池经销商的合作，该公司的电池应用于汽车、船舶、草坪和花园设备等多个行业。电池制造商将其产品直接运送到得克萨斯州的经销商，那里有很大的空间使经销商能够订购、接收和存储大量的产品。经销商将电池运送到路易斯安那州的仓库，以满足需求。受此示例的启发，我们建立了包括两个地点（1和2）的部分转运模型，其中外部供应源的补货仅发生在地点1（得克萨斯州），仅从地点1转运到地点2。

使用与第4.2节相同的符号，我们可以将该问题的最优性方程写成：

$$f_t(x_{1t},\ x_{2t}) = \min_{y_{1t} \geq x_{1t},\ 0 \leq z_t \leq y_{1t}^+} \left\{c_{1t}(y_{1t} - x_{1t}) + c_{12t}z_t + G_t(y_{1t} - z_t,\ x_{2t} + z_t)\right\} \tag{4.5}$$

式中$G_t(y_{1t},\ y_{2t})$由公式（4.2）定义。$f_{T+1}(x_{1,\ T+1},\ x_{2,\ T+1})$与第4.2节定义的相同。

我们假设$b_{1t} + \gamma c_{1,\ t+1} \geq c_{1t}$。这消除了在一个时期开始时地点1有缺货的情况，但将补货推迟到下一个时期是最优的，因此，无论是否考虑转运到地点2，都要确保地点1的最佳库存水平为正。与引理4-1类似，可以去掉（4.5）中的约束$0 \leq z_t \leq y_{1t}^+$。这是足够的，因为如果在决策规则下，在一个时期的开始地点1缺货，那么订购更多以消除缺货总是更好的。因此，我们可以像在定理4-1中证明的那样，推导出$f_t(x_{1t},\ x_{2t})$的$L^\natural$-凸性。

为了描述最优补货和转运策略，我们定义了$s_{1t}(x_{2t},\ 0)$和$S_t(x_{2t},\ 0)$，正如我们在第4.4节中所做的那样。根据$L^\natural$-凸性的性质，$s_{1t}(x_{2t},\ 0)$关于x_{2t}是非增的，$S_t(x_{2t},\ 0)$关于x_{2t}是非减的。令$(x_1^*,\ x_2^*)$为它们的交点。如

果在某些极端情况下，$s_{1t}(x_{2t},0)$和$S_t(x_{2t},0)$不相交（例如，当$b_{2t}=0$时可能出现这种情况），那么我们仅令$x_1^*=+\infty$和$x_2^*=-\infty$。在本节的其余部分中，我们忽略这个微不足道的情况，并假设(x_1^*,x_2^*)存在。

我们在以下定理中给出了部分转运模型的主要结果。

定理4-3 对于部分转运问题（4.5），

（i）$f_t\in V$，对于$t=1,\cdots,$ T。

（ii）$s_{1t}(x_{2t},0)\downarrow x_{2t}$和$0\geq s_{1t}^{\prime}(x_{2t},0)\geq -1$；$S_t(x_{2t},0)\uparrow x_{2t}$。

（iii）t时期的最优补货和转运决策取决于初始状态(x_{1t},x_{2t})在四个区域中的哪个区域。具体地，①对于$(x_{1t},x_{2t})\in$ Ⅰ，在地点1补货至$x_1^*+x_2^*-x_{2t}$，并将$x_2^*-x_{2t}$单位转运至地点2；②对于$(x_{1t},x_{2t})\in$ Ⅱ，在地点1补货至$s_{1t}(x_{2t},0)$，不转运；③对于$(x_{1t},x_{2t})\in$ Ⅲ，从地点1转运到地点2，直到状态达到$S_t(x_{2t},0)$；④对于$(x_{1t},x_{2t})\in$ Ⅳ，不补货或转运。

最优策略如图4-6所示。

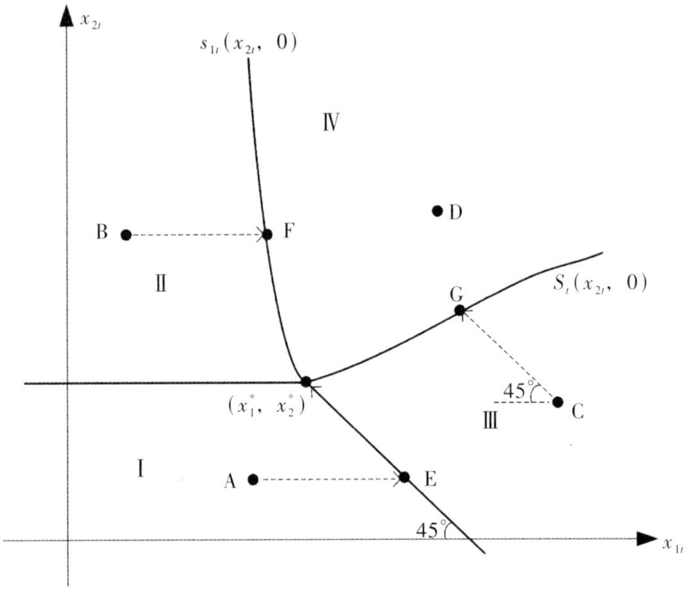

图4-6 局部转运模型的最优补货和转运决策

该定理的证明遵循与定理4-1、引理4-4和定理4-2相同的逻辑，因此被省略。我们提供以下备注：

（1）当$x_{2t} \geqslant x_2^*$时，$s_{1t}(x_{2t}, 0)$是最优补货水平；当$x_{2t} < x_2^*$时，$x_{1t} = x_1^* + x_2^* - x_{2t}$是最优补货水平。根据$s_{1t}(x_{2t}, 0)$的定义，当$x_{2t} < x_2^*$时，$s_{1t}(x_{2t}, 0)$与$x_{1t} = x_1^* + x_2^* - x_{2t}$重叠。

（2）在最优策略下，只有当状态低于$S_t(x_{2t}, 0)$（如果$x_{1t} \geqslant x_1^*$）或低于$x_{2t} = x_2^*$（如果$x_{1t} < x_1^*$）时，才会发生转运。根据$S_t(x_{2t}, 0)$的定义，当$x_{1t} < x_1^*$时，$S_t(x_{2t}, 0)$和$x_{2t} = x_2^*$重叠。

（3）我们在图4-6中提供了一些例子来说明最优策略是如何在四个区域中工作的：在区域I中的任何状态，如A，将在地点1订货直到在$s_{1t}(x_{2t}, 0)$（或等价的$x_{1t} = x_1^* + x_2^* - x_{2t}$）上的状态E，然后通过$x_{1t} = x_1^* + x_2^* - x_{2t}$转运，将状态转移到$(x_1^*, x_2^*)$；在区域II中的任何状态，如B，将在地点1订货直到在$s_{1t}(x_{2t}, 0)$上的状态F；在区域III中的任何状态，如C，将从地点1转运到地点2，直到转移到$S_t(x_{2t}, 0)$上的状态G；在区域IV中的任何状态，如D，将不会订购或转运。

（4）观察式（4.5）可知，x_{1t}仅通过约束$y_{1t} \geqslant x_{1t}$影响优化。不难证明，对于区域I中的任何状态，在补货和转运后，最终都会达到状态(x_1^*, x_2^*)。

（5）通过令$c_{2t} = c_{21t} = +\infty$，我们可以将（4.5）视为问题（4.1）的一个特例，在这种情况下，很容易验证$s_{2t}(y_{1t}, z_t)$、$s_{0t}(y_{2t}, z_t)$和$\overline{S}_t(y_{2t}, z_t)$趋近于负无穷。因此，它们从图4-6中消失。但是，部分转运设置不满足$c_{2t} - c_{1t} \leqslant c_{12,\ t}$的假设，这保证了$(\bar{y}_1^0, \bar{y}_2^0)$位于$(y_{1t}, y_{2t})$的第一象限。相反，在这个模型中，我们假设$b_{1t} + \gamma c_{1,\ t+1} \geqslant c_{1t}$，以确保$x_1^* \geqslant 0$。

4.6.2 短视策略

在本节中，我们探讨了具有平稳参数的两地点缺货问题的短视策略的最优性。在我们的背景中，“短视”指的是解决一个周期的问题，以确定在当前时期采取的补货和转运策略，而不是解决一个包括当前时期以及剩余问题范围内所有时期的问题。当然，短视策略并不一定是最优的，但是对于具有平稳参数的两地点缺货问题，我们证明了存在一个短视最优策略。

使用与第4.2节相同的符号，但在平稳参数的假设下，我们可以将该问题的最优性方程写为：

$$f_t(x_1,\ x_2) = \min_{\substack{y_1 \geqslant x_1,\ y_2 \geqslant x_2 \\ -y_2^+ \leqslant z \leqslant y_1^+}} \left\{ \sum_{i=1}^{2} c_i y_i + c_{12} z^+ + c_{21} z^- + G_t(y_1 - z,\ y_2 + z) \right\} - \sum_{i=1}^{2} c_i x_i \tag{4.6}$$

其中，

$$G_t(y_1,\ y_2) = g(y_1,\ y_2) + \gamma E f_{t+1}(y_1 - D_1,\ y_2 - D_2) \tag{4.7}$$

且$f_{T+1}(x_1,\ x_2) = -\sum_{i=1}^{2} c_i x_i$。

为了便于我们的分析，对于任何补货后的库存水平$(y_1,\ y_2)$，我们定义

$$\alpha(y_1,\ y_2) = \min_z \left\{ c_{12} z^+ + c_{21} z^- + g(y_1 - z,\ y_2 + z) + \gamma(c_1 - c_2) z \right\} + \gamma \sum_{i=1}^{2} c_i E(D_i) \tag{4.8}$$

利用式（4.8），我们可以将任意补货后库存水平$(y_1,\ y_2)$的单周期问题目标函数值表示为

$$\Gamma(y_1,\ y_2) = (1 - \gamma) \sum_{i=1}^{2} c_i y_i + \alpha(y_1,\ y_2) \tag{4.9}$$

然后我们定义

$$(y_1^*,\ y_2^*) = \arg\min_{y_1,\ y_2} \Gamma(y_1,\ y_2)$$

通过 Porteus（2002），如果$(x_1,\ x_2) \leqslant (y_1^*,\ y_2^*)$，期初库存$(x_1,\ x_2)$被定义为是一致的。

定理4-4 当初始库存$\boldsymbol{x} = (x_1,\ x_2)$在具有平稳参数的两地点缺货问题中是一致时，在此时期采用一种短视策略是最优的，该策略包括仅仅使库存达到$\boldsymbol{y}^* = (y_1^*,\ y_2^*)$，并且在此期间观察到需求之前不再做任何事情，即不使用两个地点之间的转运。此外，在随后的每个时期遵循相同的（短视）订购策略也将是最优的，因为在第一次使用短视策略之后，所有后续时期的时期初始库存总是一致的。

如果第一时期的初始库存$\boldsymbol{x} = (x_1,\ x_2)$不一致，则遵循定理4-2给出

的策略，直到下一个时期的时期初始库存 $\boldsymbol{x}=\left(x_1, x_2\right)$ 一致为止。从该时间点开始，采用定理4-4给出的短视订购策略是最优的。

4.7 结束语

在本章中，我们研究了离散有限时间范围内具有主动转运和缺货的两地点库存系统的最优管理问题。在每个时间段的开始，为每个地点作出补货决定，之后在观察到需求之前，产品可以在不同地点之间转运。利用问题价值函数的 $L^{\natural}$-凸性，我们描述了该系统的最佳补货和转运策略。更具体地说，我们证明了最优策略可以用切换曲线来描述，并且在系统状态下最优控制是单调的。此外，我们还讨论了两个扩展。对于一个销售损失模型，我们建立了价值函数的 $L^{\natural}$-凸性，并简化了现有的分析。对于一个有缺货的部分转运问题，我们也应用了 $L^{\natural}$-凸性来描述最优策略。

据我们所知，我们的工作是第一个全面描述在多时期两地点和有缺货环境下的最佳补货和转运策略。为了简化我们的分析，我们假设提前期为零，并且在补货方面没有限制。当这些假设放松时，研究最优策略是如何变化的，将是一件有趣的事情。如果未来的研究考虑这个问题的无限周期版本以及更广义的网络，这将是有益的。

本章中的部分推理、证明详见附录3。

第5章 结合数量弹性合约的最优现货交易

5.1 简介

一般在商品市场进行交易的公司，因受到季节性的影响，商品会产生需求和价格的剧烈波动，从而使公司面临巨大的经营和金融风险，这一现象尤其对一些天然气、贵金属、原油、高科技产品以及具有需求和价格显著差异的时尚产品尤为明显。例如，近几年工业的发展，对于钯金属的需求量增大，尤其在汽车制造业上（van der Walt and Pakiam, 2019），长时间供不应求，使其价格连年增长，根据2019年10月数据统计，与2018年相比钯的价格翻了一番，达到每盎司1 800美元，比黄金还贵。贵金属并非唯一出现价格大幅波动的商品，2019年11月，由于产能持续过剩，每千兆 DRAM 的现货价格创下历史新低，达到2.59美元。这种需求和价格的不确定性代价高昂，例如惠普因 DRAM 价格波动而产生了巨大财务损失，CISCO 因网络产品需求的随机性（供应过剩）而遭受巨大财务损失，福特受到贵金属库存和远期合同方面的影响，发生了巨大财务亏损，这些都是很好的例证（Nagali，2008）。特别是在公司是价格接受者的情况下（例如商品市场），库存/销售管理对于降低需求和价格波动带来的风险变得更加重要。例如，如果一家公司预测价格在不久的将来会上涨，它可能会受到价格激励的影响选择库存积累，或者在需求低、价格高的情况下选择出售。此外，同一家公司可能希望以预先确定的价格保证其供应，以对冲价格的不确定性。

因此，越来越多的企业寻找灵活的商业模式，使其能够动态购买或销售商品，以响应市场条件的变化（即需求和价格）。

一种常见的方式就是使用组合的手段，减少库存过多或过少的风险，这种灵活的商业模式使公司能够同时在长期合作和现货市场交易商品，大大提高了它们根据最新的需求和价格信息调整库存水平的能力，同时享受到长期合约提供的保证价格和供应的好处。长期合约是在一个固定的日期内以合同预先确定的价格购买或出售一定数量的商品的双边协议。一般来说，买入长期合约是为了对冲汇率风险，即未来汇率变动的不确定因素。现货市场是一种商品市场，市场内商品按当前市场价格进行交易。结果可能证明了，现货市场不仅在必要时有助于减少库存缺货风险和消耗多余库存，而且还有助于根据长期和现货价格之间的差异增加利润。

采用这种灵活的商业模式的一个典型的公司就是惠普。2001年，惠普通过与供应商签订长期合同、灵活的非约束性协议和现货市场分别投入了50%、35%和15%的资金（Li and Ryan，2012）。另一个例子是提供半导体和存储芯片B2B交易平台的知名现货市场，即http：//www.Converge.com。例如，采购风险管理（PRM）模型帮助惠普节省了大约5 000万美元，尽管内存芯片的价格上涨超过了其长期合同中规定的价格（Nagali et al.，2008）。此外，长期以来，定期合同安排与市场交易相结合一直是原油的采购渠道，定期合同提供了大部分的数量（能源情报署（2001））。Inderforth等（2018）提到了最近在化学品、半导体、钢铁、天然气和石油采购中联合采购的例子。

在本研究中，我们考虑一个由买方和远期合同供应商（分别为B和

FCS）以及现货市场上的多个供应商组成的网络。例如，考虑一家汽车制造商的采购经理所面临的关于铂金的库存补充策略的问题。铂金是一种昂贵的稀有金属，其应用非常广泛，尤其是在汽车工业的催化转换器上起着至关重要的作用，但由于铂金的稀有和昂贵，它的开采地区以及销售的供应商都非常少，全球73%的铂金在南非开采，因此价格波动较大（PGM市场报告（2017））。在我们的测试案例中，对通用汽车（GM）铂金集团金属（PGM）进行了调查，采用数量弹性长期合同与现货市场交易相结合的策略组合，以减轻该公司供应链管理风险的影响（Zachariah and Chang，2011），给定合同供应商满足一定比例的预期需求，采用模拟的方式研究了在现货市场上的交易量。通用汽车（B）的采购经理将与供应商（FCS）签订一份长期合同，并在纽约商品交易所（NYMEX）和伦敦金属交易所（LME）等平台上进行现货市场交易。

利用Zachariah和Chang（2011）开发的模型的思想，我们打算在与FCS签订长期合同的情况下，优化B在现货市场的交易策略。在一定条件下（即当现货市场按照最优现货交易策略进行交易时），我们也会向FCS提供最优采购量。在我们的问题中，唯一的决策者B通过两个渠道进行交易：（i）通过签署数量灵活的长期合同从FCS采购；（ii）在现货市场上采购/销售，不受交易量限制（即也允许B和FCS作为现货市场的供应商）。B的目标是在有限的规划范围内最小化预期成本。

通过与FCS的长期合同，B能够对冲价格波动，通过在合同签订时固定单位价格来保持成本可预测性，并通过提前储备产能来确保货物供应（即在未来的每个时期，都能够以固定价格购买FCS规定的最大订单数量）。例如，为了规避寻找替代供应商的风险或现有供应商无法在短时间内调整其产能（例如工业动荡、自然灾害、安全相关停工、运营中断、电费上涨，Vargas，2010），以一定价格供应充足的铂金，这为通用汽车提供了强大的动力。由于FCS在本合同中承担了需求和价格波动风险，并提前为B建立和分配产能，因此B承诺每次下单时至少购买FCS指定的“最低订货量”。

除了长期合约提供的有限弹性外，B可以在现货市场上进行交易（交易量没有限制，意味着供需无限），以应对意外的高或低需求（即库存水平的双向调整）。此外，现货市场作为一种金融工具，允许B公司在交易时利用有利的价差获利。我们的目标是在这种情况下，通过两个渠道来描述现货市场的最优交易策略和合同供应商的最优订单数量，并回答以下具体问题：（i）在给定长期合同条款，现货市场的最优交易策略是什么？（ii）在什么情况下B会在同一时期同时使用两个渠道进行贸易？现货市场在多大程度上帮助B最小化其库存相关成本？（iii）B应该向FCS订购多少？在现货市场存在的情况下，签订长期合同的价值是什么？（iv）这些结果对两个市场的价格、长期合约的数量弹性、固定交易成本、持有和短缺成本以及需求等参数有多敏感？（v）是否存在易于实施的启发式库存策略，可以从FCS采购产生接近最佳的结果？

在整个研究中，我们提出了回答上述问题的理论和管理研究结果。综上所述，我们能够描述由五个临界点定义的现货市场的最优交易策略（order-up-to和sell-down-to类型），并提供一个非常简单的规则来确定现货市场交易时合同的最优订购数量。第5.6节中提出的高性能且易于实现的启发式方法允许B在现货市场没有交易的时期计算合同中的订购数量。根据我们在第5.6节中的数值结果，我们观察到在大多数情况下采用双重采购在降低预期成本方面非常有用，因为保持两种采购选择（合同和现货）都有显著的好处。相对于现货价格的合约价格、现货市场交易的固定成本、数量弹性和缺货成本似乎对结果都有显著影响。

5.2 文献综述

许多研究人员已经研究了数量弹性契约的模型。Anupindi和Bassok（1998）推导出了在有限时间内给定最小总量承诺和在多种产品折扣价格下买方的最优购买策略。在类似的模型研究中，Tsay（1999）研究了数量弹性合同对供应链绩效的影响，该合同将采购承诺不低于计划预测的一定百分比与供应商保证交付高于预测的一定百分比相结合。Anupindi和Bassok（2008）考虑了一类称为滚动地平线弹性（RHF）契约的供应合同，其中买方必须承诺未来每个时期的组件需求，供应商为买方提供有限的灵活性，以滚动地平线的方式调整当前订单和未来承诺。Barnes-Schuster等（2002）阐述了期权如何为买方提供灵活性以应对市场变化并影响与供应商的协调。Ben-Tal等（2005）使用鲁棒优化方法研究了零售商-供应商柔性承诺问题。我们的工作与这一研究的主要区别在于，我们考虑了一个具有两个来源（现货市场和合同供应商）的系统，以及双向库存调整的可能性（例如在现货市场上买卖，这在公用事业中很常见）。

Haksöz和Seshadri（2007）回顾了现货市场在供应链运营中的使用及其在评估长期采购或灵活合同方面的作用。在类似的模型研究中，Seifert等（2004）量化了使用现货市场的好处，确定了长期和现货市场的最优订单数量。Martinez-de-Albeniz和Simchi-Levi（2005）研究了投资组合管理问题：制造商必须确定低价格、低灵活性（即长期）合同，合理定价、高灵活性（即期权）合同以及价格和数量不明、没有承诺的合同（即现货市场）的适当组合。对最优补货策略进行了刻画，并证明了该策略具有简单的结构。Caldentey和Wein（2006）提出了一个简单但次优的现货价格依赖开关曲线策略，在连续时间和无限期的设置下，使用两个销售渠道：长期合同和现货市场的单一产品制造-库存制造系统。Feng和Pang（2010）为Caldentey和Wein（2006）提出的离散价格模型展示了一个最优生产/销售策略，其特征是现货价格依赖的基础库存和销售下降阈值。Mendelson和Tunca（2007）分析了单个供应商和多个制造商之间动态博弈的均衡，研究表明，即使在现货市场存在的情况下，固定价格是在劣等信息下确定的，与供应商之间的固定价格合同仍然存在。Li等（2017）建立了一个两阶段模型，并推导出商品采购问题的最优采购策略，该问题中企业通过现货交易和远期采购满足未来客户的不确定性风险需求。Wan和Chen（2018）分析了现货市场背景下期权合约的有限时间补货问题。

Yi和Scheller-Wolf（2003）讨论了一个类似于具有线性保留/回伐成本的双重采购模型，但并没有在现货市场上销售。尽管Janakiraman和Seshadri（2017）没有考虑现货市场，但他们研究了两个具有不同恒定单位成本和交货时间的供应商的双重采购问题，并调查了回报的价值（例如销售给更便宜的供应商）。Goel和Tanrisever（2011）提出了一个随机动态规划，优化了具有期权/长期合约和现货市场的类似模型的补充/行使决策。Xu等（2015）基于单周期报童模型研究了一个可以订购长期和期权合约并在现货市场进行交易的商品买家。Goel和Tanrisever（2017）考虑了在相关商品价格和需求下，通过现货、远期或基于指数的合同生产和销售产出商品的企业的最佳投入商品采购决策。Kouvelis等（2018）的模型集成了库存管理，允许在现货市场上以随机价格买卖，并进行金融对冲。结果表明，库存决策可以从财务套期保值决策中分离出来，当使用长期合约时，短期基础库存策略是最优的。我们的模型与上述模型有相似之处，但我们考虑了从常规供应商购买数量的下限和上限、积压（并非所有需求都必须得到满足）以及在现货市场上买卖的固定成本。

Li和Ryan（2012）在买方可以从正规供应商采购并使用调整合同向供应商采购/销售的模型中确定了最优库存决策和调整合同的价值。这与我们的设置非常相似，买方也有出售的选择权。正如Secomandi和Kekre（2014）在研究中提到的，买方在许多市场中也充当卖方（例如能源市场中的电力营销商、能源经销商和当地分销市场根据当前市场价格交换商品，或在纽约商品交易所交易贵金属的公司），随着网络平台和共享经济的兴起，越来越多的人成为产品和服务的“提供者和购买者”。因此，我们允许购买者在现货市场上销售，就像其他现有的研究一样（Li and Ryan，2012；Oliveira et al.，2013）。然而，Li和Ryan（2012）的重点是调整合同的价值，因为两个市场的价格都是固定的和已知的。此外，我们还研究了具有数量限制的长期合同的价值（来自常规供应商的最小和最大订单数量，Li和Ryan（2012）没有考虑到这一点），因为它们可以作为风险缓解工具来对冲价格不确定性。

Chen等（2013）研究了一个类似却又不同的问题，使最优策略的表征更具挑战性，和我们的分析结果主要差异是一般库存相关成本（不像Chen等（2013）所考虑的线性成本）和B能够在现货市场上以双边固定成本销售的事实。此外，与其他现有研究一样，我们对从FCS购买的数量施加了上限（Tsay，1999；Ross and Zhu，2008；Hochbaum and Wagner，2015），这个上限不仅使技术贡献更强，而且使研究人员能够分析供应商无法在长期合同期间以“固定价格”提前“保证”充足供应的相关案例。正如Hochbaum和Wagner（2015）所述，范围合同（买方可以在类似的最小和最大限制定义的范围内订购任何数量）“与容量昂贵且有限的半导体行业特别相关”。类似的上限与我们的示例相关，例如对最大存储量的限制（全球可存储PGM的库数量有限）和生产能力，为合同供应商保留过多库存的高风险，以及最后需要通过头寸限制来防止投机（否则，公司可以获得控制头寸，使其能够影响市场价格，从而导致金融市场不稳定）。尽管存在这些差异，我们的模型可以通过分配线性库存相关成本，设置任意高的固定销售成本（以避免在现货市场上以最优状态出售）和从FCS购买数量任意高（但有限）的最大限制来获得Chen等（2013）模型中设置的结果。具体地说，在第5.1节中，我们给出了在现货市场不可能出售的特殊情况下的结果。最后，基于我们开发的易于实施的启发式方法的数值研究，为决策者提供了有关采购决策和合同设计动态的管理规划。

Ye和Duenyas（2007）的另一篇非常相关的论文分析了企业在购买或打捞能力面临固定成本和可变成本（即打捞一单位能力时的可变成本为负）时，每个时期的购买或打捞能力。通过引入(K_1, K_2)凹性的概念，对最优策略的结构进行了部分刻画。Semple（2007）推广了K凹性，称为弱(K_1, K_2)凹性，并表明弱(K_1, K_2)凹性足以证明Ye和Duenyas（2007）建立的最优策略的一般结构。Neave（1970）研究了一个双边固定成本的随机现金余额问题。他证明了一个简单的双边(s, S)策略通常不是最优的，并且他部分地描述了最优策略的结构。Porteus和Neave（1972）考虑了对现金余额收费的有限视界现金余额问题，并给出了双边策略是最优的充分条件。Chen和Simchi-Levi（2009）利用Chen和Simchi-Levi（2004）引入的对称K凸性与Ye和Duenyas（2007）引入的(K_1, K_2)凹性概念，为订单和收益都具有固定成本的随机现金余额问题提供了新的规划。

利用临界点对最优订货和交易策略进行了部分演绎，与上述研究双边固定成本问题的文献类似，最优策略是复杂的，包括不能完全确定的区域。Ye和Duenyas（2007）等的模型假设了一个凸的一期库存相关成本，而我们假设了一个更一般的库存相关成本函数，包括线性、非线性、凸、非凸和固定+变量情况。因此，对称K凸性（Chen and Simchi-Levi，2004）和(K_1, K_2)凹性（Ye and Duenyas，2007）等方法在我们的模型中不起作用。一些论文试图研究与一般库存相关成本的库存问题。例如，Chen和Zheng（1993）以及Huh等（2011）研究了具有广义短缺惩罚成本的库存系统，该成本在工业中普遍存在，由独立于短缺单位数量的固定缺货成本和随缺货单位数量增加的可变短缺成本组成。当需求低于库存时，非线性库存持有成本通常适用于易腐产品。同样，持有成本函数可以包含规模经济，甚至在一定的时间间隔内减少（Porteus，2002）。具体来说，在我们的模型中，物品的单位成本不是恒定的（而是通过合同和现货市场获得的单位的加权平均值，这是随机的，并且随着时间的推移而变化），因此，假设线性持有和短缺成本可能不安全。当库存成本是非凸时，传统的库存模型不容易适用于研究这些问题的最优结构，因此，我们试图在不假设常用的"线性"持有/短缺成本的情况下对问题进行建模（参见第5.4节中的详细假设）。

为了解决这个问题，我们考虑了一个假设需求服从Pólya分布的双渠道多期库存模型（即具有数量灵活性和现货市场的长期合同）。Pólya分布由平移（$a + X$是每个标量a对X的平移）和指数、反射指数（如果X是指数，则$-X$是反射指数）和法线的卷积组成。Pólya频率函数由于其有益的特性而变得流行，例如符号的规律性和平滑性。通过利用这些特性，我们描述了具有一般库存相关成本（即不一定是线性持有/短缺成本）的双通道问题的最优策略结构。一个有趣的结果是，在我们的问题中，描述在现货市场上出售或购买的时间和数量的最优策略与Ye和Duenyas（2007）研究的单源最优容量问题非常相似。使用另一种方法，我们表明现货市场的最优库存策略可以用五个临界点来表征（见第5.4节中的定义）。

我们遵循Porteus（1971）的方法，其中引入了非K递减和拟K凸的概念。Chen等（2010）将这些属性应用于具有凹订购成本的单产品定期审查库存系统的联合库存定价模型。Xu等（2017）描述了当需求具有Pólya频率分布时，具有固定设置成本的随机库存系统的新结构特性。本章引入“非(K_1, K_2)随转换而减少”的概念，研究了一个具有双边固定成本买卖的复杂问题。这个概念对于具有双边固定成本和一般库存相关成本的问题的最优结构的特征是至关重要的。

我们在以下几个方面对该方向的研究作出了贡献：（i）据我们所知，这是极少数考虑双源问题和双向库存调整机会（即在现货市场上买入/卖出）的研究之一；（ii）我们开发了一种技术来推导假设一般持有/短缺成本函数的结构属性，这将有望为未来类似假设的研究铺平道路，为了解决有限地平线多周期随机（随机需求和每单位现货市场价格）库存问题；（iii）我们在现货市场上提供具有正双边固定交易费用的最优交易策略（买入/卖出）（这是一个相当具有技术挑战性的问题），并通过在特定条件下从合同供应商处购买具有下限/上限的远期合同来表征最优补货策略；（iv）基于我们对最优策略如何运作的观察，我们构建了良好且易于实施的启发式方法以用于实际商业案例；（v）我们证明了均匀需求分布（尽管不是Pólya频率分布）保留了结构特性，并且可以用我们的方法建模；（vi）我们进行了广泛的数值测试，揭示了混合交易系统（长期合约和现货市场）的力量，以最大限度地降低买方的预期成本，并作为一种风险缓解工具，应对两个不确定性来源：价格和需求。我们相信，我们的研究结果将有助于决策者评估这两种选择（长期合同和现货市场）在确保成本可预测性和尽可能避免库存过剩和库存不足情况下的重要性。本研究所建立的模型对于需要根据不同情景下买家的购买行为来确定合同条款（价格、数量限制、合同期限）的供应商是有用的。

本研究的行文思路如下：第5.3节建立了问题的数学模型，第5.4节首先介绍了双渠道问题的几个结构性质，然后推导了双通道问题最优策略的主要性质，最后将分析结果推广到需求均匀分布的情况。第5.5节讨论了几个特殊情况，并将问题研究扩展到双渠道的交货时间相同的情况（销售的交货时间也相同）。第5.6节介绍了数值分析的结果，并讨论了库存管理决策。针对问题的研究还提出了两种启发式算法，实验结果表明，两种启发式算法使用简便且效果良好。第5.7节作出了主要总结，并提出了未来可继续研究的方向。

5.3 模型建立

本章研究了一个具有两种交易渠道（长期合约和现货市场）的定期审查库存系统。借鉴 Vargas（2010）中为汽车制造商的采购实践开发的模型，我们还假设B在计划开始时与FCS签署长期数量弹性合同，以保证货物的安全交付。B承诺在每个时期(t)以一个固定的预定单位购买价格p_c，采购不少于q_t且不多于$Q_t\left(Q_t \geqslant q_t\right)$。在合同到期之前，这些条款$\left(q_t,\ Q_t,\ p_c\right)$不会重新协商。订单每周期发布一次，并在同一时期内交付（零提前期的周期控制）。从 FCS 订购没有固定的成本。固定的订购成本与B的订购决策无关，因为当最小订购量为正时，B必须在每个时期购买。相反，如果最小订货量为零，那么如果存在正的固定订购成本，则B必须证明与FCS下的订单是合理的。然而，正如Chen等（2013）提到的，“供应商经常提供某些寄售方案来帮助买家节省这些成本，”使得与长期供应商相关的固定成本可以忽略不计。然而，在实践中，FCS通常规定最低订单数量，以保证一定水平的收入，至少是为了弥补预留给买方的能力。

同样类似于 Vargas 模型中对汽车制造商的设置，B也有在现货市场买卖的选择权，没有任何数量交易的限制（充足的供应和需求的现货市场），没有延迟交货（零提前期）时的单位现货价格p_t、发生固定的交易费用K_1的订购或K_2的销售。这笔交易费用一般是中间人的佣金或设置/交付成本，K_1和K_2不一定相等。我们考虑在现货市场购买/销售的固定成本的主要原因是，在现货市场上立即收到货物或者寻找买家通常更加昂贵，而B可以通过远期合同安排更便宜的交付选择（例如，Goel and Tanri-sever，2011中的汽油运输成本）。另一个原因是，在许多行业的尝试中，有一个固定的访问费用来购买或出售（例如，在纽约商品交易所为汽车制造商清算和交易PGM的交换费用)。然而，我们也在第5.1节中给出了现货市场零固定成本的特殊情况的结果（例如，交易费用可以忽略不计的在线平台，或者商品没有实际存货/分销的情况)。

未来需求和现货市场价格均属于随机的，但其概率分布已知。出于技术原因，现假设每个时期需求遵循Pólya分布（并给出凸库存相关成本的一般需求分布的结果，将结果推广到均匀分布)，现货价格的变动遵循马尔可夫过程。

假设在本研究中完全积压，除了积压消费者的定期需求，即使是在库存水平为负的情况下，也允许B在现货市场销售商品（如上所述，现货市场的需求是无限的)。这种模式适用于“卖空行为”发生的情况，只要这样做就有利可图且合法。我们假设当库存水平为负时，B单位产品“在现货市场上销售”的收入等于“销售”发生时的现货市场价格，即不是当库存可用“该产品的实物交付”发生时，以现实地模拟现货市场的操作，其中现金流和交易立即以现货市场的当前价格发生。从本质上讲，这种方法类似于产品价格不变时的延期订货模型，特别是计划延期订货，即使没有库存，也有意允许延期。此外，这个假设使数学分析更容易处理。提请注意这样一个事实，虽然这并没有发生在我们的任何数值研究（主要是因为卖空，正如Secomandi和Kekre（2014）提到的工作，可能是次优的情况下，现货市场是有效的和流动性是足够的，以防止套利)，我们仍然选择保留卖空作为B的选择。请注意，当手头库存变得富裕时，普通消费者需求具有第一优先性，其次是现货市场销售积压。我们不考虑买方故意积压常规需求以利用合约价格和现货市场之间的价格差异的情况，因为在现货市场交易的决定是在需求被观察到之前作出的。

在这个模型中，唯一的决策者是B，决定在每个时期买多少和卖多少。在本章的研究中，B是价格接受者，因此不能根据现货采购成本的波动来调整销售价格，适用采购成本波动的联合定价和库存管理（例如Xiao等（2015）的研究)。假设某一特定时期B的单位销售因需求（固定客户）而积压的收入等于该时期的现货价格，在规划期内，由于完全积压假设，从销售到正常需求的预期总收入是恒定的，它独立于采购策略，仅取决于需求分布和现货价格。因此，从分析中删除了对固定客户销售的预期总收入，预期成本函数中仅包括现货市场销售的预期收入。B的目标是在计划范围内最小化预期总成本（订购和库存相关成本减去现货市场销售收入）。

所有的契约参数（例如（q_t，Q_t，p_c）），K_1和K_2都是外源的。我们假设B的行为不影响p_c，p_t或需求。在我们的模型中，需求、现货价格和远期价格是相互独立的。请注意，假设在现货市场买/卖同样的外生和随机单位成本/收入（即p_t），这在市场出清价格平衡供需的情况下很有效（Mendelson and Tunca，2007）。然而，由于模型允许现货市场中的固定交易成本（即K_1和K_2）不同，我们可以间接考察"有效"单位买卖成本不相等的影响，即当K_1和K_2分配给每个单位时，单位购买和销售价格会不同。

在我们的模型中，与库存相关的（持有和短缺）成本比该领域的大多数研究更为普遍（即它们可以采取不同的形式，如线性/非线性、凸/非凸、库存水平相关、固定+变量等）。在第5.6.1节中，我们提供了一个模型如何工作的说明性示例，展示了最优策略的不规则性以及固定+可变持有成本和短缺成本的临界点。

最后，公司在每个时期采取的事件和控制行动的顺序如下：（i）观察前一时期的剩余库存和现货市场的现货价格；（ii）在合同承诺范围内下订单；（iii）在现货市场进行交易；（iv）尽可能满足客户需求；（v）计算持有或积压成本。我们假设所有的交易（长期和/或现货）发生在每个周期的开始，并且在两个渠道中的供应提前期为零。关于事件顺序的类似假设已经被其他研究人员使用（Chen et al.，2013；Inderfurth et al.，2013；Goel and Gutierrez，2006；Hsiao et al.，2015），其中需求是随机的（需求在这一时期持续发生），但是当前的"现货市场价格"在买/卖时是已知的，因为这些价格在实践中经常更新。本章的研究重点是评估合同和现货市场的价值，确定现货市场中的最优采购/销售数量，以及在"补货决策前无法观察到需求"的一定条件下优化长期合同供应商的采购。在第5.6节中，简要讨论了事件序列变化的潜在影响（例如，在现货市场作出买卖决策之前，需求是已知的）。

对于周期$t=1, 2, \cdots, T$，我们使用以下表示法：

T：计划周期的长度（周期数）；

K_1：在现货市场采购时的设置成本；

K_2：在现货市场销售时的设置成本；

p_c：与供应商的合同中指定的固定单位成本；

p_t：周期t中的单位现货价格，随机变量；

q_t：其间从 FCS 购买的最小数量；

Q_t：其间可从 FCS 购买的最大数量；

D_t：周期t的需求，随机变量；

g_t：t期间的持有和短缺成本；

α：折现因子$(0 \leqslant \alpha \leqslant 1)$。

值得一提的是，我们没有对$g_t(\cdot)$强加一个特定的函数形式。保持和短缺成本和我们的结果是非常普遍的，它们适用于许多满足假设2的形式（例如线性/非线性、凸/非凸），这将在后面解释。现货价格p_t是一个已知的随机过程条件概率分布$P\left[p_{t+1} \leqslant x | p_t\right]$对于$t=1, 2, \cdots, T-1$，其中$p_0$是初始市场价格。我们假设现货市场是有效的或者流动性是足够的，这样的话，现货市场的价格就会下跌，$p_t-\alpha E\left[p_{t+1} | p_t\right]$是$t=1, 2, \cdots, T$的常数。这与Zachariah和Chang（2011）在通用汽车公司采购 PGM 的工作中使用的模型设置是一致的，因为在通用汽车公司中必不可少的铂金属在期货和期权市场（例如纽约商品交易所和伦敦金属交易所）具有足够的流动性，为了防止套利机会，这个常数不应该太大或太小。具体来说，当常数大于边际短缺成本时，公司可以通过在现货市场销售尽可能多的存货并在未来以较低的价格购买货物来获得利润。当该常数小于负边际持有成本时，公司可以通过尽可能多地购买库存并在未来以更高的价格出售这些商品在现货市场上获利。不失一般性，假设$p_t-\alpha E\left[p_{t+1} | p_t\right]=0$。

问题的主要目标是通过现货市场确定最优订货/销售数量，并确定在一定条件下与合同供应商的最优采购策略。设$\tilde{f}_t(x, p_t)$表示覆盖周期

t，$t+1$，…，T的最优预期成本，有初始库存水平x和期间现货价格p_t，设y是现货市场中发生交易后的库存水平，z是从长期合同中下订单和收到订单后的库存水平。请注意，在FCS的补货决定和现货市场交易之间没有发生新的事件或产生新的信息。因此，如果现货市场的交易发生在从FCS补充资金之后，或者如果同时作出这两个决定，则同样的表述方法也适用。然后，这个问题可以表述为$t=1$，2，…，T的下列动态程序：

$$\tilde{f}_t(x, p_t) = \min_y \Big\{ K(x, y) + p_t(y-x) + \min_{z\in[y+q_t, y+Q_t]} \big\{ p_c(z-y) + Eg_t(z-D_t) + \alpha E\big[\tilde{f}_{t+1}(z-D_t, p_{t+z})|p_t\big]\big\}\Big\} \tag{5.1}$$

其中

$$K(x, y) = \begin{cases} K_1 y > x \\ K_2 y < x \\ 0 y = x \end{cases}$$

令$\tilde{f}_{T+1}(x, p_{T+1}) = -p_{T+1}x$。也就是说，在规划期限结束时，残值为$p_{T+1}x$。在这里，当$x \geqslant 0$时，$p_{T+1}x$是残值收益，$-p_{T+1}x$是打捞成本。

令$f_t(x, p_t) = \tilde{f}_t(x, p_t) + p_t x$。公式（5.1）可以写成：

$$f_t(x, p_t) = \min_y \Big\{ K(x, y) + (p_t - p_c)y + \min_{z\in[y+q_t, y+Q_t]} \big\{ \big(p_c - \alpha E(p_{t+1}|p_t)\big)z + Eg_t(z-D_t) + \alpha E\big[f_{t+1}(z-D_t, p_{t+1})|p_t\big]\big\}\Big\} + \alpha E(p_{t+1}|p_t)E(D_t) \tag{5.2}$$

定义

$$G_t(y, p_t) = (p_t - p_c)y + \min_{z\in[y+q_t, y+Q_t]} \big\{ \big(p_c - \alpha E(p_{t+1}|p_t)\big)z + Eg_t(z-D_t) + \alpha E\big[f_{t+1}(z-D_t, p_{t+1})|p_t\big]\big\} = (p_t - p_c)y + \min_{z\in[y+q_t, y+Q_t]} \big\{ (p_t - p_c)z + Fg_t(z-D_t) + \alpha E\big[f_{t+1}(z-D_t, p_{t+1})|p_t\big]\big\} \tag{5.3}$$

然后

$$f_t(x, p_t) = \min_y \{ K(x, y) + G_t(y, p_t) \} + \alpha E(p_{t+1}|p_t)E(D_t) \tag{5.4}$$

其中，$t=1$，2，…，T，并且$f_{T+1}(\cdot, \cdot) = 0$。

请注意，在公式（5.2）—公式（5.4）中，由于技术原因，将两个决策——长期合同的订货量和现货市场的购买/销售量分开，然而，这两个决策实际上是同时作出的。

5.4 最优策略理论性质

本章主要研究了现货市场上的最优买/卖策略的结构性质，并给出了当现货市场上发生交易时合同供应商的最优订货策略的一个简单的确定准则。我们首先介绍了几个定义和初步的性质，这些性质将被用来刻画最优策略。

定义 5-1

①若对于任意$x \leq y$,都有$f(x) \leq K + f(y)$,则当$k \geq 0$时,实值函数f称为非K减（或右非K减）。对于任意$x \leq y$,都有$f(y) \leq K + f(x)$,则当$k \geq 0$时,实值函数f称为左非K递减。

②对于$K_1,K_2 \geq 0$,如果对于任何$x \leq y$,存在

$$f(x) \leq K_1 + f(y)$$

$$f(y) \leq K_2 + f(x)$$

成立，则实值函数f被称为非(K_1, K_2)递减。

注意：如果f_1在X区间上是非(K_1, K_2)递减的，f_2在一个区间Y上是非$(\overline{K}_1, \overline{K}_2)$递减的，且$a \geq 0$，那么$a(f_1 + f_2)$在$X \cap Y$上是非$\left(a(K_1 + \overline{K}_1), a(K_2 + \overline{K}_2)\right)$递减的。因此，在$R$上，存在$\varnothing \geq 0$，$\int_0^\infty \varnothing(x)dx = 1$，如果$f$是非$(K_1, K_2)$递减的，则$\int_0^\infty f(x-\xi)\varnothing(\xi)d\xi$是非$(K_1, K_2)$递减的。

如果存在$a = z_0 < z_1 < z_2 < \cdots < z_n = b$，使得$f$在$[z_i, z_{i+1}]$上是单调的（非递减或非递增），其中$i = 0, 1, \cdots, n-1$，则函数$f$在$[a, b]$上称为分段单调。

定义 5-2 设$K_1, K_2 \geq 0$，并且$-\infty < a \leq \bar{a} < \bar{b} \leq b < +\infty$

①如果f满足（i）分段连续的;（ii）PF可积的,且$\varnothing$是Pólya频率函

数,则$\int_0^\infty f(x-\xi)\varnothing(\xi)d\xi$存在（见附录4-A中Pólya的定义）；（iii）在$(-\infty,a]$上递减,在$[b,+\infty)$上递增;（iv）在$[\bar{a},+\infty)$上非K_1递减,在$(-\infty,\bar{b}]$上左非K_2递减;（v）当$|x|\to\infty$时，$f(x)\to\infty$;（vi）对于一些整数ρ,有$f(x)=O(|x|^\rho)$成立；（vii）在$[a,b]$上分段单调，则认为$f\in\tilde{C}(K_1,K_2;a,\bar{a},\bar{b},b)$。

② 如果存在实数$a,\bar{a},\bar{b},b$,满足$-\infty<a\leqslant\bar{a}<\bar{b}\leqslant b<\infty$,且使$f\in\tilde{C}(K_1,K_2;a,\bar{a},\bar{b},b)$成立,则认为$f\in\tilde{C}(K_1,K_2)$。

③令$C(K_1,K_2;a,b)=\tilde{C}(K_1,K_2;a,a,b,b)$。

④ 如果存在实数a,b，且$a<b$,满足$f\in C(K_1,K_2;a,b)$,则认为$f\in C(K_1,K_2)$。

注意：$C(K_1,K_2;a,b)$定义中的（i）-（v）与Porteus（1971）定义5-2中$C_a(K)$定义的（i）-（v）相似。此外，（vi）和（vii）是对库存相关成本的温和假设，在所有常见成本函数下均满足。根据定义，如果$f\in\tilde{C}(K_1,K_2;a,\bar{a},\bar{b},b)$成立，则$f$在$[\bar{a},\bar{b}]$上是非$(K_1,K_2)$递减的。使用$\tilde{C}(K_1,K_2)$表示带未知参数$a,\bar{a},\bar{b},b$的$\tilde{C}(K_1,K_2;a,a,b,b)$函数，使用$C(K_1,K_2)$表示带未知参数$a$，$b$的$C(K_1,K_2;a,b)$的函数。

在整个研究过程中，如果f满足定义5-2中的（iii）和（iv），则称一个函数f是随着转换而非(K_1,K_2)递减的。此概念对于双边固定成本问题的最佳结构的塑造至关重要。在特殊情况下$a=\bar{a}$和$b=\bar{b}$，它意味着一个更强的概念称为带转换的拟(K_1,K_2)凸性，在附录2-B中正式定义。

引理5-1 如果$f\in C(K_1,K_2;a,b)$，D是一个密度为$\varnothing$的单侧Pólya随机变量，则$g(x)=Ef(x-D)=\int_0^\infty f(x-\xi)\varnothing(\xi)d\xi$成立，其中$g(x)\in C(K_1,K_2)$。

这个引理的证明和随后的所有结果都可以在附录4中找到。

为了描述现货市场中最优的购买/销售策略，我们需要作以下假设：

假设5-1 在周期t，$t = 1, 2, \cdots, T$中，D_t为正的Pólya随机变量。

假设5-2 对于一些有限的变换a和b，当$a \leqslant b$时，$g_t(x) \in C\big((1 - \alpha)K_1, (1 - \alpha)K_2; a, b\big)$。

假设5-2比大多数现有文献中使用的假设更具有一般性，这个假设只要求$g_t(x)$在$(-\infty, a]$上递减，在$[b, +\infty)$中递增，且在$[a, b]$中非$\big((1 - \alpha)K_1, (1 - \alpha)K_2\big)$递减。它包含以下几种特殊情况：（i）线性持有成本和短缺成本；（ii）凸持有成本和短缺成本；（iii）持有库存的固定成本+可变持有成本；（iv）短缺的固定成本+可变短缺成本（Chen and Zheng；1993；Huh et al.，2011）；（v）可以在一定时间间隔内减少，且可以结合规模经济的持有成本函数（Porteus，2002）。

以下定理可以理解前章的最优方程，并加快决策分析。

定理5-1 如果最小化最优性方程（5.2）右边的最优决策要求$x \neq y$，则当$p_c > p_t\big(p_c \leqslant p_t\big)$时，长期合约灵活性部分的最优决策是$z = y + q_t\big(z = y + Q_t\big)$。

虽然我们的主要目标是刻画最优现货交易，定理5-1提供了一个非常简单且直观的规则，用于在现货市场中发生采购/销售的情况下确定FCS的最优订单数量。当$y > x$（从现货市场购买是最优的）且$p_c > p_t$时，B只从FCS购买承诺数量（即q_t）和从现货市场购买任何额外数量，因为每单位更便宜。当$p_c \leqslant p_t$时，只有当所有的Q_t单位都已从FCS购买时，才再考虑从现货市场购买。相反，如果$y < x$（向现货市场销售是最佳的），且当$p_c > p_t$时，B销售的唯一原因是为了降低库存水平，因此购买超过最小数量（q_t）是没有意义的。当$p_c \leqslant p_t$时，B可以获得每单位额外的利润$\big(p_t - p_c\big)$销售到现货市场，最好从FCS购买所有的Q_t单位，以增加利润。

在现货市场没有进行交易的情况下，我们无法描述从合同中获得最优采购。然而，第5.6.5节中提出的启发式策略（尽管不是最优的，但效果很好）提供了非常简单的规则来计算从合同中获得的订单数量。为了进一步刻画现货市场交易的最优策略，我们需要首先引入以下两个引理，并定义五个关键点。

引理5-2 如果 $f \in \tilde{C}(K_1, K_2; a, \bar{a}, \bar{b}, b)$，且 $u \in R$，$Q \geq q \geq 0$，定义

$$g(x) = ux + \min_{y \in [x+q, x+Q]} \{-uy + f(y)\}$$

其中，$g \in \tilde{C}(K_1, K_2)$。

类似地，当 $f \in C(K_1, K_2)$，得到以下结果。

推论5-1 存在 $f \in C(K_1, K_2; a, b)$ 且 $u \in R$，$Q \geq q \geq 0$，定义

$$g(x) = ux + \min_{y \in [x+q, x+Q]} \{-uy + f(y)\}$$

其中，$g \in C(K_1, K_2)$。

我们定义以下关键点。设 $S_t(p_t)$ 是 $G_t(x, p_t)$ 的最大极小值，$s_t(p_t)$ 是最小的 x，使得 $G_t(x, p_t) = K_1 + G_t(S_t, p_t)$，且 $s_t'(p_t)$ 是最大的 x，使得 $G_t(x, p_t) = K_2 + G_t(S_t, p_t)$，也就是

$$S_t(p_t) = \sup\{x: G_t(x, p_t) \leq G_t(y, p_t), y \in R\}$$

$$s_t(p_t) = \inf\{x: G_t(x, p_t) = K_1 + G_t(S_t, p_t)\}$$

$$s_t'(p_t) = \inf\{x: G_t(x, p_t) = K_2 + G_t(S_t, p_t)\}$$

设 $s_t(p_t)$ 为最小的转换点，使得 $G_t(x, p_t)$ 在 $x \geq \bar{s}_t(p_t)$ 上非 K_1 递减，且设 $\bar{s}_t'(p_t)$ 为最大的转换点，使得 $G_t(x, p_t)$ 在 $x \leq \bar{s}_t'(p_t)$ 上非 K_2 递减。尽管这些临界点依赖于现货价格，但在整个剩余研究中，使用 S_t，s_t，s_t'，$\bar{s}_t$ 和 $\bar{s}_t'$ 来表示给定 p_t 的五个关键点，以简化符号。

如果 $G_t(x, p_t) \in \tilde{C}(K_1, K_2)$，那么根据定义2，$S_t$，$s_t$，$s_t'$，$\bar{s}_t$ 和 $\bar{s}_t'$ 存在，且易证 $s_t \leq \bar{s}_t$，$s_t' \geq \bar{s}_t$。

定义5-3

①对于 $K_1, K_2 \geq 0, a, b \in R$ 和 $a \leq b$，f 表示 $\tilde{C}(K_1, K_2; a, b)$ 中的一函数，使

得f满足：（i）非(K_1,K_2)递减的；（ii）在$(-\infty,a]$和$[b,+\infty)$上的连续；（iii）且在$[a,b]$分段单调。

②令$\tilde{C}(K_1,K_2;a,b)$表示一类在$a,b\in R$上的函数，且$K_1,K_2\geqslant 0$。

引理5-3 如果$G_t(x,\ p_t)\in\tilde{C}(K_1,\ K_2)$，则$f_t(x,\ p_t)\in\tilde{C}(K_1,\ K_2)$。

定理5-2 对于任意$t=1,\ 2,\ \cdots,\ T$期间现货市场中与现货价格相关的最优补货/销售策略具有如下结构：

①在$s_t<\bar{s}_t<\bar{s}_t'<s_t'$和$\bar{s}_t<S_t<s_t'$时，$K_1>K_2$；在$s_t<S_t<\bar{s}_t'$时，$K_1<K_2$；在$\bar{s}_t<S_t<\bar{s}_t'$时，$K_1=K_2$。

②最优策略是：（i）对于$x\in(-\infty;\ s_t]$订购至S_t；（ii）在$x\in(s_t;\ \bar{s}_t]$上订购至$\arg\min\limits_{z\geqslant x}\{G_t(z;\ p_t)\}$或者不购买不销售；（iii）在$x\in(\bar{s}_t;\ \bar{s}_t']$时不作任何决策；（iv）在$x\in(\bar{s}_t';\ s_t']$区间内销售到$\arg\min\limits_{z\leqslant x}\{G_t(z;\ p_t)\}$或是不作决策；（v）当$x\in[s_t';+\infty)$时，销售到$S_t$。

附注：

①如果$K_1\geqslant K_2$出现，有两种区间可能：$s_t\leqslant\bar{s}_t<S_t<\bar{s}_t'\leqslant s_t'$和$s_t\leqslant\bar{s}_t<\bar{s}_t'<S_t<s_t'$（见图5-1和图5-2）。对于前者，订货以及销售的数量都是S_t，即$\arg\min\limits_{z\leqslant x}\{G_t(z;\ p_t)\}=S_t$。对于后者，最优策略为仅订购到$S_t$，有可能多次抛售。

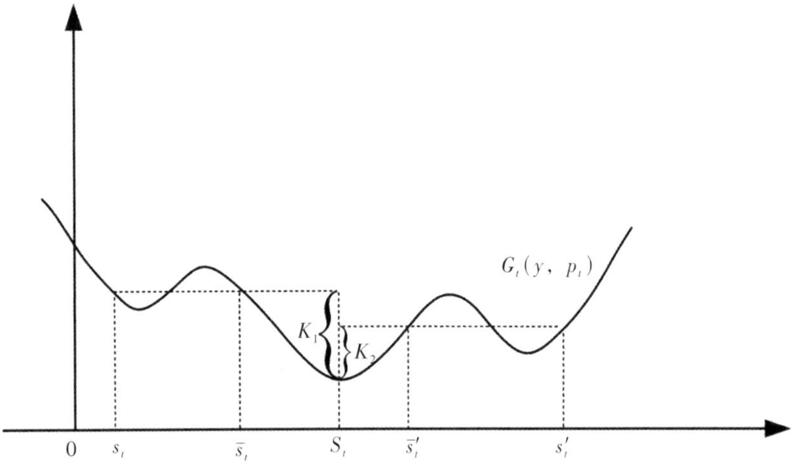

图5-1 $K_1\geqslant K_2$：$s_t\leqslant\bar{s}_t<S_t<\bar{s}_t'\leqslant s_t'$

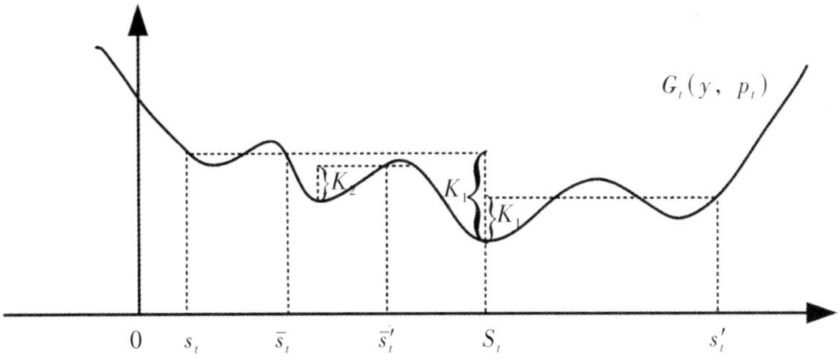

图5-2　$K_1 \geqslant K_2$：$s_t \leqslant \bar{s}_t < \bar{s}'_t < S_t < s'_t$

②如果 $K_1 < K_2$，有两种可能的情况：$s_t < \bar{s}_t < S_t < \bar{s}'_t < s'_t$ 和 $s_t < S_t \leqslant \bar{s}_t < \bar{s}'_t \leqslant s'_t$。对于前者，订货以及销售的数量都是 S_t，即 $\arg\min_{z \geqslant x}\left\{G_t(z;\ p_t)\right\} = S_t$。对于后者，最优策略只有一个，即销售数量为 S_t，同样有可能出现多次抛售。

③如果 $K_1 = K_2$，在 $s_t \leqslant \bar{s}_t < S_t < \bar{s}'_t \leqslant s'_t$ 上，最优策略订货以及销售数量都是 S_t。

④当 $K_1 > K_2$，在 $\bar{s}_t < S_t < s'_t$ 上，$S_t = \arg\min_{z \geqslant x} G_t(z;\ p_t)$ 在情况（ii）中出现；当 $K_1 < K_2$，在 $s_t < S_t < \bar{s}'_t$ 上，$S_t = \arg\min_{z \leqslant x} G_t(z;\ p_t)$ 在情况（iv）中出现；当 $K_1 = K_2$，则 $\bar{s}_t < S_t < \bar{s}'_t$，$S_t = \arg\min_{z \geqslant x} G_t(z;\ p_t)$ 在情况（ii）中出现以及 $S_t = \arg\min_{z \leqslant x} G_t(z;\ p_t)$ 在情况（iv）中出现。

⑤$\bar{s}_t < \bar{s}'_t$ 表示所有订单区域都在卖出区域的左侧。

⑥当 $s_t = \bar{s}_t$ 时，可以完全解释为订货策略；当 $s'_t = \bar{s}'_t$ 时，可以完全解释为卖出策略；当 $s_t = \bar{s}_t$ 和 $s'_t = \bar{s}'_t$ 时，最优订购和销售策略可以完全理解为 $(s_t,\ S_t,\ s'_t)$ 策略。

定理5-2有些复杂，因此，我们在第5.6.1节中提供一个数值示例来说明它如何适用于给定的一组参数。

注意，a 和 b 是 $g_t(x)$ 的转换点，而5个临界点是根据成本函数 $G_t(x,\ p_t)$ 定义的。这五个临界点受到 a 和 b 的影响，且相互联系非常复杂。从定理5-2的证明中，可以看到，除了 a 和 b 之外，还有其他一些问题也影响临界点的值，包括（i）需求分布；（ii）$f_{t+1}(x,\ p_{t+1})$ 函数形态；（iii）K_1和K_2的值；（iv）p_t大小。

在本节的最后，我们将结果扩展到需求均匀分布的情况。根据Porteus（1971，1972），均匀密度不是PF_3。结果表明，均匀需求分布可以保持非K递减性质。类似地，我们可以证明，当定理5-2稍作修改时，本节中获得的属性对于统一的需求分布是适用的。假设D在$[c, d]$中是均匀分布的，不失一般性，设$c = 0$，我们将定理5-2（ii）修正为：当φ均匀分布时，$\int_0^d f(x-\xi)\varnothing(\xi)d\xi$存在。对于$c > 0$，我们只需平移$c$个单位的成本函数来修改我们的分析。下面的引理正式证实了这个结果。

引理5-4 若$f \in C(K_1, K_2; a, b)$，则D是$[0, d]$中密度为φ的均匀分布随机变量，则

$$g(x) = Ef(x-D) = \int_0^d f(x-\xi)\varnothing(\xi)d\xi，g(x) \in C(K_1, K_2)$$

因此，如果我们将假设5-1中的需求分布修正为均匀，则本节的最优策略仍然成立。

5.5 讨论和扩展

在本节中，我们为以下特殊情况提供了一些结果：（i）现货市场中没有固定的交易费用，（ii）公司不能在现货市场销售，（iii）公司不能从现货市场中购买，以及（iv）考虑到库存相关成本是凸的，需求可以采取任何形式。我们还讨论了如何将成果扩展到两个渠道的补充和交付周转的情况。

5.5.1 一些特殊情况

案例5-1 $K_1 = K_2 = 0$。根据假设5-2，$g_t(x)$是$S_t = s_t = s_t' = \bar{s}_t = \bar{s}_t'$上的一个拟凸函数。通过在现货市场交易来调整库存水平是最优的（当$x < S_t$时，订购到S_t；当$x > S_t$时，出售到S_t）。在这种情况下，合同供

应商的最优订货量仅取决于p_t和p_c之间的比较。如果$p_t < p_c$，买方显然会从现货市场购买额外的数量，即购买的数量必须大于q_t才能达到最优水平S_t。如果$p_t > p_c$，则很容易验证买方从合同供应商处购买并在现货市场上出售可以获利，因此总是从合同供应商处购买最大允许量（Q_t）。

案例5-2 公司可以向合同供应商和现货市场订货，但不能在现货市场销售。在这种情况下，公式（5.2）中的第一个约束变为$y \geq x$。我们可以证明，合同供应商的最优订货量遵循定理5-1，现货市场的订货量遵循(s_t, S_t)策略：如果x小于s_t，则订购量为S_t，否则不从现货市场订购。为此，我们需要修改引理5-2，并证明如果$f \in C(K_1)$（$C(K_1)$在Porteus（1971）中定义），则$g \in C(K_1)$。我们根据Porteus（1971）的证明，证明了$G_t(y, p_t) \in C(K_1)$。

案例5-3 该公司只能从合同供应商处订购，但可以在现货市场上销售。在这种情况下，公式（5.2）中的第一个约束变为$y \leq x$，可以证明合约供应商的最优订货量遵循定理5-1，现货市场的订货量遵循(s_t', S_t)策略：如果x大于s_t'，则销售量为S_t，否则不在现货市场出售。在这种情况下，我们可以修改引理2，证明如果$f(x) \in C(\infty, K_2)$，$g \in C(\infty, K_2)$，根据Porteus（1971）的证明，$G_t(y, p_t) \in C(\infty, K_2)$。

5.5.2 库存相关成本凸函数

在本小节中，我们考虑与库存相关的成本是凸的，但需求可能为一般分布，即不限于Pólya分布的情况。Ye和Duenyas（2007）考虑了具有双边固定调整成本的产能投资模型。作者引入了(K_1, K_2)凹性的新概念，并证明了这一性质可以动态保持。基于(K_1, K_2)凹性，作者描述了最优库存策略。与本章的最优补货策略类似，最优补货策略可以用五个临界点来表示。当库存相关成本为凸时，我们可以使用Ye和Duenyas（2007）中的方法来证明(K_1, K_2)凸性。

定义 5-4 对于K_1，$K_2 \geqslant 0$，如果对于任何$x_0 \leqslant x_1$，$\lambda \in [0,\ 1]$，使公式

$$f((1-\lambda)x_0+\lambda x_1) \leqslant (1-\lambda)f(x_0)+\lambda K_1+(1-\lambda)K_2+\min\{\lambda,\ 1-\lambda\}\min\{K_1,\ K_2\}$$

成立，则称实值函数f为$(K_1,\ K_2)$凸函数。

仅需证明公式（5.3）中的优化保留了$(K_1,\ K_2)$凸性，其余证明部分与 Ye 和 Duenyas（2007）中的相似

引理 5-5 对于任何$u \in R$，$Q \geqslant q \geqslant 0$，有$g(x) = ux + \min\limits_{y \in [x+q,\ x+Q]}\{-uy + f(y)\}$。若$f$是$(K_1,\ K_2)$凸的，那么$g$也是$(K_1,\ K_2)$凸的。

5.5.3 相同的交货期

由于库存决策不仅取决于现有库存，还取决于订单库存，因此当两个渠道的补货和交货提前期为正时，模型变得更加复杂，还导致了一个多维动态程序并且性质不再适用。

然而，本模型可以很容易地推广到一个特殊的情况下——FCS和现货市场的补货提前期以及在现货市场销售时的交付时间是相同的。这一假设有一定的局限性，但可以认为它涵盖了一部分现实情况。请注意，本模型允许FCS在现货市场中充当买方，B在现货市场上充当卖方的情况，所以假设相同的交付周期实际上符合现实状况。

假设计划期是$T+L$期，设L是补货或交货的准备时间，公司作出决策（订购和销售）到T期。然后通过x，y和z解释库存状态，D_t表示提前期加上一个时期的总需求（即$L+1$时期的总需求），得到下列公式：对于时期$t = 1,\ 2,\ \cdots,\ T$问题可以表述为公式（1）；当$t = T + 1,\ \cdots,\ T+L$如下：

$$\tilde{f}_t(x,\ p_t) = Eg_t(z - D_t) + \alpha E[\tilde{f}_{t+1}(z - D_t),\ p_{t+1}|p_t]$$

$$\tilde{f}_{T+L+1}(x,\ p_{T+L+1}) = -p_{T+L+1}x$$

5.6 数值研究和启发式算法

在本节中，利用数值实例更好地说明在合同供应商和现货市场下的最优补货和销售决策。首先说明在一个非平凡的情况下，最优策略看起来是多么复杂，并确定了一些与预测相反的结果。随后，通过测试不同的参数组合来扩展数值分析，以获得有关现货市场价值、合同、合同弹性和启发式性能的见解。本章还讨论了某些参数改变时产生的影响（例如，当单位缺货成本增加时，最优数量如何变化），尽管数值测试并未涵盖所有可能，但在结论中必须考虑到这一局限性。

5.6.1 最佳策略说明

下面的示例说明了在现货市场中，除了双边固定成本之外，还有相当复杂的库存相关成本的非平凡环境最优策略。设置如下：库存水平的状态空间被限制在$[-500,500]$，$T=5$，$K_1=100$，$K_2=100$，$p_c=50$，$\alpha=1$。对于$t=1,\cdots,5$，$q_t=0$，$Q_t=2$存货相关成本，即$g_t(\cdot)$，包括固定和可变两部分，定义为：

$$g_t(\cdot)=\begin{cases}100+5x, & 如果x>0\\ 200-10x, & 如果x<0\\ 0, & 如果x=0\end{cases}$$

为了计算的目的，我们假设D_t是离散的。$D_t(t=1,\cdots,5)$均匀离散分布在l_t^1和l_t^2之间（即$D_t\sim U[l_t^1,l_t^2]$），在$[l_1^1,l_1^2]=[0,2]$，$[l_2^1,l_2^2]=[30,32]$，$[l_3^1,l_3^2]=[0,2]$，$[l_4^1,l_4^2]=[20,22]$，$[l_5^1,l_5^2]=[0,2]$中具有较强的季节性。同理，假设p_t为整数，由$\hat{p}_{i,i+1}=\hat{p}_{i,i-1}=0.3$，$\hat{p}_{ii}=0.4$和$\hat{p}_{ij}=0$给出，对于$|i-j|>1$，其转移概率为：$\hat{p}_{ij}=Prob\{p_{t+1}=j|p_t=i\}$。

两种不同初始现货市场价格（即$p_1=49$和$p_1=51$）的数值结果如图5-3所示。可以看到，当$p_1=49<p_c=50$时，$s_1=\bar{s}_1=-3$，$S_1=2$，$\bar{s}_1'=16$，$s_1'=33$；当$p_1=51>p_c$时，$s_1=\bar{s}_1=-3$，$S_1=0$，$\bar{s}_1'=15$，$s_1'=$

33。验证了定理1中的分析结果，并观察到当初始现货价格较高时，FCS的使用频率更高。还有一些有趣的观察：(a) 一个有点违反猜测的结果是，在现货市场没有交易的状态下，合同供应商的订单数量不是库存水平的单调函数。也就是说，较高的库存水平并不意味着合同供应商的订单数量会减少，例如图5-3中的左图显示，当库存水平在29到31之间时，从FCS订购2个单位是最优的，而当库存水平在2到15之间时，不向FCS订购更佳。例如，当更高的库存水平使得需要订购更多产品，以便在支付固定的销售成本（即，达到在现货市场销售的阈值）后，可以在现货市场上销售足够的产品时，就会发生这种情况。(b) 尽管在我们的大多数数值实验中，$\bar{s}_t(\bar{s}_t')$收敛于$s_t(s_t')$，但在少数情况下，这些临界点是分开的（例如在图5-3中，s_1'和$\bar{s}_1'$分开），这可能是因为大量固定持有/延迟订购成本导致非光滑的成本函数。

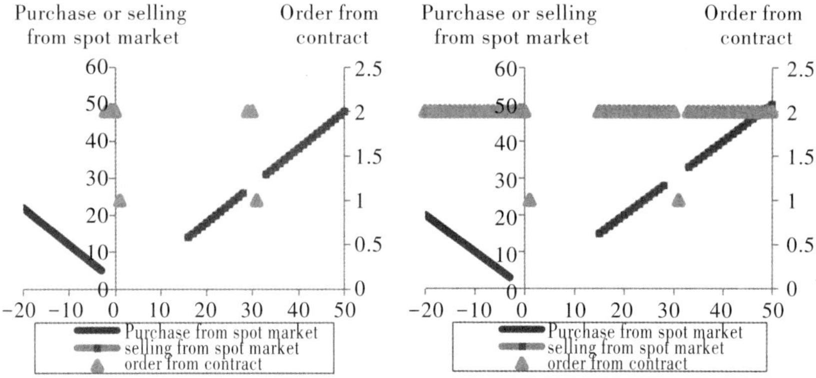

图5-3 数值示例：$p_1 = 49$（左）和$p_1 = 51$（右）时的最优补货/销售策略

5.6.2 现货市场价值

在第5.6.2和5.6.3节中，假设存在固定需求、库存相关成本以及(q_t, Q_t)。持有成本和短缺成本分别与利率h和π成线性关系。当$|i-j|>1$时，p_t的转移概率由$\hat{p}_{i,i+1}=\hat{p}_{i,i-1}=0.3$，$\hat{p}_{ii}=0.4$和$\hat{p}_{ij}=0$给出。数值实验的其他基本参数见表5-1。

表5-1　　用于数值分析的基本参数列表

参数	T	K_1	K_2	h	π	p_c	q_t	Q_t	α	D_t
数值	6	200	200	0.25	2.25	50	5	12	1	$U[5,\ 15]$

现货市场交易有助于B降低预期成本，当从FCS订购了最大数量时（在供应不足的情况下）和/或当现货价格较低时购买更多产品，以及当库存过剩时和/或现货价格较高时出售（潜在利润）产品。为了量化现货市场交易的潜在收益，现将模型与无法从现货市场购买/在现货市场销售的模型进行比较，以确定如下定义的现货市场（VoS）的价值：

$$\frac{\text{没有现货市场期权的成本}-\text{有现货市场期权的成本}}{\text{没有现货市场选择权的成本}}\times 100\%$$

库存数量的状态空间被截断为$-50 \leqslant x \leqslant 50$，除非另有说明，参数值见表5-1。注意，根据定义，VoS是非负的。

根据表5-2中报告的结果，VoS是显著的（平均高达5.21%，最大差距为18.71%）。现货市场在大量缺货和现货价格较低的情况下尤其有用，因为最优策略建议在现货市场上卖出的次数少于买入的次数。正如预期的那样，VoS的固定设置成本（K_1和K_2）正在下降。然而，单位持有成本的影响更难以确定，因为当h增加时，B购买或出售的可能性更小（即更难达到在现货市场出售的最低门槛），从而使现货市场的相关性降低。最后，请注意，VoS是基于$f_t(x,\ p_t)$计算的，而不是$\tilde{f}_t(x,\ p_t)$，因此，$p_1=48$时的VoS有可能比$p_1=52$时的VoS低。

表5-2　　现货市场价值（VoS）

参数									$VoS(\%)(p_1=48)$		$VoS(\%)(p_1=52)$	
T	K_1	K_2	h	π	p_c	q_t	Q_t	D_t	均值	最大值	均值	最大值
6	0	200	0.25	2.25	50	5	12	$U[5,\ 15]$	5.21	18.71	3.7	15.99
6	100	200	0.25	2.25	50	5	12	$U[5,\ 15]$	3.17	14.86	2.43	13.13
6	200	200	0.25	2.25	50	5	12	$U[5,\ 15]$	2.07	12.08	1.79	10.31
6	300	200	0.25	2.25	50	5	12	$U[5,\ 15]$	1.23	9.3	0.79	7.5

续表

参数									$VoS(\%)(p_1=48)$		$VoS(\%)(p_1=52)$	
6	200	0	0.25	2.25	50	5	12	$U[5,15]$	2.16	12.11	2.16	10.48
6	200	100	0.25	2.25	50	5	12	$U[5,15]$	0.07	12.08	1.49	10.31
6	200	300	0.25	2.25	50	5	12	$U[5,15]$	0.07	12.08	1.49	10.31
6	200	200	0.25	2.25	50	5	12	$U[5,15]$	2.15	12.31	1.53	10.46
6	200	200	0.25	2.25	50	5	12	$U[5,15]$	2.11	12.19	1.51	10.38
6	200	200	0.25	2.25	50	5	12	$U[5,15]$	2.04	11.98	1.47	10.25
6	200	200	0.25	2.25	50	5	12	$U[5,15]$	1.71	10.47	1.16	8.67
6	200	200	0.25	2.25	50	5	12	$U[5,15]$	2.43	13.63	1.83	11.9
6	200	200	0.25	2.25	50	5	12	$U[5,15]$	2.79	15.13	2.16	13.44
6	200	200	0.25	2.25	50	5	12	$U[5,15]$	1.6	11.06	1.61	11.17
6	200	200	0.25	2.25	50	5	12	$U[5,15]$	1.62	10.9	1.54	10.7
6	200	200	0.25	2.25	50	5	12	$U[5,15]$	2.69	13.5	1.51	10.2
6	200	200	0.25	2.25	50	5	12	$U[5,15]$	3.27	14.64	1.94	11.32
6	200	200	0.25	2.25	50	5	12	$U[5,15]$	2.32	12.77	1.49	10.32
6	200	200	0.25	2.25	50	5	12	$U[5,15]$	2.5	12.8	1.5	10.32
6	200	200	0.25	2.25	50	5	12	$U[5,15]$	1.99	11.84	1.49	10.31
6	200	200	0.25	2.25	50	5	12	$U[5,15]$	1.83	11.35	1.49	10.3
6	200	200	0.25	2.25	50	5	2	$U[5,15]$	1.65	10.79	1.48	10.29

我们进一步研究了更大范围的现货价格的VoS。当现货市场价格较低时，较低的采购成本通常会使买方受益。然而，如果库存水平已经很高，并且B必须从合同供应商处购买的最低数量已经足够，那么这一优势就没有那么显著了。此外，当现货价格普遍较低时，在现货市场出售库存的潜在利润也会下降。另一方面，当现货市场价格较高时，B可以从FCS购买并在现货市场上出售，当库存水平足够高以满足需求时可以

获利（这是有限的，因为从FCS购买的金额有限，我们在假设$p_t = \alpha E\left[p_{t+1}|p_t\right]$的情况下防止套利，如第5.3节所述）。然而，在短缺的情况下，如果B需要从现货市场购买更多（当从FCS购买的最大数量不足以满足需求时），高现货价格将对它造成伤害，现货价格的极值（低或高）对VoS的影响并不明确。因此，我们对p_c在45到54范围内进一步进行数值研究，并观察到由于上述原因，随着现货市场价格的上涨，VoS呈现出U型趋势（尽管不显著）。我们还观察到，这种U型趋势与状态有关。例如，当库存水平较大（$x = 50$）时，VoS呈轻微上升趋势，而当库存水平较低（$x = 0$）时，VoS对现货价格变化不敏感。

5.6.3 合约价值

在本小节中，我们将通过将模型与没有长期合同的模型（即p_c、q_t和Q_t）进行比较，研究B为什么愿意作出承诺并签署一份长期合同。将库存状态空间截断为$-50 \leqslant x \leqslant 50$，对每个状态定义并计算如下VoC，取所有可能状态的最大值和平均值：

$$\frac{\text{无合同选项的成本} - \text{有合同选项的成本}}{\text{没有合同选项的成本}} \times 100\%$$

合同的主要优势是能够确定价格（即B的成本可预测性），从而缓冲未来价格波动的风险。然而，最低订购数量限制可能导致负VoC，特别是当库存水平已经很高时。因此，我们也在表5-3中给出了差距的范围（最小到最大值）。

结果表明，除了$K_1 = 0$和$p_1 = 48$之外，VoC在所有情况下都是正的，因此，与FCS签订合同对B有利，即使有最小订货量约束。随着K_1和p_1的增加，合约变得更有价值。有趣的是，VoC似乎在K_2中适度下降，因为当K_1较小时，现货市场上的销售更频繁，补偿了最小订货量约束的负面影响。最后，虽然VoC似乎对h和π不太敏感，但有趣的是，当p_1较低（较高）时，VoC随着h的增加（减少）而增加，因为过剩库存较少（较多），这与定理5-1一致。

表5-3 合约价值（VoC）

参数									$VoC(\%)(p_1=48)$		$VoC(\%)(p_1=52)$	
T	K_1	K_2	h	π	p_c	q_t	Q_t	D_t	均值	范围	均值	范围
6	0	200	0.25	2.25	50	5	12	$U[5, 15]$	-1.2	[-1.91, -1.02]	5.38	[4.25, 5.38]
6	100	200	0.25	2.25	50	5	12	$U[5, 15]$	1	[-0.93, 2.5]	7.73	[5.08, 9.99]
6	200	200	0.25	2.25	50	5	12	$U[5, 15]$	2.28	[-0.93, 5.53]	8.89	[5.08, 12.66]
6	300	200	0.25	2.25	50	5	12	$U[5, 15]$	3.4	[-0.93, 8.35]	9.93	[5.08, 15.17]
6	200	0	0.25	2.25	50	5	12	$U[5, 15]$	2.42	[0.14, 5.52]	9.45	[7.24, 12.29]
6	200	100	0.25	2.25	50	5	12	$U[5, 15]$	2.28	[-0.93, 5.53]	8.89	[5.08, 12.66]
6	200	300	0.25	2.25	50	5	12	$U[5, 15]$	2.28	[-0.93, 5.53]	8.89	[5.08, 12.66]
6	200	200	0.25	2.25	50	5	12	$U[5, 15]$	2.23	[-0.55, 5.35]	8.98	[5.08, 12.51]
6	200	200	0.25	2.25	50	5	12	$U[5, 15]$	2.26	[-0.74, 5.44]	8.93	[5.43, 12.58]
6	200	200	0.25	2.25	50	5	12	$U[5, 15]$	2.31	[-1.12, 5.62]	8.86	[4.75, 12.73]
6	200	200	0.25	2	50	5	12	$U[5, 15]$	2.16	[-1.05, 5.48]	8.81	[4.99, 12.59]
6	200	200	0.25	2.5	50	5	12	$U[5, 15]$	2.39	[-0.82, 5.57]	8.97	[5.18, 12.73]
6	200	200	0.25	2.75	50	5	12	$U[5, 15]$	2.5	[-0.7, 5.6]	9.05	[5.28, 12.79]

5.6.4 合约弹性的价值

在本小节中，我们将研究在不同现货价格水平和需求变化下合同弹性的价值。在计算过程中，改变了需求（离散均匀分布）和现货价格（由马尔可夫过程调节），同时保持它们各自的均值相同。我们对大量案例进行了数值分析，在图5-4中展示了需求方差的极值（即最低和最高变化）（例如，$U[9,\ 11]$和$U[5,\ 15]$）和现货价格（$TP(1-8-1)$，$\hat{p}_{i,\ i+1}=\hat{p}_{i,\ i-1}=0.1$，$\hat{p}_{ii}=0.8$，以及$TP(4-2-4)$，$\hat{p}_{i,\ i+1}=\hat{p}_{i,\ i-1}=0.4$，$\hat{p}_{ii}=0.2$）的结果。注意，我们固定$Q_t=12$，并考虑$q_t=3$，5，7，9，11时的不同值，检验$x$从-50到50和$p_1$从46到54的$f_t(x,\ p_t)$的平均值。$p_1=48$和$p_1=52$的结果如图5-4所示。

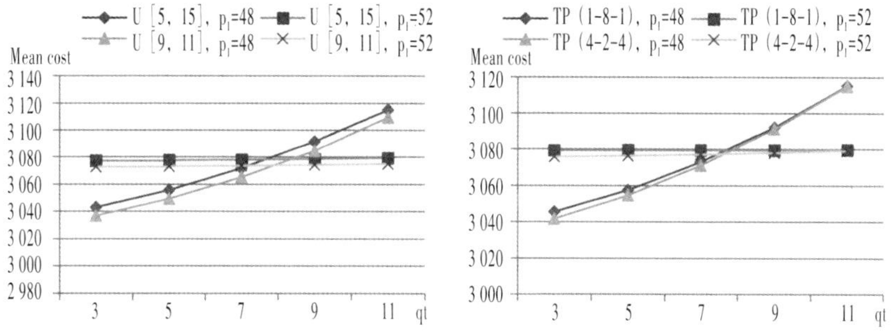

图5-4 合同灵活性价值

当$p_1=48$时，增加的数量弹性（即减少的q_t）允许从现货市场获得补充，显著降低了平均成本。然而，当$p_1=52$时，这种效益几乎消失，因为当p_t较大时，会考虑主要从合同供应商处订购，从而降低了最低订单合同的相关性。还有值得注意的是，当最小订货量很大时（$q_t=9$或11），当$p_1=48$时的平均成本高于$p_1=52$时的平均成本，因为B有可能通过在现货市场上出售多余的库存赚取更多利润。图5-4显示，平均成本在需求（现货价格）变异性中增加（减少），尽管影响不显著。现货价格更不确定时，平均成本的降低可能是由于上行风险（由于价格差异导致现货市场交易而产生的潜在收益）过度补偿了价格不确定性增加导致的库存过剩或短缺。

5.6.5 启发式策略

基于理论和数值结果，我们设计了两个直观且在实践中更容易实现的启发式算法（即H_1和H_2）。除了参数值极端或库存相关成本不正常的情况外，现货市场的最优交易策略仅由三个临界点来调节，即如果库存水平小于（或大于）$s_t(s_t')$，则订货至或卖出至S_t。此外，来自FCS的最优订单数量在很大程度上取决于现货价格，并且当现货价格高于（低于）合同价格时，买方希望从FCS订购更多（更少）现货。

启发式算法定义如下：

H_1：若$s_t \geqslant x$或$x \geqslant s_t'$，当$p_c > p_t(p_c < p_t)$时，向合同供应商订购$q_t(Q_t)$。

当$s_t < x < s_t'$时，则$x \geqslant S_t$向合同供应商订购至q_t；如果$S_t - x \geqslant Q_t$则订购Q_t，否则订购$\min\{S_t - x + q_t, Q_t\}$。换句话说，合同供应商的订单数量基于修改后的基本库存策略，基本库存水平为$S_t + q_t$，其中包括根据远期合同总是必须订购的q_t单位。

H_2：若$s_t \geqslant x$或$x \geqslant s_t'$，则当$p_c > p_t(p_c < p_t)$时，从合同中订购$q_t(Q_t)$；若$s_t < x < s_t'$，$p_t \geqslant p_c(p_t < p_c)$，则从合同中订购$Q_t(q_t)$。

当现货市场上没有交易时，这两种启发式算法会推荐FCS的不同的订单数量。虽然H_1考虑了初始库存水平并忽略了现货价格，但H_2在合同价格和现货价格之间进行了简单的比较，并忽略了初始库存级别。这些启发式算法非常快（在几秒钟内）为我们的6个周期和状态空间$x \in [-600, 600]$的测试提供了接近最优的结果（如下面的表5-4所示）。表5-4总结了多种情况下H_1和H_2在状态$[-50, 50]$下的平均性能（与最佳解决方案的百分比差异）。当$p_1 = 48$（$p_1 = 52$）时，最优解与H_1之间的差距为$0.03\% - 4.47\%(1.04\% - 9.96\%)$。当$p_1 = 48$（$p_1 = 52$）时，最优解与$H_2$的差距为$0.23\% - 5.65\%(0.24\% - 2.06\%)$。我们观察到，正如预期的那样，当$p_1 = 48$（$p_1 = 52$）时，$H_1$（$H_2$）的表现明显更好。这个结果可能是由于这些启发法的设计方式（忽略初始库存水平

表5-4 两种启发式的有效性

参数									平均误差(%)(p_1 = 48)		平均误差(%)(p_1 = 52)	
T	K_1	K_2	h	π	p_c	q_t	Q_t	D_t	H1	H2	H1	H2
6	0	200	0.25	2.25	50	5	12	U[5, 15]	0.03	2.82	1.79	0.39
6	100	200	0.25	2.25	50	5	12	U[5, 15]	0.54	2.21	3.31	0.63
6	200	200	0.25	2.25	50	5	12	U[5, 15]	1.16	0.23	4.12	0.84
6	300	200	0.25	2.25	50	5	12	U[5, 15]	1.75	2.28	4.89	1.05
6	200	0	0.25	2.25	50	5	12	U[5, 15]	1.13	1.82	2.54	1.03
6	200	100	0.25	2.25	50	5	12	U[5, 15]	1.16	2.23	4.12	0.84
6	200	300	0.25	2.25	50	5	12	U[5, 15]	1.16	2.23	4.12	0.84
6	200	200	0.15	2.25	50	5	12	U[5, 15]	1.11	2.14	4.21	0.88
6	200	200	0.2	2.25	50	5	12	U[5, 15]	1.13	2.18	4.16	0.86
6	200	200	0.3	2.25	50	5	12	U[5, 15]	1.18	2.27	4.08	0.83
6	200	200	0.25	2	50	5	12	U[5, 15]	1.11	2.21	4.1	0.84
6	200	200	0.25	2.5	50	5	12	U[5, 15]	1.2	2.24	4.14	0.84
6	200	200	0.25	2.75	50	5	12	U[5, 15]	1.23	2.25	4.15	0.85
6	200	200	0.25	2.25	46	5	12	U[5, 15]	4.47	0.91	9.96	1.85
6	200	200	0.25	2.25	48	5	12	U[5, 15]	2.34	1.07	6.86	1.28
6	200	200	0.25	2.25	52	5	12	U[5, 15]	0.56	3.82	2.17	0.99
6	200	200	0.25	2.25	54	5	12	U[5, 15]	0.24	5.65	1.07	2.06
6	200	200	0.25	2.25	50	2	12	U[5, 15]	1.64	2.77	6.21	1.2
6	200	200	0.25	2.25	50	4	12	U[5, 15]	1.68	2.8	4.81	0.97
6	200	200	0.25	2.25	50	6	12	U[5, 15]	0.99	1.99	3.46	0.72
6	200	200	0.25	2.25	50	8	12	U[5, 15]	0.65	1.43	2.2	0.48
6	200	200	0.25	2.25	50	10	12	U[5, 15]	0.31	0.76	1.04	0.24

或现货价格)，混合策略（两种启发式算法中较好的一种）可以用于任何给定场景，因为启发式算法运行非常快，导致平均差距不超过1.85%，并为从FCS的排序提供了非常简单的规则。

5.7 结论

本章考虑了一个有两个补充渠道的公司：数量弹性合同和现货市场。该公司可以在现货市场上以双边固定成本的现货价格订购或出售库存，并考虑了与库存相关的成本不一定是凸的，并且需求遵循单边Pólya分布的情况。基于非(K_1, K_2)随转换递减的概念，刻画了最优订货和销售策略。我们发现现货市场的最优交易策略可以用五个临界点来表示。我们还提供了产生接近最优结果的启发式方法，这些结果更容易计算和实现，并提供了来自合同供应商的接近最优的订购量。在假定需求均匀情况下进行了大量的数值试验，证明了第5.5节所述的理论。

这项研究可以在几个方面进行扩展，一种是可以考虑事件序列的变化，这将需要不同的建模方法并导致不同的结果；另一种是一旦需求和现货价格的不确定性得到解决，B首先从合同供应商处订购，然后再在现货市场进行交易。这种方法使长期合同供应商的订货决策更加关键(因为从现货市场订货变得更加容易，在现货市场交易时需求不再是不确定的)。假设与长期合同供应商的交货时间和固定订购成本为零，在不增加成本的情况下，可以在一个周期内向长期合同供应商下多个订单，以满足尽可能多的需求。然而，为了模拟审查不是很长的大多数实际情况，在模型设置中不考虑长期合同供应商在一个周期内的多次补充，即使它不会带来额外的成本。然而，从技术层面上讲，如果长期合同的订单先发生，那么买方可以先从长期合同供应商处订购“最低需求”，然后在购买剩余部分之前先观察需求（因为该供应商的固定成本和交货时间都为零，这不会引入额外的成本）或者在现货市场购买剩余的产品，具体如何操作取决于哪一个价格较低。对这一系列事件进行分析，同时保持我们对长期供应商零交付周期和固定成本的假设，问题就会很简单。

另一个有趣的模型是观察现货市场上更频繁的交易（如Li和Ryan（2012）所述，每个时期多次交易，或连续交易），以了解现货市场的价值是否显著增加。此外，在本章中，我们只考虑了买方问题。一个明显的扩展是观察供应链动态，看看常规供应商和买家之间是否可能进行协调。回到我们的激励例子，现在B可以在合同条款的情况下优化交易决策，通用汽车的采购经理可以通过提供正确的固定合同价格来激励供应商提供足够的弹性。也就是说，可以对合同条款（如q_t、Q_t和p_c）的谈判进行模拟，并研究如何在两个参与者（B和FCS）之间最佳地分担风险。最后，该模型可以扩展到允许多个买家从同一个常规供应商处采购，以分析供应商能力分配（供应可用性）的影响。当我们考虑最大采购量（即Q_t）时，我们的模型是起点，在大多数情况下可以将供应商的能力分配给特定买家。

本章中的部分推理、证明详见附录4。

第6章 两阶段串联生产系统的生产与配给最优策略

6.1 引言及相关文献

在过去的几十年里，出现了两种难以调和的经济和商业趋势。首先，客户的各种需求引发了产品的激增，这大大增加了公司为客户提供的库存单位（SKU）的数量。其次，由于金融领域减少营运资本的压力，导致制造业和零售业公司主动降低库存水平。实现后者的一种简单方法就是减少SKU数量。例如，世界第二大运动服装制造商阿迪达斯的首席执行官在2012年宣布，他决定将该公司的全球产品组合减少25%，即在46 897个可用SKU中减少11 724个SKU。另一种方法是保持相对较大的分类，并降低客户服务水平。在这种情况下，需要解决的一个关键点是，在相对库存稀缺的情况下最大限度地提高企业效用。经济学中通常的方法是向那些愿意为稀缺产品支付更高溢价的客户销售产品。这主要可以通过两种动态方法来实现，一种是修改商品价格（如在收入管理设置中），另一种是在预计会出现高利润类别的需求时（如在配给设置中），调整某些客户需求类别，从而导致相对较低的利润。收入管理和配给技术近年来引起了学术界的关注。在后一种情况下，现有的运营管理（OM）文献主要涉及成品配给，即假设正在销售的可用产品不会进一步转化为后续可销售产品。然而，在实际情况中，制成品很可能既是要出售给外部客户的成品，也是制造成品所必需的中间产品。这种设置通常被称为串联生产/库存系统，在制药、纺织或电子等多个行业中很常见。

例如，以一家生产和销售硫氰酸红霉素的大型中国制药商为例，硫氰酸红霉素是生产红霉素肟的关键材料，而红霉素肟又被用于生产大环内酯类抗生素，如阿奇霉素、罗红霉素或克拉霉素。该公司持有一些硫氰酸红霉素（IP）和红霉素肟（EP）库存。部分IP可售出给生产红霉素肟的外部工厂，而剩余部分则储存以满足其内部投资组合的需求。对IP的需求来自各种类型的客户，其中一些客户签订了长期合同，而另一些客户只是偶尔订购。因此，库存的分配或配给问题就出现了，尤其是在库存和产能有限的销售季节。如上所述，该公司的配给问题有两个维度：首先，它必须决定分配多少IP来生产EP，以满足生产大环内酯类抗生素产品的外部工厂的需求；其次，它还必须决定是否必须满足外部对IP的需求，考虑到客户的服务水平要求可能不同，因此公司可能对不同的客户有不同的短缺成本。

在纺织行业，一个典型的制造商可能生产棉花和布料，前者是生产后者的关键组成部分。制造商向不同类型的客户供应棉花（IP）和布制品（EP），可能存在不同的短缺成本和所需的服务水平。库存分配应确保IP的内部需求不会受到影响。

运营管理文献已经讨论了配给设置和串联生产、库存系统，但都是孤立的。关于定量配给，现存的文献非常多。在定期审查模型公式中，Veinott（1965），Topkis（1968），Cohen等（1988），Frank等（2003），Pibernik和Yadav（2009），Chen等（2010），Lee等（2011），Chew等（2013），研究具有多个需求类别的动态单品库存系统的配给策略。Wang和Tang（2014）考虑多个需求类别的动态配给策略，同时考虑销售损失和延期订单。他们表明，配给水平在优先切换点之间往往表现出不同的模式。Turgay等（2015）研究一个需求和生产率不确定的有限时间、离散时间的单产品配给问题。

Nahmias和Demmy（1981），Deshpande等（2003）考虑一个股票配给系统的连续评审模型。Gerchak等（1985）也给出了离散时间情况下库存配给和生产策略的论述。

在库存队列设置中，Ha（1997a）阐述了具有损失销售额的单件多类库存配给问题，用配给水平的临界数字表示最优策略的特征。Ha（1997b）考虑了在存在两个优先需求类别的情况下，库存配给和延期订购。Ha（2000）进一步将先前的结果扩展到Erlang分布式处理时间的情况。De Vericourt等（2002）考虑延长Ha（1997b）具有多个需求类别。Huang和Iravani（2008），Xu等（2010）进一步扩展De Vericourt（2002）模型到更通用的设置，如多个需求类别和批量到达。Benjaafar等（2010）研究一个具有单一产品和两个客户类别的生产、库存系统，其中允许延期订单和销售损失。Enders等（2014）对具有高优先级丢失销售客户类别和低优先级延期订单类别的单件库存系统进行建模。他们提出了一个临界水平（CL）策略，并制定了一个有效的程序来确定给定CL策略的平均性能。Isotupa（2015）分析了两类损失销售库存系统，证明了在一定条件下存在次优策略。与上述所有只考虑最终产品的论文不同，我们研究了一个由最终产品（EP）和中间产品（IP）需求组成的两阶段串联系统。尽管从上述论文中可以看出，一般情况下，临界水平策略对单级问题是有效的，但我们的研究结果表明，在两级串联系统中，最优策略是切换曲线策略。临界水平策略的结果可能与最优策略存在显著偏差。

串联系统的主题也被广泛研究，例如，Rosberg等（1982），Weber和Stidham（1987）等，他们研究按库存生产、库存系统及其最优控制。Veatch和Wein（1994）使用随机耦合自变量找到某些简单控制最优的条件。使用动态规划计算最优结果，并与看板和缓冲控制机制以及基本库存机制进行比较。Lee和Zipkin（1992）研究一个串联模型，他们提出了一个易于处理的近似方案，中间产品和成品可以在需求之前生产和存储。Duenyas和Patane-Anake（1998）考虑一个生产单一产品的N级串联制造系统，通过分析基本库存策略的表现。仿真结果表明，所提出的基本库存策略性能良好。Wang等（2013）建立了两阶段混合制造、服务系统模型，其中一个工厂在第一阶段制造产品，然后服务中心通过在第二阶段的产品基础上添加一些基于产品的服务来实现产品服务系统，同时满足对产品和产品服务系统的需求。这些论文都没有研究定量配给问题。

与我们密切相关的一篇论文（Ceryan et al.，2012）他们考虑两阶段系统的生产、库存控制，其中生产中间部件并且由这些部件组装最终产品，描述了需求接纳、零部件生产和产品装配决策的最优策略结构。他们还将模型扩展到具有多个客户类型的情况。与本章考虑的混合生产到库存和装配到订单系统不同，我们的模型侧重于两阶段的生产到库存系统。更多详细信息请参阅第6.3节，在我们展示分析结果之后。

我们通过假设工厂可以同时生产一批中的所有单位来放松限制。批量生产在制药行业很常见（Leuenberger，2001），在面包店和运动鞋制造、净化水、油墨、油漆和黏合剂中也很常见。根据Gross和Harris（1998），我们允许批量需求和部分批量生产。具体而言，每个设施可以处理最大规模的部分批次。如果生产过程中的单元数量低于最大产能，新到货的单元将立即进入生产，达到最大数量限制，并与已在生产的单元一起完成，而不考虑进入生产的时间。任何批次的服务所需的时间量都是指数分布的随机变量，无论该批次数量是否为全部。此类设置参考Gross和Harris（1998），作为批量服务系统$M/M^{[Y]}/1$。除了在生产系统中有应用，散装服务系统在运输中也有许多应用——Kahraman和Gosavi（2011），Nemhauser和Yu（1972），Powell和Humblet（1986），服务运营、计算机和电信——Germs和van Foreest（2013）。

除了批量生产和批量需求扩展，我们还通过以下方式作出尝试。第一，我们通过精确地考虑串联生产、库存系统来推广配给系统中的通常设置。换言之，我们不仅对可销售的IP，而且对由相应IP制成的后续EP的不同类别的需求进行配给分析。我们给出了生产和配给的单调切换曲线的最优性。第二，除了库存配给，我们在多种生产模式可用的情况下引入产能配给。我们的主要结果可以推广到这种情况中，产能配给策略可以用额外的单调切换曲线来表征。第三，我们进行了灵敏度分析，以了解目标函数和切换曲线如何随相关参数而变化。此外，我们还通过数值实验研究了定量配给的价值。我们的研究结果表明，通过理想的客户细分和配给策略，该公司的收入可以增加3%以上。我们进一步比较了系统中的两种配给类型，并测试了关键策略的有效性。数值结果表明，尽管临界水平策略在许多应用中被证明是可行的，但它在串联系统中并不有效。有了更复杂的配给策略，平均收入可能会增加10%左右。

为了显示结果，我们定义了一个简单的两阶段生产/库存模型，其中经理必须决定是运行还是闲置生产，以及是否应该从可用库存中满足各种订单。在这种情况下，需求会损失，以便在无限期内使公司的贴现预期利润最大化。如前所述，有批量需求和部分批量生产，生产时间呈指数分布。我们给出了相应的动态规划公式，并刻画和推导了最优策略。其特征在于动态（即取决于系统的状态）切换曲线，其定义a）继续或停止生产的阈值，以及b）满足或拒绝传入订单的阈值。最后，我们通过比较静力学确定了利润的关键驱动因素，并通过广泛的数值分析比较了各种启发式策略。

本章的其余部分组织如下：第6.2节指定了模型及其表示法。在第6.3节我们分析了问题，刻画了解决方案，制定了最优生产、配给策略，并将模型扩展到生产能力配给问题和批量需求情况。在第6.4节中提供了数值示例从而找出驱动利润的关键参数，并评估各种常用启发式策略的性能。在第6.5节我们比较了四种启发式策略的性能。第6.6节是本章的总结。

6.2 模型构建

我们构建两阶段串联生产/库存系统（TPS），如图6-1所示。在每个阶段，都有一台机器，之后有一个库存缓冲区：一个用于储存阶段

1的中间产品（IP），另一个用于储存阶段2的最终产品（EP）。两台机器的生产时间呈指数分布，生产率分别为μ_1和μ_2。单位生产成本分别为c_1和c_2。

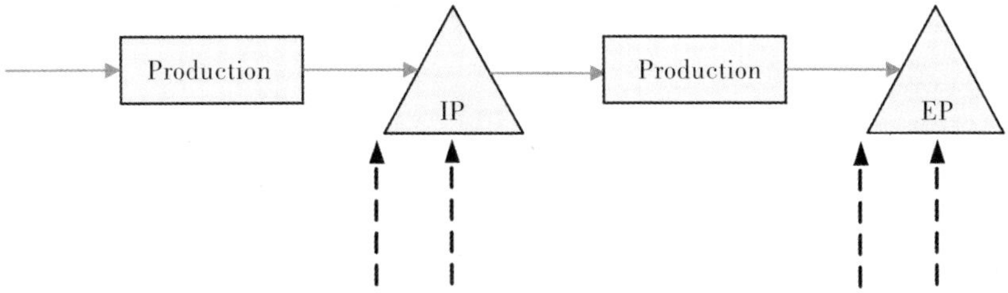

图6-1 两阶段的生产、库存系统

为了反映批量生产程序，生产是分批进行的。根据Gross和Harris（1998），我们构建了一个部分批量模型，其中，根据当前的库存水平，生产批量受w_1（w_2）限制。该批量限制代表设施（例如，储罐、干燥器、过滤器等）的最大容量。这与全批量模型不同，在全批量模型中，如果生产单位低于批量限制，工厂将保持闲置状态。在部分批量模型中，如果在某个时间点，生产的单位少于w_1（w_2），并且由于新需求的到来而需要更多的单位，则可以立即开始新的生产，直至达到限制w_1（w_2）。由于生产时间呈指数分布，具有无记忆特性，因此，无论开始时间如何，所有单元都将一起完成。生产批量所需的时间是一个指数分布的随机变量，IP（EP）的生产率为μ_1（μ_2），无论该批量是否为全批量。

根据成本函数$h_i(x_i)$，$i=1$，2，每个阶段持有的单位都会产生持有成本，其中，x_i是每个阶段对应的现有库存量，h_i是一个非负凸函数。IP和EP的需求是根据泊松过程产生的。当订单到达时，要么立即从现有库存中得到满足，要么被拒绝，在这种情况下，需求就会损失。有M（N）类IP（EP）需求，每一类都有不同的收入，r_i（R_i），$1 \leqslant i \leqslant M$（$1 \leqslant i \leqslant N$），$r_1 > r_2 > \cdots > r_M$（$R_1 > R_2 > \cdots > R_N$）。为了确保IP（EP）的生产并满足任何类别的需求都是有利可图的，我们假设$r_M > c_1$（$R_N > c_2$）。第i类的需求到达率为λ_{1i}（λ_{2i}）。储存在阶段1中的部分IP需要转移到阶段2以生产EP。阶段1和阶段2之间没有转移成本，生产1

个 EP 单元需要 1 个 IP 单元。最后，我们假设 IP 和 EP 的需求是独立的。

目标是通过无限时间范围内的库存配给和生产控制，最大化串联生产/库存系统的总预期贴现净利润。每个阶段都有生产决策和库存配给决策。换句话说，对于生产，管理者需要决定是生产 IP 和 EP，还是闲置机器；对于 IP 库存配给，管理者需要决定是满足第 1 阶段的第 i 个需求，还是为未来更高级别的需求保留库存，或者为满足第 2 阶段的 EP 生产而保留库存；最后，对于 EP 库存配给，管理者需要决定是满足第 2 阶段的第 i 个需求，还是保留 EP 库存以满足未来更高级别的需求。

假设 $V(x_1,\ x_2)$ 是当前系统状态为 $(x_1,\ x_2)$ 时可以获得的最大期望贴现净利润（α）。在无限规划期内的任何时间点，IP 和 EP 生产设施的管理者都可以选择继续生产或停止生产。我们用 u_{10}（u_{20}）表示 IP（EP）的生产决策，用 1 和 0 分别表示在任何一种情况下（继续、停止）的两个可能动作。u_{1i}（u_{2i}）表示 IP（EP）作出的配给决定，在任何一种情况下（接受、拒绝）的两个可能动作，分别表示为 1 和 0。表示策略 $\{(u_{10}(t),\ u_{11}(t),\ \cdots,\ u_{1M}(t),\ u_{20}(t),\ u_{21}(t),\ \cdots,\ u_{2N}(t)):\ t \geqslant 0\}$ 由 u 和 t 决定。设 $N_{1i}^u(t)$（$N_{2i}^u(t)$）为在给定策略 u 的情况下，到时间 t 为止满意的第 i 类 IP（EP）客户的数量。我们的目标是找到最优控制策略 u，以在无限范围内最大化预期贴现净利润：

$$J_u(x_1,\ x_2) = E^u\left[\int_0^{+\infty} - e^{-\alpha t}h(x_1,\ x_2)dt + \sum_{i=1}^{M}\int_0^{+\infty} e^{-\alpha t}(r_i - c_i)dN_{1i}^u(t) + \sum_{i=1}^{M}\int_0^{+\infty} e^{-\alpha t}(R_i - c_2)dN_{2i}^u(t)\right]$$

其中，$h(x_1,\ x_2) = h_1(x_1) + h_2(x_2)$。

根据定义，$V(x_1,\ x_2)$ 是 $J_u(x_1,\ x_2)$ 所有可容许 $u \in U$ 的上界。

$$V(x_1,\ x_2) = \sup_{u \in U} J_u(x_1,\ x_2)$$

其中，U 是所有不可预期的可接受控制策略的集合。

回想一下，IP 和 EP 的客户订单遵循泊松过程，具有各自的需求率

λ_{1i}（$1 \leqslant i \leqslant M$）和$\lambda_{2i}$（$1 \leqslant i \leqslant N$），每个阶段的单位生产时间分别与生产率$\mu_1$和$\mu_2$呈指数分布。根据Lippman（1975）提出的均匀化技术，我们让：

$$\Lambda = \mu_1 + \mu_2 + \sum_{i=1}^{M} \lambda_{1i} + \sum_{i=1}^{N} \lambda_{2i}$$

在不失一般性的情况下，假设$\alpha + \Lambda = 1$。将运算符T定义为：

$$TV(x_1, x_2) = -h(x_1, x_2) + \sum_{i=1}^{M} \lambda_{1i} T_{1,i} V(x_1, x_2) + \sum_{i=1}^{M} \lambda_{2i} T_{2,i} V(x_1, x_2) + \mu_1 T_3 V(x_1, x_2) + \mu_2 T_4 V(x_1, x_2)$$

其中，

$$T_{1,i}V(x_1, x_2) = \begin{cases} \max\{r_i + V(x_1 - 1, x_2), V(x_1, x_2)\} & if x_1 > 0 \\ V(x_1, x_2) & if x_1 = 0 \end{cases}$$

$$T_{2,i}V(x_1, x_2) = \begin{cases} \max\{R_i + V(x_1, x_2 - 1), V(x_1, x_2)\} & if x_2 > 0 \\ V(x_1, x_2) & if x_2 = 0 \end{cases}$$

$$T_3 V(x_1, x_2) = \max_{0 \leqslant k_1 \leqslant u_1} \{V(x_1 + k_1, x_2) - c_1 k_1\}$$

$$T_4 V(x_1, x_2) = \begin{cases} \max\limits_{0 \leqslant k_2 \leqslant x_1 \Lambda u_2} \{V(x_1 - k_2, x_2 + k_2) - c_2 k_2\} & if x_1 > 0 \\ V(x_1, x_2) & if x_1 = 0 \end{cases}$$

给定这些设定，问题的动态规划方程变为$V(x_1, x_2) = TV(x_1, x_2)$。

方程中的第一项表示两个阶段的持有成本。第二项和第三项分别对应阶段1和2的需求类别的配给决策。当存在库存时，即$x_1 > 0$（或$x_2 > 0$），公司决定是接受一个需求类别（即使用库存来满足该类别的需求）还是拒绝它，取决于哪个决策会带来更高的预期利润。当没有库存时，公司只能拒绝需求。最后两个术语涉及生产决策。这些是在第1阶段或第2阶段的生产过程完成时制订的。在第1阶段生产1个单位会导致多出1个单位的IP，而在第2阶段生产1个单位意味着1个单位IP将转移为EP，因此，EP库存将增加1个单位，而IP库存将减少1个单位。是否生产更多取决于多生产1个单位的IP或EP（因此少1个单位IP的库存）是否会增加预期利润。

6.3 最优策略描述

一旦完成计划的制订，我们就将注意力转向表征最大化预期净利润的策略。

6.3.1 切换曲线最优策略

我们在本节探讨了最优策略的结构。为此，可以方便地定义如下：

$\Delta_1 V(x_1, x_2) = V(x_1+1, x_2) - V(x_1, x_2)$

$\Delta_2 V(x_1, x_2) = V(x_1, x_2+1) - V(x_1, x_2)$

同时，定义$\hat{V}$作为二维非负整数集Z_+^2的函数集，使得如果$V \in \hat{V}$，则V具有以下性质：

（a）$\Delta_1 V(x_1, x_2) \downarrow x_2$；

（b）$\Delta_2 V(x_1, x_2) \downarrow x_1$；

（c）$\Delta_1 V(x_1, x_2) - \Delta_2 V(x_1, x_2)$；$\downarrow x_1 \uparrow x_2$。

其中，符号↑（↓）表示函数（例如，$\Delta_1 V(x_1, x_2)$）中参数为非递减（非递增）（例如，x_2）。

上述性质（a）和（b）导致$V(x_1, x_2)$的子模：

$V(x_1, x_2) - V(x_1+1, x_2) \leq V(x_1, x_2+1) - V(x_1+1, x_2+1)$

这一特性意味着多拥有1个EP（IP）库存单位的边际收入会随着IP（EP）库存的增加而减少。具体地说，如果在状态(x_1, x_2)下，接受IP的i类（$1 \leq i \leq M$）需求是最优的，那么，在状态(x_1, x_2+1)下，接受IP的i类需求也是最优的；同样，如果在状态(x_1, x_2+1)下，再产生1个单位的IP是最优的，那么，在状态(x_1, x_2)下，再生成1个单位的IP也是最优的；此外，如果在状态(x_1, x_2)下，接受EP的i类（$1 \leq i \leq N$）需求是最优的，那么，在状态(x_1+1, x_2)下，接受EP的i类（$1 \leq i \leq N$）需求也是最优的；最后，如果在状态(x_1+1, x_2)下，再生产1个单位的EP是最优的，则在状态(x_1, x_2)下，再生产1个单位的EP也是最优的。

这意味着，在给定EP（IP）库存的情况下，随着IP（EP）库存的增加，转移1个单位IP以生产1个单位EP的边际收入增加（减少）。

下一个引理指出，这三个性质一起保证了$V(x_1, x_2)$的分量凹度。

引理6-1 如果$V \in \hat{V}$，则$\Delta_1 V(x_1, x_2) \downarrow x_1$和$\Delta_2 V(x_1, x_2) \downarrow x_2$。

凹度特性意味着，在给定IP（EP）库存的情况下，多拥有1个单位的EP（IP）存货的边际收入会随着EP（IP）库存的增加而减少。具体地说，如果在状态(x_1, x_2)下，接受IP的i类（$1 \leqslant i \leqslant M$）需求是最优的，那么，在状态$(x_1 + 1, x_2)$下，接受IP的$i$类需求也是最优的；同样，如果在状态$(x_1 + 1, x_2)$下，再生产1个单位的IP是最优的，那么，在状态$(x_1, x_2)$下，再生产1个单位的IP也是最优的；此外，如果在状态(x_1, x_2)下，接受EP的i类（$1 \leqslant i \leqslant N$）需求是最优的，那么，在状态$(x_1, x_2 + 1)$下，接受EP的$i$类需求也是最优的；最后，如果在状态$(x_1, x_2 + 1)$下，再生产1个单位的EP是最优的，那么，在状态$(x_1, x_2)$下，再生产1个单位的EP也是最优的。

下一个引理表明，T保持了$\hat{V}$的结构性质。

引理6-2 如果$-h(x_1, x_2) \in \hat{V}$和$V \in \hat{V}$，则$T_{1,i}V \in \hat{V}$（$1 \leqslant i \leqslant M$），$T_{2,i}V \in \hat{V}$（$1 \leqslant i \leqslant N$），$T_3 V \in \hat{V}$，$T_4 V \in \hat{V}$，因此，$TV \in \hat{V}$。

为了进一步研究最优策略的结构，我们定义切换函数如下：

$$S_{1i}(x_2) = \max\left\{x_1 > 0 \backslash \Delta_1 V(x_1 \quad 1, x_2) \geqslant r_i, \text{ given} x_2\right\} 1 \leqslant i \leqslant M$$

$$S_{2i}(x_1) = \max\left\{x_2 > 0 \backslash \Delta_2 V(x_1, x_2 - 1) \geqslant R_i, \text{ given} x_1\right\} 1 \leqslant i \leqslant N$$

$$S_3(x_2) = \max\left\{x_1 \geqslant 0 \backslash \Delta_1 V(x_1, x_2) \geqslant c_1, \text{ given} x_2\right\}$$

$$S_4(x_1) = \max\left\{x_2 \geqslant 0 \backslash \Delta_1 V(x_1 - 1, x_2) - \Delta_2 V(x_1 - 1, x_2) \leqslant -c_2, \text{ given} x_1 > 0\right\}$$

这些切换函数定义了最佳控制策略到位时要采取的行动的阈值。从定义中可以明显看出，S_{1i}和S_{2i}是与定量配给相关的切换函数，而

S_3和S_4分别有效地控制阶段1和2中的生产。所有切换曲线都具有以下特性。

引理6-3

（ⅰ）$S_{1i}(x_2) \downarrow x_2$，$1 \leqslant i \leqslant M$；$S_3(x_2) \downarrow x_2$；

（ⅱ）$S_{2i}(x_1) \downarrow x_1$，$1 \leqslant i \leqslant N$；

（ⅲ）$S_4(x_1) \uparrow x_1 \uparrow x_2$；

（ⅳ）$S_3(x_2) \geqslant S_{1M}(x_2) \geqslant S_{1M-1}(x_2) \geqslant \cdots \geqslant S_{11}(x_2)$，配给$x_2$；

$S_{2N}(x_1) \geqslant S_{2N-1}(x_1) \geqslant \cdots \geqslant S_{21}(x_1) = 0$，配给$x_1$；

（ⅴ）$S_{1i}(x_2+1)+1 \geqslant S_{1i}(x_2)$，$1 \leqslant i \leqslant M$；$S_3(x_2+1)+1 \geqslant S_3(x_2)$；并且$S_{2i}(x_1+1)+1 \geqslant S_{2i}(x_1)$，$1 \leqslant i \leqslant N$。

在描述了最优策略的结构之后，我们提出主要结论。

定理6-1 给定当前库存水平(x_1, x_2)的情况下，最优配给和生产策略具有单调切换曲线的特征，$S_{1i}(x_2)$（$1 \leqslant i \leqslant M$），$S_{2i}(x_1)$（$1 \leqslant i \leqslant N$），$S_3(x_2)$，和$S_4(x_1)$，根据以下决策规则：

（1）生产

最好生产IP（EP），当且仅当$x_1 \leqslant S_3(x_2)$（$x_2 \leqslant S_4(x_1)$）。

（2）定量配给

最好拒绝IP（EP）的i类需求，当且仅当$x_1 \leqslant S_{1i}(x_2)$（$x_2 \leqslant S_{2i}(x_1)$），$1 \leqslant i \leqslant M$（$N$）。

如果$x_2 \geqslant 0$，满足EP的i类需求总是最优的。

为了更加直观，图6-2和图6-3举例说明了通过求解相应的动态程序确定的以切换曲线为特征的最优生产和配给策略。我们使用一个具有50个周期的有限视界问题来近似无限视界问题。设置如下：库存级别x_1和x_2的状态空间限制在0~50的范围内。IP和EP分别有三类客户，存货持有成本与存货金额成正比，连续时间折现率为0。表6-1总结了重新确定的生产率和需求率以及其他相关参数。

表6-1　　示例中使用的参数

参数	IP			EP		
客户类别 i	1	2	3	1	2	3
持有成本 h_i	0.1			0.2		
收益 $r_i(R_i)$	30	25	20	50	45	40
生产成本 c_i	15			20		
时间范围结束时的残值	10			15		
最大生产批量（w_i）	1			1		
需求率 λ_i	0.1	0.05	0.05	0.1	0.05	0.05
生产率 μ_i	0.3			0.3		

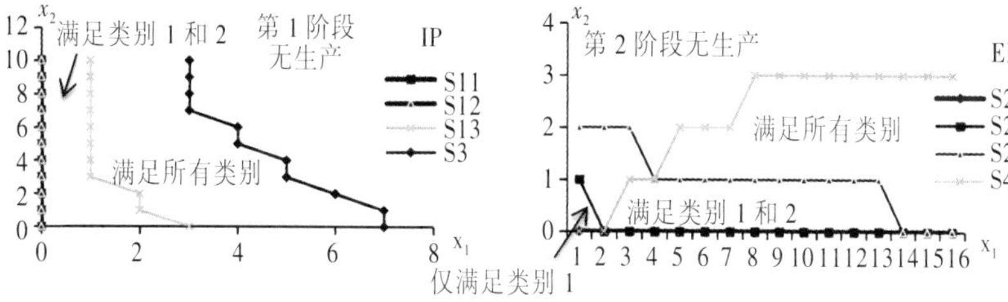

图6-2　IP和EP的切换曲线

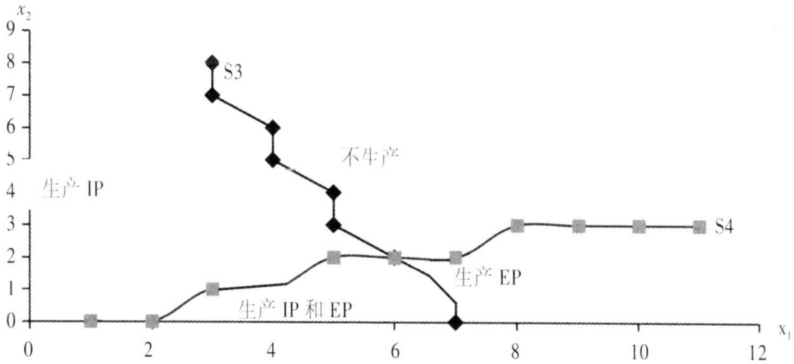

图6-3　生产控制的四个区域

图6-2明显显示了切换曲线的单调模式，其完全表征了最优生产和配给策略。值得注意的是，如图6-3所示，S3和S4这两条生产曲线将状态空间划分为四个区域，这四个区域代表了系统的潜在状态，产生了四种类型的生产决策：①在S3左侧和S4下方，IP和EP的库存水平都很低，同时生产IP和EP是最优的；②在S3左侧和S4上方，IP的库存水平较低，但EP的库存水平较高，因此仅生产IP是最佳的；③在S3右侧和S4下方，EP的库存水平较低，但IP的库存水平较高，因此仅生产EP是最佳的；④在S3右侧和S4上方，IP和EP的库存水平都很高，因此最好不要生产。

6.3.2 产能配给

如今，客户需求比以往任何时候都更不稳定，而大多数公司的生产能力在短时间内相对稳定。因此，管理者很难将生产能力与客户需求相匹配。为了解决这个问题，一个合理的选择是通过引入多种生产模式，如分包，使公司的生产更加灵活。通过灵活的生产选择，管理者可以通过调整生产能力来快速响应新的需求。在以前的论文中，大多数研究人员采用有限的固定生产能力来解决生产和库存的控制问题。在本节中，我们将固定产能的基本模型扩展到具有多种生产模式的模型，并研究产能配给问题。

为了简化符号，我们选择了三种典型的生产模式来实现这种灵活性：正常时间生产、加班生产和分包生产，这可以更高的成本来补充制造系统的有限生产能力（Rivera-Gómez et al.，2016）。假设IP（EP）的相应生产能力为$\mu_{1j}\left(\mu_{2j}\right)$，$j$=1，2，3，产生的单位生产成本为$c_{ij}$，$i$=1，2，且$j$=1，2，3。在不失一般性的情况下，我们假设$c_{i1} < c_{i2} < c_{i3}$，$i$=1，2。类似地，假设IP（EP）可以一次生产多达$w_{1j}\left(w_{2j}\right)$，$j$=1，2，3个单位。因此，对于$j$=1，2，3，生产控制相关联的操作变成：

$$T_{3j}V\left(x_1,\ x_2\right) = \max_{0 \leqslant k_{1j} \leqslant w_{1j}} \left\{V\left(x_1 + k_{1j},\ x_2\right) - k_{1j}c_{1j}\right\},$$

$$T_{4j}V\left(x_1,\ x_2\right) = \max_{0 \leqslant k_{2j} \leqslant x_1 \Lambda w_{2j}} \left\{V\left(x_1,\ x_2\right),\ V\left(x_1 - k_{2j},\ x_2 + k_{2j}\right) - k_{2j}c_{2j}\right\}$$

对于这个问题，均匀过渡率是$\Lambda = \sum_{j=1}^{3}\mu_{1j} + \sum_{j=1}^{3}\mu_{2j} + \sum_{i=1}^{M}\lambda_{1i} + \sum_{i=1}^{N}\lambda_{2i}$，通过重新缩放时间，我们可以得到$\alpha + \Lambda = 1$。然后，动态规划方程变为：

$$V(x_1, x_2) = -h(x_1, x_2) + \sum_{i=1}^{M}\lambda_{1i}T_{1,i}V(x_1, x_2) + \sum_{i=1}^{N}\lambda_{2i}T_{2,i}V(x_1, x_2) + \sum_{j=1}^{3}\mu_{1j}T_{3j}V(x_1, x_2) + \sum_{j=1}^{3}\mu_{2j}T_{4j}V(x_1, x_2)$$

与前面的证明技术类似，我们可以很容易地验证T_{3j}和T_{4j}，$j=1$，2，3，保持了V的结构性质（a），（b）和（c）。因此，无论是库存配给还是产能配给策略，仍然可以具有单调切换曲线的特征。与我们在第6.3节中所定义的类似，我们可以为生产决策定义切换函数。不同的是，每种生产模式都有一条切换曲线。现在，我们简单地陈述了产能配给的最优策略，而没有给出证明，当库存水平下降到第一个切换曲线以下时，首先使用成本最低的正常生产方式；当库存进一步下降到第二个切换曲线以下时，采用成本第二低的方式，加班生产；当库存水平下降到第三条切换曲线以下时，应采取成本最高的分包生产方式。

6.3.3 批量需求

到目前为止，我们已经假设每个类别的需求都是泊松分布的。在本小节中，我们通过允许批量到达来放松这一假设：IP和EP的客户订单遵循泊松过程，其需求率分别为λ_{1i}（$1 \leqslant i \leqslant M$）和$\lambda_{2i}$（$1 \leqslant i \leqslant N$），并且每个到达请求具有一个概率为$p_{a_{ji}}$的批量$a_{ji}$（$1 \leqslant a_{ji} < +\infty$）。其中，$\sum_{a_{ji}=1}^{\infty} p_{a_{ji}} = 1$，$j - 1$，2，$1 \leqslant i \leqslant M$（IP）或者$1 \leqslant i \leqslant N$（EP）。我们假设批量到达可以部分满足，即给定需求$a_{ji} \geqslant 1$，我们可以满足任何数量k_{ji}（$0 \leqslant k_{ji} \leqslant a_{ji}$），前提是库存充足。当批量需求到达时，要么立即（全部或部分）从现有库存中得到满足，要么被拒绝。被拒绝的需求丢失。使用与第6.3.1节中相同的符号，运算符T变为：

$$TV(x_1, x_2) = -h(x_1, x_2) + \sum_{i=1}^{M} \lambda_{1i} \sum_{a_{1i}=1}^{\infty} p_{a_{1i}} T_{1ia_{1i}} V(x_1, x_2) + \sum_{i=1}^{N} \lambda_{1i} \sum_{a_{2i}=1}^{\infty} p_{a_{2i}} T_{2ia_{2i}} V(x_1, x_2) + \mu_1 T_3 V(x_1, x_2) + \mu_2 T_4 V(x_1, x_2)$$

其中，给定特定产品和类别的批量大小 a_{ji}，

$$T_{1ia_{1i}} V(x_1, x_2) = \max_{0 \leqslant k_{1i} \leqslant x_1 \Lambda a_{1i}} \{k_{1i} r_i + V(x_1 - k_{1i}, x_2)\}$$

$$T_{2ia_{2i}} V(x_1, x_2) = \max_{0 \leqslant k_{2i} \leqslant x_2 \Lambda a_{2i}} \{k_{2i} r_i + V(x_1, x_2 - k_{2i})\}$$

根据许（2010）和Cil（2009）等，我们可以证明 $T_{1ia_{1i}}$（$1 \leqslant i \leqslant M$）和 $T_{2ia_{2i}}$（$1 \leqslant i \leqslant N$）保留了 V 的结构性质（a），（b）和（c）。因此，最优库存配给和产能配给策略仍然可以表征为单调切换曲线。

在本节结束时，我们将结果与Ceryan等（2012）的结果进行比较。与我们的工作类似，他们使用MDP来研究具有中间产品和最终产品的系统的最优生产策略，并且他们的模型可以扩展到具有多个需求类别的情况。我们的工作与Ceryan等（2012）在几个方面有所不同：首先，我们考虑了一个两阶段的按库存生产系统，其中，未满足的需求会损失。对于最终产品，有不同的需求类别，其损失的销售成本不同。我们将需求类别之间的最优配给策略描述为单调切换曲线。Ceryan等（2012）研究了一种混合的按库存生产和按订单组装系统，其中，未满足的最终产品需求被推迟订购。他们在模型中考虑了一个单一的需求类别，同时，声称很容易将他们的模型扩展到包括愿意为同一最终产品支付不同价格的多个客户类别，考虑到提供给任何客户类别的最终产品的处理时间是相同的，并且它们具有相同的延期订单成本。由于不会损失任何客户，并且不同客户类别的延期订单成本相同，因此，不同类别之间没有定量配给。其次，当他们假设按单元生产时，我们将他们的方法扩展到更一般的情况，即工厂可以同时批量生产所有单元。此外，我们将结果扩展到需求是复合泊松的情况。第三，Ceryan等（2012）的模型比我们的模型更通用，因为他们考虑的是一个具有多个中间产品的装配系统，而我们只考虑了一个。

6.4 敏感性分析

在本节中，我们进行了敏感性分析，以深入了解目标函数如何随相关参数而变化，即持有成本、生产成本和任何阶段每个需求类别的价格。下一个定理描述了成本参数对目标函数性质的影响。该证明类似于Çil等（2009），第6.3.2节，Chen等（2010）的证明，因此省略。

定理6-2 给定状态$\left(x_1, x_2\right)$，最优期望利润函数$V\left(x_1, x_2\right)$是h_1，h_2，c_1和c_2的非递增凸函数，以及R_i和r_i的非递减凸函数。

期望利润函数的单调性极大地简化了分析，图6-4显示了使用表6-1中的参数作为基本设置的所有六种情况的结果。

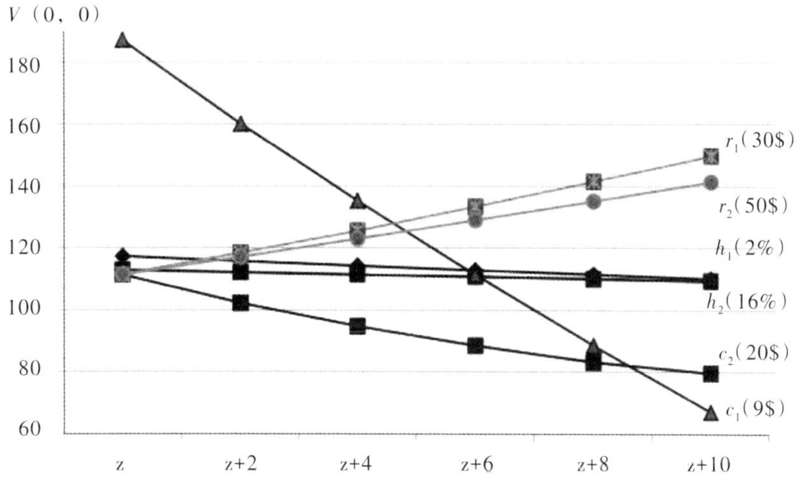

图6-4 预期利润函数在参数方面的敏感性

括号中的值对应z，每个参数的z不同。参数h_1和h_2以百分比表示（例如，h_1的z+4＝2+4＝6%）。

我们发现，尽管凸性在图6-4中得到了验证，在大多数情况下，利润函数在参数中大致是线性的，因此，在进行灵敏度分析时，线性似乎是一个很好的估计。我们还发现，生产成本和单价对利润函数的影响远大于持有成本。例如，当c_1大致翻倍时，预期利润下降36%，当r_1（r_2）增长33%（20%）时，预期利润增长34%（27%）。相反，当h_1增加

500%（从0.02到0.12）或h_2增加62.5%（从0.16到0.26）时，利润函数分别仅下降约6%和8.5%。这些结果表明，降低订购和生产成本以及提高IP和EP的销售价格是总利润提高的关键驱动因素。在这个例子中，IP的生产成本c_1对利润的影响比c_2以及其他参数大得多。这可能是因为降低c_1将提高EP和IP的利润率，包括所有需求类别。相反，c_2或边际收入的减少只能提高EP或特定需求类别的利润率。

接下来，我们研究了参数变化对切换曲线的影响，相关情况对应的切换曲线如图6-5a至图6-5c所示。

正如预期的那样，所有切换曲线在每个参数中都是单调的。请注意，在图6-5a中，S_{13}和S_3不增加；并且S_{23}和S_4在h_1中不减小。相同的特性适用于曲线S_{11}，S_{12}，S_{21}和S_{22}，尽管为了清楚起见没有表示出这些特性。这是意料之中的，因为当IP的持有成本降低时，公司将倾向于储备更多的库存，以对冲需求的不确定性。同样，随着持有成本的降低，公司有动机持有更多的库存，以便能够满足未来更有利可图的需求类别。

此外，配给（S_{13}）对h_1的敏感性低于生产（S_3）。例如，当EP的库存超过4个单元时，当h_1从0.2增加到1.0时，配给阈值S_{13}不改变。相比之下，S_{23}和S_4在h_1中不减小。这是直观的，因为更高的h_1通过生产更多的EP和接受更多的IP需求来减少IP库存。

也可参见图6-5b，观察到S_{13}和S_3是非递减的，并且S_{23}和S_4在r_1中不增加。当第1类IP需求的边际收入增加时，公司生产和储存更多的IP、将更多的IP配给第1类需求，或生产更少的EP、持有更多的EP库存更有利可图。

类似地，图6-5c显示，S_{13}和S_3在c_2中不增加，S_{23}和S_4在c_2中没有减少。EP生产成本的增加，降低了EP的利润率，因此，生产更少的IP、接受更多的IP需求、生产更少的EP，或将更多的EP配给更有利可图的需求类别是有经济意义的。

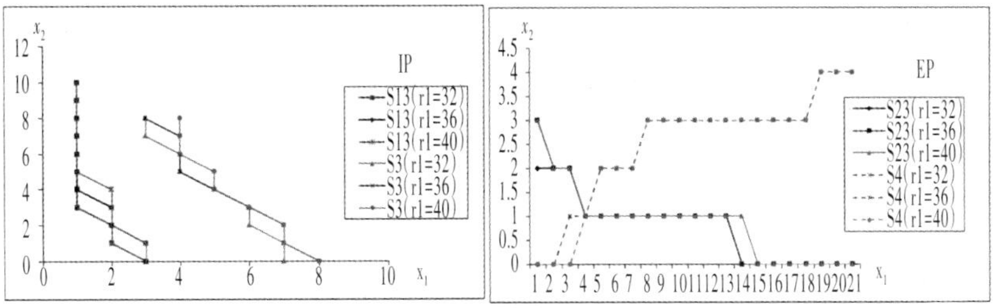

a.持有成本方面的转换曲线

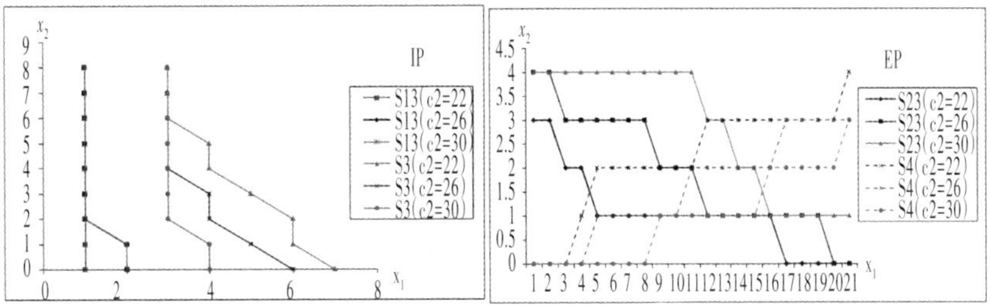

b.订购、生产成本方面的切换曲线

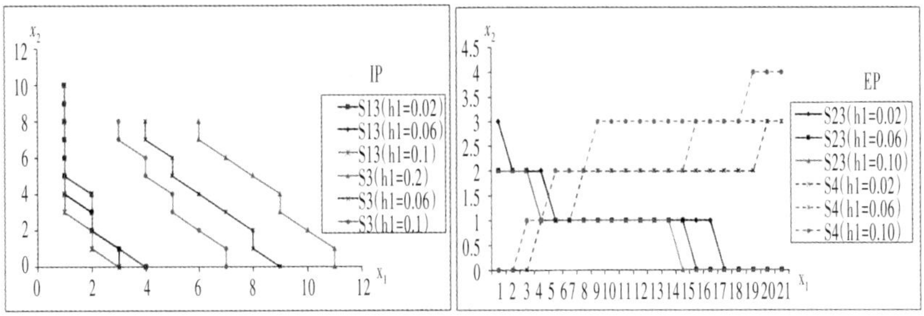

c.边际收入方面的切换曲线

图6-5 切换曲线

6.5 策略比较

实施在实践中推导出的最优策略可能具有挑战性，因为参数和要采取的最优策略之间的关系是复杂的，并且可能需要大量的计算工作和时间。因此，从管理的角度来看，有个很自然的问题，一个更简单、非最优的策略是否足以满足实际目的。为了解决这个问题，我们在本节中进行了两系列的数值研究，比较了各种策略的总净利润。首先，使用最优策略作为基准，我们评估了以下策略：①先到先得（FCFS），即只要库存可用，就满足需求，而不考虑需求类别，没有配给；②IP配给，优化生产，仅针对IP库存（IP_R）进行配给；③EP配给，优化生产，仅对EP库存进行配给（EP_R）；④启发式临界水平（CL）在许多系统中被证明是最优的，在这些系统中，只有当一种特定产品的库存水平超过其预定义的恒定临界水平时，才会作出生产和配给决策（稍后会给出策略细节）。其次，我们通过比较两个系统来说明串联系统的有用性，一个使用串联结构，另一个不使用串联结构。

进行这些比较的一些额外好处包括：①通过比较最优策略和FCFS策略的性能来评估配给的价值；②通过比较IP和EP配给策略的相对性能，了解IP或EP需求类别中配给策略的哪一部分更有价值；③在串联系统中广泛使用且易于实施的CL策略的有效性。

为了比较所描述的策略，对于每个状态，我们计算最佳解决方案和每个特定策略之间的利润百分比差异，在所有可能的状态下取最大值。我们使用与以前相同的基础设置。然后，我们改变每个参数值，并分析变化对策略有效性的影响。对于FCFS，我们取消了所有配给决定，并允许在库存可用时满足需求。对于IP和EP配给，我们在两个阶段都采用最优生产策略，在一个阶段分别采用最优配给策略——IP和EP，同时，使用FCFS策略来满足另一阶段的需求。我们开发了一个基于临界水平S_{1i}（$1 \leqslant i \leqslant M$）和$S_{2i}$（$1 \leqslant i \leqslant N$）的配给启发式算法去测试CL策略，并且$S_3$和$S_4$用于生产。这些临界水平由以下规则确定：$S_{1i}$是最大的$x_1$使得$\Delta_1 V\left(x_1-1,\ 0\right) \geqslant r_i$，$1 \leqslant i \leqslant M$；$S_{2i}$是最大的$x_2$使得$\Delta_2 V\left(0,\ x_1-1\right) \geqslant R_i$，$1 \leqslant i \leqslant N$；$S_3$是最大的$x_1$使得$\Delta_1 V\left(x_1,\ 0\right) \geqslant c_1$；$S_4$是最大的$x_2$使得$V\left(0,\ x_2+1\right)-V\left(1,\ x_2\right) \geqslant c_2$。注意，临界水平和切换曲线之间的主要区别在于，每个临界水平都是恒定的，并且与其他状态无关。

表6-2显示了与最优策略相比，每个策略的值偏差的百分比。最优解决方案与FCFS策略之间的偏差为1.95%~5.17%，平均值为3.45%。这表明，通过理想的客户细分和定量配给策略，该公司可以进一步增加几个百分点的收入。请注意，如果将情景之间的非增量成本从偏差计算中删除，则偏差将明显增大（Gerchak and Smirnov，2014）。

请注意，当FCFS策略的c_1增加时，偏差会发生显著变化。可能的原因是，当 $c_1 = 11$ 时，来自IP/EP类别3的边际利润约为来自类别1的边际利润的一半，而当 $c_1 = 17$ 时，来自IP/EP类别3的边际利润不到来自类别1的四分之一。这表明，当 c_1 增加时，采取配给策略更为可取。当 $c_2 = 26$ 时，出现第二大偏差4.11%。在这种情况下，我们发现EP的第3类需求的边际利润是负的。因此，定量配给更为必要，以避免不重要客户的损失。

IP_R和EP_R策略的偏差平均值分别为1.49%和1.88%。两种部分配给策略所获得的价值偏差是微不足道的。一个可能的原因是，我们在所有情况下都对IP和EP使用类似的参数，如利润率、需求率和生产率。通常，这两种策略中哪一种提供了更多的价值取决于参数的不同程度。然而，我们可以看到，在大多数情况下，EP_R的价值偏差大于其他策略的价值偏差。这意味着，当EP和IP的设置近似对称时，考虑EP的配给可能比考虑IP的配给更重要。

表6-2中一个有趣的观察结果是，当不同需求类别的利润率非常接近时，从配给中获得的价值是有限的。例如，请参见 $r_3 = 23$ 的情况和 $R_3 = 43$ 的情况。

表6-2 **测试的四项策略的有效性**

参数										误差（%）			
h_1	h_2	c_1	c_2	r_1	r_2	r_3	R_1	R_2	R_3	FCFS	IP 定量配给	EP 定量配给	临界水平
0.1	0.2	15	20	30	25	20	50	45	40	3.51	1.57	1.87	9.31
0.04	0.2	15	20	30	25	20	50	45	40	3.76	1.76	1.88	7.62
0.06	0.2	15	20	30	25	20	50	45	40	3.68	1.71	1.89	8.00
0.08	0.2	15	20	30	25	20	50	45	40	3.59	1.64	1.88	8.48
0.1	0.22	15	20	30	25	20	50	45	40	3.43	1.55	1.81	9.30
0.1	0.24	15	20	30	25	20	50	45	40	3.35	1.53	1.76	9.08
0.1	0.26	15	20	30	25	20	50	45	40	3.28	1.50	1.71	8.87
0.1	0.2	11	20	30	25	20	50	45	40	1.95	0.83	1.08	9.59

续表

参数										误差（%）			
0.1	0.2	13	20	30	25	20	50	45	40	2.56	1.12	1.38	9.55
0.1	0.2	17	20	30	25	20	50	45	40	5.17	2.36	2.71	11.29
0.1	0.2	15	22	30	25	20	50	45	40	3.67	1.27	2.07	10.63
0.1	0.2	15	24	30	25	20	50	45	40	3.70	1.29	2.48	12.61
0.1	0.2	15	26	30	25	20	50	45	40	4.11	1.01	3.32	15.61
0.1	0.2	15	20	31	25	20	50	45	40	3.63	1.69	1.88	9.42
0.1	0.2	15	20	32	25	20	50	45	40	3.75	1.79	1.76	9.32
0.1	0.2	15	20	33	25	20	50	45	40	3.83	1.91	1.55	9.57
0.1	0.2	15	20	30	26	20	50	45	40	3.57	1.63	1.87	9.47
0.1	0.2	15	20	30	27	20	50	45	40	3.63	1.68	1.87	9.42
0.1	0.2	15	20	30	28	20	50	45	40	3.69	1.74	1.84	9.37
0.1	0.2	15	20	30	25	21	50	45	40	2.99	1.03	1.91	9.47
0.1	0.2	15	20	30	25	22	50	45	40	2.57	0.57	1.95	9.42
0.1	0.2	15	20	30	25	23	50	45	40	2.26	0.27	1.99	9.37
0.1	0.2	15	20	30	25	20	51	45	40	3.79	1.62	2.09	10.56
0.1	0.2	15	20	30	25	20	52	45	40	4.09	1.66	2.33	12.05
0.1	0.2	15	20	30	25	20	53	45	40	4.40	1.71	2.59	9.10
0.1	0.2	15	20	30	25	20	50	46	40	3.63	1.60	1.95	9.57
0.1	0.2	15	20	30	25	20	50	47	40	3.74	1.63	2.04	9.62
0.1	0.2	15	20	30	25	20	50	48	40	3.86	1.66	2.13	9.67
0.1	0.2	15	20	30	25	20	50	45	41	2.99	1.61	1.31	9.85
0.1	0.2	15	20	30	25	20	50	45	42	2.57	1.66	0.85	10.16
0.1	0.2	15	20	30	25	20	50	45	43	2.24	1.72	0.48	10.36

CL策略的价值偏差为7.61%~15.61%，平均值为9.86%。与其他三种策略相比，CL策略在所有情况下都无效。这可能是因为，如图6-1和图6-2中的切换曲线所示，最佳生产、配给阈值在很大程度上取决于其他状态。没有这样一个阈值（例如，IP生产水平达到多少）可以同时满足EP的高库存水平和低库存水平。因此，尽管CL策略很简单，并在实践的许多应用中被证明是有效的，但它不适用于串联库存系统。管理者必须寻求更复杂的配给策略。

本节通过将我们的系统与没有串联结构的系统进行比较，来研究串联结构的价值。具体来说，我们考虑的是一个分别产生IP和EP的系统。我们仍然假设生产时间是指数分布的，需求是泊松分布的。我们使用了表6-1中的大多数参数，但为了使两个系统具有可比性，我们更改了串联系统的R_i值（见表6-3）。由于IP和EP的生产成本分别为15和20，因此，很容易检查从第1阶段获得的利润是否等于从第2阶段获得的每个需求类别的利润之和。通过这种方式，我们可以对非串联系统进行以下调整，同时保留所有其他参数：①IP的需求率是串联系统的两倍；②EP的收入是附加值，即R_i和r_i的差值。

表6-3 **数值研究参数**

参数	串联系统						非串联系统					
	IP			EP			IP			EP		
客户分类 i	1	2	3	1	2	3	1	2	3	1	2	3
收益 r_i（R_i）	30	25	20	65	55	45	30	25	20	35	35	25
需求率 λ_i	0.1	0.05	0.05	0.1	0.05	0.05	0.2	0.1	0.1	0.1	0.05	0.05

我们通过改变μ_1和μ_2进行了三组数值实验。在第一组中，我们让$\mu_1=\mu_2$，并将生产率从0.1逐渐提高到0.8。在第二组中，我们固定$\mu_1=0.3$，并将μ_2从0.1提高到0.8。在第三组中，我们固定$\mu_2=0.3$，并将μ_1从0.1提高到0.8。我们计算串联系统和非串联系统之间的利润百分比差异，取$0 \leq x \leq 50$和$0 \leq y \leq 50$范围内所有可能状态的最大值和平

均值。

我们的数值实验表明，实现串联系统有明显的好处。在所有情况下，串联系统获得的利润平均提高13%～28%。利润增长的最大值甚至更大，为32%～52%。可能的原因是，在非串联系统中，每个阶段的生产和配给决策都是单独作出的，而不考虑其他阶段的努力。因此，它导致了局部最优解，而在串联系统中实现了全局最优。前两组的结果如图6-6所示。

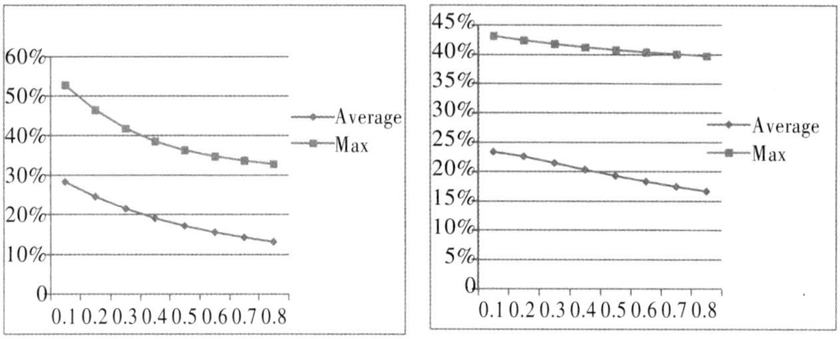

图6-6 串联系统和非串联系统之间的利润差距（左：$\mu_1=\mu_2$，右：$\mu_1=0.3$）

还有一些其他值得注意的观察结果：①对于所有三组来说，当生产能力受到更多限制时，差距更大。在这种情况下，更重要的是将这两个阶段视为一个整体，并在全球范围内有效地分配能力；②尽管μ_1和μ_2的间隙在减小，但μ_1的敏感性略高。例如，当我们固定$\mu_1=0.3$并将μ_2从0.8降低到0.1时，最大间隙从40%增加到43%，而当我们固定$\mu_2=0.3$并将μ_1从0.8降至0.1时，其从34%增加到51%；③当IP有足够的库存，但EP没有库存时，就会出现最大差距；④在一些罕见的情况下，非串联系统可能优于串联系统。例如，在第二组数值研究中，当$\mu_2=0.8$且IP或EP没有库存时，百分比差异为-5.6%。这是因为在非串联系统中，EP的生产不取决于IP阶段的生产和分配决策，而在串联系统中，EP的生产只有在IP的库存为正时才能开始，并且部分库存可以分配到EP阶段，因此，当IP的库存水平较低时，可能会失去更多的EP客户。

6.6 结论和未来研究

在本章中，我们考虑了两阶段串联生产、库存系统的生产控制和库存配给。生产和储存两种类型的产品，第一阶段为中间产品，第二阶段为成品。中间产品可以用来满足客户需求，也可以作为生产成品的投入。中间产品和成品的需求根据客户的经济价值划分为不同的类别。如果库存或生产能力有限，可以持有库存，以满足更重要类别未来可能的需求。

我们推导了利润函数的结构性质，确定了最优值函数的结构属性，并将生产和配给策略描述为每个需求类别和生产过程的切换曲线。

除了转换曲线策略的分析结果外，我们还发现以下重要结论：①IP和EP的生产成本降低和售价上涨是总利润的关键驱动因素；②生产和配给的最优决策在成本或收入参数的变化方面表现出明显的单调模式；③最优库存配给可以使预期利润增长3.5%左右；④配给的价值在很大程度上取决于需求的细分，当不同类别的差异很小时，从配给中获得的价值是有限的；⑤如果最终产品和中间产品具有相似的利润率、生产和需求率，则最终产品的配给可能比中间产品的配给更有价值，尽管一般来说，IP或EP的配给价值取决于系统参数；⑥生产和配给的关键策略在实践中占主导地位，但在串联系统中表现不佳。

未来的研究有几个方向。第一，将两级系统扩展为多级串联系统。需要进行更多的研究来确定多阶段系统的结构特性和最优策略。第二，我们假设未满足的需求已经丧失。当未满足的需求被延期订购时，考虑这个问题可能是相关的。在这种情况下，需要跟踪每个需求类别的延期订单，并将其视为状态变量。第三，我们假设生产时间是指数型的，需求是泊松分布的。进一步需要研究具有一般生产和需求分布的系统。我们想了解类似的结构性质是否仍然存在，切换曲线策略是最优还是次优，以及如何找到有效的启发式方法来实现。

本章中的部分推理、证明详见附录5。

第7章　研究成果概述

7.1　本书研究成果综述

本书旨在用结构化性质的方法来刻画生产和库存领域的动态运营决策问题，为企业的动态库存决策提供理论指导和实施工具，丰富和发展结构化性质方法在动态最优库存控制领域的理论成果。本书围绕第2章到第6章五个核心模块，分别结合应用情境开展了具象化的研究。本书对于生产和库存管理中企业关注的领域，多角度研究结构化性质在最优库存策略方面的应用。本书的研究成果为核心模块中提出的如下关键问题提供了科学解决方案。

第一，在不同情况和假设下选择合适的结构化性质并给予严格的数学证明。在一个复杂系统中研究各状态变量之间是否存在某种结构化性质并给予严格的数学证明往往是困难的。本书研究的五个模块，分别从不同的角度给寻找结构化性质带来了挑战。具体举例，当多渠道订购和销售系统具有双向固定费用的时候（研究模块：结合数量弹性合约的最优现货交易)，探索结构化性质的难度远高于单向固定费用的情况，目前历史文献中有限的对双向固定费用的结构化性质探讨无法满足我们的一般性假设需要。本书开发新的技术并定义新的结构化性质。又如，当研究多柔性资源在不同产品生产的分配问题时（研究模块：两种柔性资源与两种产品生产系统的最优策略），假设不同资源生产不同产品可以具有不同的资源使用率，给结构化性质的探索和证明大大增加了技术难度。本书成功探索了多渠道购销，具有双向固定费用和非规则库存费用情况下的单产品、多时期系统的结构化性质，成功刻画了最优订购/销售/库存策略，并开发出简单高效的启发式算法，完成了不同渠道的价值、市场价格浮动对决策影响的研究。

第二，获取了合适的结构化性质后，利用这些性质对生产和库存的最优策略进行刻画。对五个模块中研究的问题，考虑到系统的复杂性，可以预料其最优策略是复杂的。本书探索了多时期、多柔性资源、双产品系统的结构化性质，成功刻画了最优柔性生产、资源分配、库存策略、订货策略等，并开发出简单高效的启发式算法。本书对不同资源费用、生产某产品的使用率给最优策略带来的影响，以及货币化柔性制造给企业带来的价值进行了研究。

第三，根据得到的最优化理论性质（结构化性质和最优策略），设计高性能且易于使用的启发式算法，为企业运营决策提供实用工具。本书探索了多时期、具有不同经济关系的多产品系统的结构化性质，并开发出简单高效的启发式算法。

7.2 研究价值

7.2.1 理论价值

第一，通过刻画多渠道多产品动态库存系统的最优策略，丰富了动态库存控制领域的理论和应用成果。

目前的历史文献对多渠道多产品动态库存系统的最优策略尚没有深入的研究。本书系统地研究了其最优化库存策略，是对动态库存最优策略研究的深化和扩展，是对具有挑战性的复杂动态库存系统最优控制研究的一个新的尝试。对这五个模块的系统刻画的最优策略是企业在实践中制定库存决策的重要理论依据，是开发面向实际应用的库存算法的标杆。

第二，丰富了探寻结构化性质的新方法和拓展了对已有方法在新的系统中的应用。结构化性质是动态库存最优决策领域简化计算复杂度、解决维数灾难的有效途径。所以，探寻结构化性质并根据其来刻画最优策略是运营管理近年来的主流研究方向之一。但是由于探寻结构化性质对于复杂系统（如多渠道、多产品、多库存等）在技术上是困难的，目前这方面的研究主要还是集中在对相对简单系统的研究。对多渠道多产品库存系统的结构化性质的研究成果非常有限。

本书旨在探索新的结构化性质方法以及推广已有结构化性质在新的库存系统中的应用。首先，针对多渠道可购销系统，在一般库存费用假设下，尚没有历史文献对其结构化性质的描述，我们需要考虑和定义新的结构化性质。其次，历史文献中用到的有些结构化性质（比如上模、$L^{\natural}$-convexity等）对在没有固定费用情况下的很多系统中最优策略的研究发挥了重要作用。如何将它们应用到更复杂的多产品系统中是对已有方法论的应用和补充。本书中研究的五个模块，从不同的角度采用不同的方法来研究结构化性质，包含了对该方法论的创新以及对已有方法的扩展和应用。

7.2.2 现实意义

第一，为企业日常运营的动态最优决策提供有力的理论指导。本书中研究的五大模块，包含了很多行业的企业的日常运营（包括采购、生产、库存等主要领域）都要面临的普遍的决策问题。对这些问题是否能够作出有效的决策直接影响到企业的运营费用和利润，从而影响企业的竞争力。实际应用中设计的近似算法，需要确切的理论依据为指导，也需要最优策略作为基准来评价近似算法的有效性。

第二，为了将理论成果转化为生产力，本书基于最优策略设计便于企业实施的启发式算法。由于本书中研究的系统的复杂性，可以预见其最优策略从实际应用的角度会过于复杂。从应用角度出发，对复杂的最优策略进行简化，找到既便于应用又从性能上尽量接近最优策略的启发式算法。

第三，将理论成果向应用转化是本研究目的的一部分。对每类库存系统研发出最优策略，并且根据最优策略设计有效可行的启发式算法后，将分别在电子、汽车、零售业等领域联系5~6家生产或零售企业，对本书设计的算法在这些企业进行测试和检验，并根据在这些企业试运行的结果反馈进一步修正和改进本书的理论结果和算法。最终目标是将我们的理论成果应用到企业以降低企业运营成本，提高效率和竞争力。

7.3 创新性总结

第一，在多供应商最优订购策略研究中，大多数研究中残值被假定为所有供应商都是相同的，本书考虑了每个供应商回收物品的残值是异质的情况。同时，增加了对供应商不可靠的情况的讨论，使研究成果进一步贴合实践。

第二，对以多共享资源生产多产品的系统的最优决策，历史文献没有深入研究。本书首次以结构化的方法严格地刻画该系统的最优策略。对一般生产率（非1：1）的情况，首次将ρ- differential monotone结构化性质推广到多共享资源的系统。

第三，在最佳补货和转运管理中，考虑了一个统一的模型，包含了缺货和销售损失模型。本研究提出了第一个全面描述多时期两地点和缺货环境下的最佳补货和转运策略。

第四，对多渠道订购和销售且包含固定费用的情况，历史文献中没有对应的结构化性质。本书首次定义了non-（K_1,K_2）-convexity和quasi-（K_1,K_2）-convexity的结构化概念，并用于对该系统最优策略的刻画，丰富了结构化性质及最优决策控制的理论。

第五，在串联生产系统的生产与配给研究中，拓展了串联系统领域的研究，关注了定量配给问题，并侧重于两阶段的生产到库存系统，是对现有成果的重要补充。

第六，本书将以新的理论成果（结构化性质和最优策略）为依据设计新的可用于实际应用的启发式算法。

第七，本书是对动态最优决策在库存和生产控制领域的全面而深入的研究,体现在：①研究的领域是多角度的，包含了采购和销售双向的固定费用、多渠道采购、多共享资源分配、多产品生产控制、互补和替代经济关系对决策的影响等多方面与企业运营决策密切相关的问题；②研究的方法是多角度的，五个研究模块分别考虑不同的核心技术，既有对结构化性质的创新，又有对已有结构化性质在新的系统中的推广；③五个模块在技术上都具有挑战性，研究的是比历史文献更一般性或更复杂的问题。

7.4 未来研究方向

本书针对五个核心模块开展研究，受时间和研究条件的限制，以下研究内容尚未或未完全涉及，可以作为未来的研究方向：

（1）考虑不同剩余价值的多供应商最优订购策略

•将数量折扣这一因素纳入模型中；

•将风险厌恶的决策制定者的表现纳入模型中；

•目前的研究考虑了一个单期、单产品采购问题，未来将研究多期模型，更全面地分析长生命周期产品；

•进一步研究Bandyopadhyay和Paul（2010）中单一产品、竞争的两个能力受限的供应商环境，目标之一是严格证明完全信用退货策略为何在实践中普遍存在。

（2）两种柔性资源与两种产品生产系统的最优策略

•可以扩展到更广泛的柔性生产系统，包括不同的资源分配机制和生产计划，以及它们对系统性能的影响；

•考虑引入更多的实际约束，如生产提前期和资源的有限可用性，以提高模型的现实适用性。

(3) 两个地点的最佳补货和转运管理

•研究中为了简化分析，假设提前期为零，并且在补货方面没有限制，当将这些假设放松时，研究最优策略是如何变化的，将是未来的方向；

•未来的研究会考虑这个问题的无限周期版本以及更广义的网络。

(4) 结合数量弹性合约的最优现货交易

•未来的研究可以探索数量折扣、风险厌恶决策者的行为以及多期模型，以更全面地分析长生命周期产品的采购策略；

•考虑实际应用中的特殊性，如供应链中的不确定性、需求波动和服务水平要求等，进一步研究如何在这些条件下制定最优策略；

•对于有限产能情况下的供应商选择和订购量分配问题，可以研究如何更有效地处理产能限制和供应商不可靠性。

(5) 两阶段串联生产系统的生产与配给最优策略

•将两级系统扩展为多级串联系统，需要进行更多的研究来确定多阶段系统的结构特性和最优策略；

•当未满足的需求被延期订购时，需要跟踪每个需求类别的延期订单，并将其视为状态变量；

•研究中假设生产时间是指数型的，需求是泊松分布的，需要进一步研究具有一般生产和需求分布的系统，了解类似的结构性质是否仍然存在，切换曲线策略是最优还是次优，以及如何找到有效的启发式算法来实现。

附录

附录1

引理2-1证明

（2.7）和（2.8）是显然的。接下来我们证明KKT条件满足（2.5）和（2.6）。从（2.4）可以很容易地验证，满足KKT条件

$$-c_1 + s_1 + (p - s_1)\big(1 - F(Q)\big) + \lambda_1 = 0 \tag{2.24}$$

$$-c_k + s_1 + (p - s_1)\big(1 - F(Q)\big) + \sum_{j=2}^{k-1}\Big\{\Big[\sum_{i=1}^{j-1}(s_i - s_1)q_i\Big]\Big[f\Big(\sum_{i=j}^{N}q_i\Big) - f\Big(\sum_{i=j+1}^{N}q_i\Big)\Big] + (s_j - s_1)\int_{\sum_{i=j+1}^{N}q_i}^{\sum_{i=j}^{N}q_i} f(x)\mathrm{d}x + (s_1 - s_j)q_j f\Big(\sum_{i=j+1}^{N}q_i\Big)\Big\} + \Big[\sum_{i=1}^{k-1}(s_i - s_1)q_i\Big]f\Big(\sum_{i=k}^{N}q_i\Big) + (s_k - s_1)\int_{\sum_{i=k+1}^{N}q_i}^{\sum_{i=k}^{N}q_i} f(x)\mathrm{d}x + (s_k - s_1)\sum_{j=k+1}^{N}\int_{\sum_{i=j+1}^{N}q_i}^{\sum_{i=j}^{N}q_i} f(x)\mathrm{d}x + \lambda_k = 0,\ 2 \leqslant k \leqslant N \tag{2.25}$$

（2.5）直接来自（2.24）。我们通过归纳证明（2.6）。假设对于 $k-1 < N$，（2.6）成立。对于 k，重新排序（2.25）左边的式子为

$A_0(k)+A_1(k)+A_2(k)$，其中

$$A_0(k)=-c_k+s_1+(p-s_1)\big(1-F(Q)\big)=c_1-c_k-\lambda_1,$$

$$A_1(k)=\sum_{j=2}^{k-1}(s_j-s_1)\int_{\sum_{i=j+1}^{N}q_i}^{\sum_{i=j}^{N}q_i}f(x)\mathrm{d}x+(s_k-s_1)\int_{\sum_{i=k+1}^{N}q_i}^{\sum_{i=k}^{N}q_i}f(x)\mathrm{d}x+$$

$$(s_k-s_1)\sum_{j=k+1}^{N}\int_{\sum_{i=j+1}^{N}q_i}^{\sum_{i=j}^{N}q_i}f(x)\mathrm{d}x+\lambda_k=\sum_{j=2}^{k}(s_j-s_{j-1})F\left(\sum_{i=j}^{N}q_i\right)+\lambda_k$$

$$=c_{k-1}-c_1-\lambda_{k-1}+\lambda_1+(s_k-s_{k-1})F\left(\sum_{i=k}^{N}q_i\right)+\lambda_k \tag{2.26}$$

$$A_2(k)=\sum_{j=2}^{k-1}\left\{\left[\sum_{i=1}^{j-1}(s_i-s_1)q_i\right]\left[f\left(\sum_{i=j}^{N}q_i\right)-f\left(\sum_{i=j+1}^{N}q_i\right)\right]+(s_1-s_j)q_jf\left(\sum_{i=j+1}^{N}q_i\right)\right\}$$

$$+\left[\sum_{i=1}^{k-1}(s_i-s_1)q_i\right]f\left(\sum_{i=k}^{N}q_i\right)$$

如果$k<3$，显然$A_2(k)=0$。对于$k\geqslant 3$，

$$A_2(k)=\sum_{j=2}^{k-2}\{[\sum_{i=1}^{j-1}(s_i-s_1)q_i][f\left(\sum_{i=j}^{N}q_i\right)-f\left(\sum_{i=j+1}^{N}q_i\right)]+(s_1-s_j)q_jf$$

$$\left(\sum_{i=j+1}^{N}q_i\right)\}+\left[\sum_{i=1}^{k-2}(s_i-s_1)q_i\right]\left[f\left(\sum_{i=k-1}^{N}q_i\right)-f\left(\sum_{i=k}^{N}q_i\right)\right]+(s_1-s_{k-1})q_{k-1}$$

$$f\left(\sum_{i=k}^{N}q_i\right)+\left[\sum_{i=1}^{k-1}(s_i-s_1)q_i\right]f\left(\sum_{i=k}^{N}q_i\right)=\sum_{j-2}^{k-2}\{[\sum_{i=1}^{j-1}(s_i-s_1)q_i][f\left(\sum_{i=j}^{N}q_i\right)-$$

$$f\left(\sum_{i=j+1}^{N}q_i\right)]+(s_1-s_j)q_if\left(\sum_{i=j+1}^{N}q_i\right)\}+\left[\sum_{i=1}^{k-2}(s_i-s_1)q_i\right]f\left(\sum_{i=k-1}^{N}q_i\right)$$

$$=A_2(k-1)=\cdots=A_2(3)=0$$

因此，令$A_0+A_1=0$会使得$-c_k+c_{k-1}+(s_k-s_{k-1})F\left(\sum_{i=k}^{n}q_i\right)-\lambda_{k-1}$ $+\lambda_k=0$，也就是（2.6）。

命题2-1证明

（i）因为

$$\frac{\partial E[\prod(\boldsymbol{q})]}{\partial q_1}=-c_1+s_1+(p-s_1)\big(1-F(Q)\big) \tag{2.27}$$

$$\frac{\partial E[\prod(\boldsymbol{q})]}{\partial q_k} = -c_k + s_1 + (p - s_1)(1 - F(Q)) +$$

$$\sum_{j=2}^{k-1}\{[\sum_{i=1}^{j-1}(s_i - s_1)q_i][f\left(\sum_{i=j}^{N}q_i\right) - f\left(\sum_{i=j+1}^{N}q_i\right)] + (s_j - s_1)$$

$$\int_{\sum_{i=j+1}^{N}q_i}^{\sum_{i=j}^{N}q_i} f(x)\mathrm{d}x + (s_1 - s_j)q_j f\left(\sum_{i=j+1}^{N}q_i\right)\} + \left[\sum_{i=1}^{k-1}(s_i - s_1)q_i\right]f\left(\sum_{i=k}^{N}q_i\right) +$$

$$(s_k - s_1)\int_{\sum_{i=k+1}^{N}q_i}^{\sum_{i=k}^{N}q_i} f(x)\mathrm{d}x + (s_k - s_1)\sum_{j=k+1}^{N}\int_{\sum_{i=j+1}^{N}q_i}^{\sum_{i=j}^{N}q_i} f(x)\mathrm{d}x,\ 2 \leqslant k \leqslant N \tag{2.28}$$

通过应用引理2-1的结果，我们可以得到：

$$\frac{\partial^2 E[\prod(\boldsymbol{q})]}{\partial {q_1}^2} = \frac{\partial^2 E[\prod(\boldsymbol{q})]}{\partial q_1 \partial q_k} = -(p - s_1)f(Q) \leqslant 0,\ 2 \leqslant k \leqslant N$$

$$\frac{\partial^2 E[\prod(\boldsymbol{q})]}{\partial {q_k}^2} = \frac{\partial^2 E[\prod(\boldsymbol{q})]}{\partial q_k \partial q_l} = -(p - s_1)f(Q) + \sum_{j=2}^{k}(s_j - s_{j-1})f\left(\sum_{i=j}^{N}q_i\right)$$

$$\leqslant 0,\ 2 \leqslant k \leqslant l \leqslant N$$

设$\boldsymbol{H}(\boldsymbol{q})$是$E[\prod(\boldsymbol{q})]$的Hessian矩阵，$\Delta_k$是其$k$，$1 \leqslant k \leqslant N$阶主子矩阵。

我们可以验证，$\Delta_1 = -(p - s_1)f(Q)$，$\Delta_{k+1} = -(s_k - s_{k+1})f\left(\sum_{i=k+1}^{N}q_i\right)\Delta_k$，$1 \leqslant k \leqslant N - 1$。因此，$(-1)^k\Delta_k \geqslant 0$，$1 \leqslant k \leqslant N$保证了$\boldsymbol{H}(\boldsymbol{q})$在$\boldsymbol{q} \geqslant \boldsymbol{0}$时是负半定的，这样，$E[\prod(\boldsymbol{q})]$是联合凹的，这证明了（i）。

（ii）可以从（2.27）和（2.28）中验证

$$\frac{\partial E[\prod(\boldsymbol{q})]}{\partial q_1} = p - c_1 - (p - s_1)F(Q) \tag{2.29}$$

$$\frac{\partial E[\prod(\boldsymbol{q})]}{\partial q_k} = p - c_k - (p - s_1)F(Q) - \sum_{j=2}^{k}(s_{j-1} - s_j)F\left(\sum_{l=j}^{N}q_l\right).2 \leqslant k \leqslant N \tag{2.30}$$

因此

$$\frac{\partial E[\prod(\boldsymbol{q})]}{\partial q_k} - \frac{\partial E[\prod(\boldsymbol{q})]}{\partial q_{k'}} = -c_k + c_{k'} + \sum_{j=k}^{k'-1}(s_j - s_{j+1})F\left(\sum_{l=j+1}^{N}q_l\right)$$

显然，由于假设$s_j \geqslant s_{j+1}$，$1 \leqslant j \leqslant N - 1$，这个差异与$q_1$，…，$q_k$无

关，并且关于q_{k+1}，…，q_N是非递减的。

定理2-1证明

一个最优解必须满足KKT条件（2.5）和（2.6）。如果$q_1 > 0$，那么$\lambda_1 = 0$。必须有$F(Q) = \frac{p - c_1}{p - s_1}$和$F\left(\sum_{j=2}^{N} q_j\right) = \frac{c_1 - c_2}{s_1 - s_2} + \frac{\lambda_2}{s_1 - s_2}$。然而，当$\frac{p - c_1}{p - s_1} < \frac{c_1 - c_2}{s_1 - s_2}$时，这与$F(Q) \geqslant F\left(\sum_{j=2}^{N} q_j\right)$相矛盾，暗示着$q_1$必须为零。类似地，如果$q_k > 0$，$2 \leqslant k \leqslant N - 1$，则$\lambda_k = 0$。必须有$F\left(\sum_{j=k}^{N} q_j\right) = \frac{c_{k-1} - c_k}{s_{k-1} - s_k} - \frac{\lambda_{k-1}}{s_{k-1} - s_k}$和$F\left(\sum_{j=k+1}^{N} q_j\right) = \frac{c_k - c_{k+1}}{s_k - s_{k+1}} - \frac{\lambda_{k+1}}{s_{k-1} - s_k}$。然而，当$\frac{c_{k-1} - c_k}{s_{k-1} - s_k} < \frac{c_k - c_{k+1}}{s_k - s_{k+1}}$时，这与$F\left(\sum_{j=k}^{N} q_j\right) \geqslant F\left(\sum_{j=k+1}^{N} q_j\right)$矛盾，暗示着$q_k = 0$。

定理2-2证明

在使用无限产能程序确定不需要从哪些供应商订购（集合$\overline{A}$）后，我们可以把目光集中到将要使用的n个供应商上。这n个供应商的索引列表从1到n重新编号，对于$s_i > s_j$，$1 \leqslant i < j \leqslant N$。类似于定理2-1的证明过程，我们可以写出n个供应商的KKT条件并得到：

$$F(Q) = \frac{p - c_1}{p - s_1} + \frac{\lambda_1}{p - s_1}$$

$$F\left(\sum_{j=k}^{n} q_j\right) = \frac{c_{k-1} - c_k}{s_{k-1} - s_k} - \frac{\lambda_{k-1} - \lambda_k}{s_{k-1} - s_k}, \ 2 \leqslant k \leqslant n$$

当所有的λ_i，$1 \leqslant i \leqslant n$都为零时，我们得到了由（2.11）和（2.12）确定的解。由于它们是可行的并且符合KKT条件，因此它们为最优解。

引理2-2证明

（i）对于$1 \leqslant i \leqslant N - 1$，$q_{i+1}^*$必须满足等式（2.17）。如果$q_{i+1}^* > 0$且$q_i^* < y_i$，那么$\mu_i = 0$且$\lambda_{i+1} = 0$，因此我们得到：$(s_i - s_{i+1}) F\left(\sum_{j=i+1}^{N} q_j\right) = c_i - c_{i+1} - \lambda_i - \mu_{i+1} \leqslant 0$，这与假设相矛盾。

（ii）类似于（i），$(s_i - s_{i+1}) F\left(\sum_{j=i+1}^{N} q_j\right) = c_i - c_{i+1} - \lambda_i - \mu_{i+1}$。根据

假设，等式左侧为0，右侧为严格负数，所以这是不可能成立的。

定理2–3证明

在排序过程开始时，$\overline{A} \neq \varnothing$ 且 $q_i = 0$，$1 \leqslant i \leqslant N$。回顾 $\frac{\partial E[\prod(\boldsymbol{q})]}{\partial q_1}$ 和 $\frac{\partial E[\prod(\boldsymbol{q})]}{\partial q_k}$，$2 \leqslant k \leqslant N$，分别使用（2.29）和（2.30）计算。显然，对于 $\frac{\partial E[\prod(\boldsymbol{q})]}{\partial q_i} > 0$，$1 \leqslant i \leqslant N$。因此，继续订购将增加预期利润，并且从最大利润率的供应商订购时利润增长最多。如果 $k = inf \arg\max_{i \in A} \frac{\partial E[\prod(\boldsymbol{q})]}{\partial q_i}$，即从供应商$k$订购提供最大利润率（如果多个供应商提供相同的最大利润率，那么我们选择索引号最小的），那么我们从供应商k下订单，直到其他某个供应商，比如供应商j，提供的利润率达到或超过供应商k，或者供应商k的产能用尽。

在前一种情况下，因为现在从供应商j下订单更有利可图，我们就这样做，同时停止从供应商k下订单。注意，在（ii）的命题2-1的观点中，当 q_k 增加时，$\frac{\partial E[\prod(\boldsymbol{q})]}{\partial q_i}$，$i > k$，以与 $\frac{\partial E[\prod(\boldsymbol{q})]}{\partial q_k}$ 相同的速率减少。通过（2.29）和（2.30），我们可以观察到 $\frac{\partial E[\prod(\boldsymbol{q})]}{\partial q_i}$，$i < k$ 也会减少，但不一定以与 $\frac{\partial E[\prod(\boldsymbol{q})]}{\partial q_k}$ 同样大的速率。因此，我们得到 $j < k$。此外，由于 $\frac{\partial E[\prod(\boldsymbol{q})]}{\partial q_i}$，$i > j$，以 $\frac{\partial E[\prod(\boldsymbol{q})]}{\partial q_j}$ 相同的速率减少，当我们停止从供应商j订购（由于利润率或产能约束），对于 $k > j$，$\frac{\partial E[\prod(\boldsymbol{q})]}{\partial q_k}$ 仍然必须是非负的。

在后一种情况下，供应商k被移到$\overline{A}$中，即使$\frac{\partial E[\prod(\boldsymbol{q})]}{\partial q_k}$仍然为正，随后不再考虑它。然后，我们从在$A$中提供最大利润的供应商那里下订单。用$l$表示这个供应商。如果$l < k$，则与其他情况相类似，当$q_l$增加时，$\frac{\partial E[\prod(\boldsymbol{q})]}{\partial q_k}$必须是非负的。如果$l > k$，在从供应商$l$下订单之前，$\frac{\partial E[\prod(\boldsymbol{q})]}{\partial q_k} \geqslant \frac{\partial E[\prod(\boldsymbol{q})]}{\partial q_l}$。当$q_l$增加时，依据（2.29）和（2.30），$\frac{\partial E[\prod(\boldsymbol{q})]}{\partial q_k}$也会减少，但不一定以与$\frac{\partial E[\prod(\boldsymbol{q})]}{\partial q_l}$同样大的速率，意味着$\frac{\partial E[\prod(\boldsymbol{q})]}{\partial q_k} \geqslant \frac{\partial E[\prod(\boldsymbol{q})]}{\partial q_l}$。这个过程持续到$A = \varnothing$，或对于所有$\frac{\partial E[\prod(\boldsymbol{q})]}{\partial q_i} \leqslant 0$，$i \in A$。因此，综合两种情况，我们可以得出结论：如果$q_i > 0$，则在整个过程中，$\frac{\partial E[\prod(\boldsymbol{q})]}{\partial q_i} \geqslant 0$。这也意味着如果在过程中，对于一些$\frac{\partial E[\prod(\boldsymbol{q})]}{\partial q_s} < 0$，$0 \leqslant s \leqslant N$，则在$\frac{\partial E[\prod(\boldsymbol{q})]}{\partial q_s}$减少到零或随后之前，不存在从供应商s下的订单。

总之，在程序结束时，有三种类型的供应商，分别表示为k，l和s。类型k的供应商满足：$\frac{\partial E[\prod(\boldsymbol{q})]}{\partial q_k} = 0$且$0 < q_k < y_k$；类型$l$的供应商满足：$\frac{\partial E[\prod(\boldsymbol{q})]}{\partial q_l} \geqslant 0$且$q_l = y_l$；类型$s$的供应商满足：$\frac{\partial E[\prod(\boldsymbol{q})]}{\partial q_s} < 0$且$q_s = 0$。令$\lambda_k = \mu_k = 0$，$\lambda_l = 0$，$\mu_l = \frac{\partial E[\prod(\boldsymbol{q})]}{\partial q_l}$，$\lambda_s = \frac{\partial E[\prod(\boldsymbol{q})]}{\partial q_s}$，$\mu_s = 0$，很显然满足KKT条件（2.16）—（2.19）。结合$E[\prod(\boldsymbol{q})]$的凹性，我们得

出所得的解是最优的。

推论 2-1 证明

如果在有限产能程序的某些步骤中，对于$i \in A$，供应商i具有最大的利润率，或者对于所有$\frac{\partial E[\prod(\boldsymbol{q})]}{\partial q_i} \geq \frac{\partial E[\prod(\boldsymbol{q})]}{\partial q_j}$，$j \in A$，则当我们从供应商$i$订购时，依据命题2-1（ii），对于所有$j \geq i$，$\frac{\partial E[\prod(\boldsymbol{q})]}{\partial q_j}$的下降速率相同。因此，除非供应商$i$的产能用尽，否则供应商$j$，$j > i$被供应商$i$超越，将不会考虑。

推论 2-2 证明

考虑服务水平要求，我们修改KKT条件（2.16）—（2.19）如下：（1）定义ν为服务水平约束的KKT乘子，并将"$+\nu$"项添加到（2.16）和（2.17）的右端项中；（2）添加两个约束条件：$\nu(Q - Q') \geq 0$，且$\nu \geq 0$。

如果$Q' \leq Q^*$，则恰好遵循有限产能程序，并让$\nu = 0$。因此，解决方案满足KKT条件。如果$Q' > Q^*$，则遵循有限产能程序，直到没有$i \in A$满足$\frac{\partial E[\prod(\boldsymbol{q})]}{\partial q_i} > 0$。继续从具有最大利润率且有可用产能的供应商订购，直到$Q = Q'$然后停止。在程序结束时，有三种类型的供应商，分别表示为k，l和s。类型k的供应商满足：$\frac{\partial E[\prod(\boldsymbol{q})]}{\partial q_k} < 0$且$0 < q_k < y_k$；类型$l$的供应商满足：$\frac{\partial E[\prod(\boldsymbol{q})]}{\partial q_l} \geq 0$且$q_l = y_l$；类型$s$的供应商满足：$\frac{\partial E[\prod(\boldsymbol{q})]}{\partial q_s} < 0$，且$q_s = 0$。推论2-1和定理2-3的证明表明，只有一个类型$k$的供应商，或者有多个类型$k$的供应商，但它们具有相同的利润率。

令$\lambda_k=\mu_k=0$，$\nu=-\frac{\partial E[\prod(\boldsymbol{q})]}{\partial q_k}$，$\lambda_k=0$，$\mu_l=\frac{\partial E[\prod(\boldsymbol{q})]}{\partial q_l}+\nu$，$\lambda_s=-\frac{\partial E[\prod(\boldsymbol{q})]}{\partial q_s}-\nu$，$\mu_s=0$，很明显（2.16）—（2.19）的修改KKT条件得到满足。

最后，我们需要证明$\nu\geqslant 0$，$\mu_l\geqslant 0$且$\lambda_s\geqslant 0$。显然，基于我们的假设，$\lambda_s\geqslant 0$。类型s的供应商表示那些没有选定订购的供应商。这意味着对于任何类型k供应商和类型s供应商，都有$\frac{\partial E[\prod(\boldsymbol{q})]}{\partial q_s}\leqslant\frac{\partial E[\prod(\boldsymbol{q})]}{\partial q_k}\leqslant 0$。

因此，$\lambda_s=-\frac{\partial E[\prod(\boldsymbol{q})]}{\partial q_s}+\frac{\partial E[\prod(\boldsymbol{q})]}{\partial q_k}\geqslant 0$。

类型l的供应商表示其产能已用尽的供应商。考虑一个类型k供应商和一个类型l供应商。如果在选择供应商k之前选择供应商l，则说明当选择供应商l时$\frac{\partial E[\prod(\boldsymbol{q})]}{\partial q_l}\geqslant\frac{\partial E[\prod(\boldsymbol{q})]}{\partial q_k}$，并且从定理2-3的证明中我们知道，无论$l>k$或$l<k$，在整个过程中都满足$\frac{\partial E[\prod(\boldsymbol{q})]}{\partial q_l}\geqslant\frac{\partial E[\prod(\boldsymbol{q})]}{\partial q_k}$。如果在选择供应商$l$之前选择供应商$k$，则根据推论2-1我们有$k>l$。在选择供应商$k$时，必须满足$\frac{\partial E[\prod(\boldsymbol{q})]}{\partial q_k}\geqslant\frac{\partial E[\prod(\boldsymbol{q})]}{\partial q_l}$，但是在选择供应商$l$之后，$\frac{\partial E[\prod(\boldsymbol{q})]}{\partial q_k}=\frac{\partial E[\prod(\boldsymbol{q})]}{\partial q_l}$。最后，我们得到$\mu_l=\frac{\partial E[\prod(\boldsymbol{q})]}{\partial q_l}-\frac{\partial E[\prod(\boldsymbol{q})]}{\partial q_k}\geqslant 0$。

结合$E[\prod(\boldsymbol{q})]$的凹性，我们得出通过该程序得到的解是最优的。

附录2

附录2-A　单系统情况下的安全点策略

考虑一个周期性审查生产系统，它有一个单一的柔性机器，从生产到库存的模式生产两个不同的产品，与Chen（2004）中的相同。在每个周期中，存在固定的生产能力约束（假设1，不失一般性）。设c_i是单位生产成本，ρ_i是生产一个单位产品i，$i=1$，2所用的生产能力。这种设置可以被认为是具有两个产品和两个设施的柔性生产系统的特殊情况，其中两个设施在成本和生产率方面相同，即$c_{11}=c_{21}$，$c_{12}=c_{22}$，$\rho_{11}=\rho_{12}$和$\rho_{12}=\rho_{22}$。事实上，这种特殊情况下的两个设施可以被认为是具有两倍生产能力的一个虚拟设施。

令$G_t(X, Y)=c_1X+c_2Y+L_1(X)+L_2(Y)+\alpha E\left[f_{t+1}(X-D_1, Y-D_2)\right]$，这个问题可以用公式表示为：

$$f_t(x, y)=\min_{\substack{\rho_{11}(X-x)+\rho_{12}(Y-y)\leqslant 1\\ X\geqslant x,\ Y\geqslant y}}\left\{G_t(X, Y)\right\}-c_1x-c_2y \tag{3.7}$$

证明了$G_t(x, y)$具有以下性质（如Chen（2004）中所称的μ-微分单调性，其中μ在我们的模型中具有ρ^{-1}的意义）：（Ⅰ）$G_t^1(x, y)\uparrow x\uparrow y$；（Ⅱ）$G_t^2(x, y)\uparrow x\uparrow y$；（Ⅲ）$\rho_1^{-1}G_t^1(x, y)-\rho_2^{-1}G_t^2(x, y)\uparrow x\downarrow y$。基于$G_t(x, y)$的$\mu$-微分单调性质，得到了被定义为表明最优生产策略的三条曲线：$S_1(y)$，$S_2(x)$和$S_0(y)$（见附图2-1）。

这里$S_1(y)$被定义为对于给定y的产品1的最优订货量，$S_2(x)$是对于给定x的产品2的最优订货量，并且$S_0(y)$是生产产品1和2具有相同边际成本的边界（例如$\rho_1^{-1}G_t^1(x, y)=\rho_2^{-1}G_t^2(x, y)$）。Chen（2004）表明，$S_1(y)$是$y$的非增函数，但下降率不能超过$y$的变化率，$S_2(x)$是$x$的非增函数，但下降率不能超过$x$的变化率，并且$S_0(y)$是$y$的非减函数。

这三条曲线至少在一个点(x^*, y^*)处相互作用，该点被称为安全点。这三条曲线将二维（x，y）平面分成三个不同的区域，例如区域0、1和2，如附图2-1所示。最优生产策略由以下规则确定：（1）在区域1中，生产产品1比生产产品2更具成本效益，最优决策是生产产品1；（2）在区域2中，生产产品2比生产产品1更划算，因此最优决策是生产产品2；（3）在区域0中，生产产品1和产品2都不划算，所以最优决策是不生产；（4）在曲线$S_0(y)$上，生产产品1和产品2具有相同的成本边际，其在y上是非递减的，并且在安全点(x^*, y^*)处达到零。因此，如果$y < y^*$，则同时产生两者是最佳的。

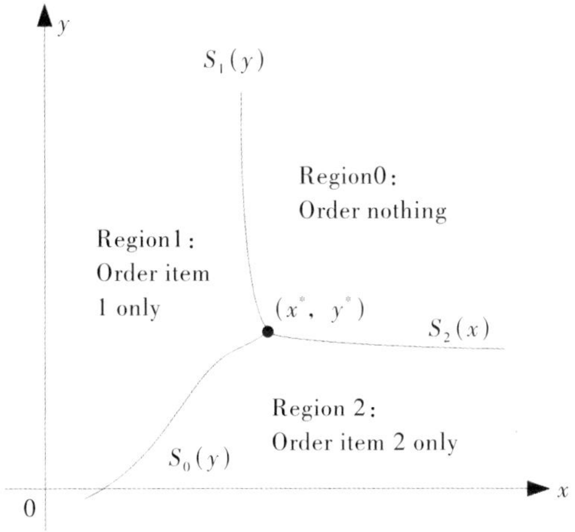

附图2-1　单系统安全策略区域

附录2-B　数值实验

$c_{11} \leqslant c_{21}$，$c_{22} \leqslant c_{12}$的数值实验

附表2-1中给出的数值算例验证了图3-3中所示的最优策略的理论结果。我们使用以下参数：$T = 8$，$M_1 = M_2 = 2$，$c_{11} = 1$，$c_{12} = 2$，$c_{21} = 1.2$，$c_{22} = 1$，$\rho_{ij} = 1$（i，$j = 1$，2），单位缺货成本$b_1 = 0.5$，$b_2 = 0.3$，持有成本$h_1 = h_2 = 0.1$，$\alpha = 1$，P_1的需求服从离散分布，其中$p(D_1 = 1) = 0.1$，$p(D_1 = 2) = p(D_1 = 3) = 0.25$，$p(D_1 = 4) = 0.4$，$P_2$的需求服从离散分布$p(D_2 = 1) = p(D_2 = 2) = p(D_2 = 3) = p(D_2 = 4) = 0.25$。第一行和第一列分别表示两种产品$x$和$y$的初始库存水平。给定一个$x$

和一个y，该行与该列的交集给出了状态（x，y）的两种资源的最优生产和分配数量。每个括号中的4个数字分别表示由R_1生产的P_1和P_2的数量、由R_2生产的P_1和P_2的数量。例如，（2，0，2，0）在$(x, y) = (-3, 10)$表示使用2个单位的R_1产生P_1，2个单位的R_2产生P_2，并且不使用R_1（R_2）产生P_2（P_1）。8个区域的边界被突出显示，匹配图3-3中的边界。区域编号也以粗体突出显示。在此实例中，$(\bar{x}^*, \bar{y}^*)$，$(\tilde{x}^*, \tilde{y}^*)$和$(x^*, y^*)$分别是（8，0），（4，7）和（7，5）。

$\rho_{11}^{-1}(c_{11} - c_{21}) < \rho_{12}^{-1}(c_{12} - c_{22})$的数值实验

数值实验在附表2-2中给出。我们使用$c_{11} = 0.8$，$c_{12} = 0.9$，$c_{21} = 1$，$c_{22} = 1.01$，$M_1 = 3$，$M_2 = 2$，其他参数与3.3.3节数值例子相同。9个区域的边界被突出显示。在该示例中，$(\bar{x}^*, \bar{y}^*)$和$(\tilde{x}^*, \tilde{y}^*)$分别是（6，5）和（5，4）。边界和9个区域证实了推论3-1和附图2-2中的分析结果。

附录2-C　情况$\rho_{11}^{-1}(c_{11} - c_{21}) < \rho_{12}^{-1}(c_{12} - c_{22})$

在这种情况下，可以验证$\tilde{S}_0(x) < \bar{S}_0(x)$。类似于3.3.1节，我们将$(x, y)$的坐标平面分割成9个区域，但进行了一些修改。这些区域如附图2-2所示。下面推论中给出了最优策略。

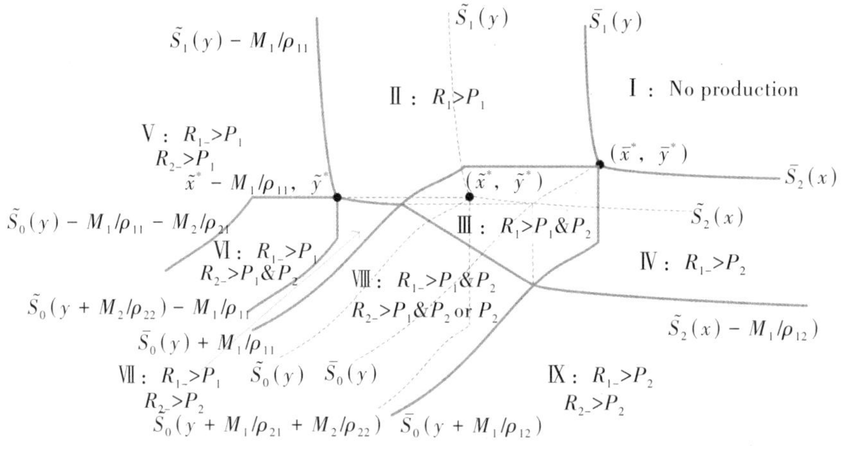

附图2-2　情况$c_{11} < c_{21}$，$c_{12} < c_{22}$，$\rho_{11}^{-1}(c_{11} - c_{21}) < \rho_{12}^{-1}(c_{12} - c_{22})$的最优策略

附表2-1　$c_{11} \leqslant c_{21}$，$c_{22} \leqslant c_{12}$的数值算例

y/x	-3	-2	-1	0	1	2	3	4	5	6	7	8	9	10
10	(2,0,2,0)	(2,0,2,0)	(2,0,2,0)	(2,0,2,0)	(2,0,1,0)	(2,0,0,0)	(2,0,0,0)	(2,0,0,0)	(1,0,0,0)	(0,0,0,0)	(0,0,0,0)	(0,0,0,0)	(0,0,0,0)	(0,0,0,0)
9	(2,0,2,0)	(2,0,2,0)	(2,0,2,0)	(2,0,2,0)	(2,0,1,0)	(2,0,0,0)	(2,0,0,0)	(2,0,0,0)	(1,0,0,0)	(0,0,0,0)	(0,0,0,0) Ⅰ	(0,0,0,0)	(0,0,0,0)	(0,0,0,0)
8	(2,0,2,0)	(2,0,2,0)	(2,0,2,0)	(2,0,2,0)	(2,0,1,0)	(2,0,0,0)	Ⅱ (2,0,0,0)	(2,0,0,0)	(1,0,0,0)	(0,0,0,0)	(0,0,0,0)	(0,0,0,0)	(0,0,0,0)	(0,0,0,0)
7	(2,0,2,0)	(2,0,2,0)	(2,0,2,0)	(2,0,2,0)	(2,0,1,0)	(2,0,0,0)	(2,0,0,0)	(2,0,0,0)	(1,0,0,0)	(0,0,0,0)	(0,0,0,0)	(0,0,0,0)	(0,0,0,0)	(0,0,0,0)
6	(2,0,2,0)	(2,0,2,0)	(2,0,2,0)	(2,0,2,0)	(2,0,1,1)	(2,0,0,1)	(2,0,0,1)	(2,0,0,0)	(2,0,0,0)	(1,0,0,0)	(0,0,0,0)	(0,0,0,0)	(0,0,0,0)	(0,0,0,0)
5	(2,0,2,0)	(2,0,2,0)	(2,0,2,0)	(2,0,2,0)	(2,0,1,1)	(2,0,0,2) Ⅳ	(2,0,0,2)	(2,0,0,1)	(2,0,0,0)	(1,0,0,0)	(0,0,0,0)	(0,0,0,0)	(0,0,0,0)	(0,0,0,0)
4	(2,0,2,0)	(2,0,2,0)	(2,0,2,0)	(2,0,2,0)	(2,0,1,1)	(2,0,0,2)	(2,0,0,2)	(2,0,0,2)	(2,0,0,1)	(1,0,0,1)	(0,0,0,1)	Ⅲ (0,0,0,1)	(0,0,0,1)	(0,0,0,1)
3	(2,0,2,0)	(2,0,2,0)	(2,0,2,0)	(2,0,2,0)	(2,0,1,1)	(2,0,0,2)	(2,0,0,2)	(2,0,0,2)	(2,0,0,2)	(1,0,0,2)	(0,0,0,2)	(0,0,0,2)	(0,0,0,2)	(0,0,0,2)
2	(2,0,2,0)	(2,0,2,0)	(2,0,2,0)	(2,0,1,1)	(2,0,1,1)	(2,0,0,2)	(2,0,0,2)	(2,0,0,2)	(2,0,0,2)	(1,0,0,2)	(0,0,0,2)	(0,0,0,2)	(0,0,0,2)	(0,0,0,2)
1	(2,0,2,0)	(2,0,2,0)	(2,0,2,0)	(2,0,1,1)	(2,0,0,2)	(2,0,0,2)	(2,0,0,2)	(2,0,0,2)	(2,0,0,2)	(2,0,0,2)	(1,0,0,2)	(0,0,0,2)	(0,0,0,2)	(0,0,0,2)
0	(2,0,2,0)	(2,0,2,0)	(2,0,1,1)	(2,0,1,1)	(2,0,0,2)	(2,0,0,2)	(2,0,0,2)	(2,0,0,2)	(2,0,0,2)	(2,0,0,2)	(1,0,0,2)	(0,0,0,2)	(0,0,0,2)	(0,0,0,2)
-1	(2,0,2,0)	(2,0,2,0)	(2,0,1,1)	(2,0,0,2)	(2,0,0,2)	(2,0,0,2)	(2,0,0,2)	(2,0,0,2)	(2,0,0,2)	(1,1,0,2)	(1,1,0,2)	(0,1,0,2)	(0,1,0,2)	(0,1,0,2)
-2	(2,0,2,0)	(2,0,2,0)	(2,0,1,1)	(2,0,0,2)	(2,0,0,2)	(2,0,0,2)	(2,0,0,2)	(2,0,0,2)	Ⅴ (1,1,0,2)	(1,1,0,2)	(0,2,0,2)	(0,2,0,2)	(0,2,0,2)	(0,2,0,2)
-3	(2,0,2,0)	(2,0,2,0)	(2,0,1,1)	(2,0,0,2)	(2,0,0,2)	(2,0,0,2)	(2,0,0,2)	(2,0,0,2)	(1,1,0,2)	(0,2,0,2)	(0,2,0,2)	(0,2,0,2)	(0,2,0,2)	(0,2,0,2)

附表2-2　$c_{11} < c_{21}$，$c_{12} < c_{22}$和$\rho_{11}^{-1}(c_{11} - c_{21}) < \rho_{12}^{-1}(c_{12} - c_{22})$的数值算例

y/x	-3	-2	-1	0	1	2	3	4	5	6	7	8	9
9	(3,0,2,0)	(3,0,2,0)	(3,0,2,0)	(3,0,1,0)	(3,0,0,0)	(2,0,0,0)	(1,0,0,0)	(0,0,0,0)	(0,0,0,0)	(0,0,0,0)	(0,0,0,0)	(0,0,0,0)	(0,0,0,0)
8	(3,0,2,0)	(3,0,2,0)	(3,0,2,0)	(3,0,1,0)	(3,0,0,0)	(2,0,0,0)	(1,0,0,0)	(0,0,0,0)	(0,0,0,0)	(0,0,0,0)	(0,0,0,0)	(0,0,0,0)	(0,0,0,0)
7	(3,0,2,0)	(3,0,2,0) V	(3,0,2,0)	(3,0,1,0)	(3,0,0,0)	II (3,0,0,0)	(2,0,0,0)	(1,0,0,0)	(0,0,0,0)	(0,0,0,0)	I (0,0,0,0)	(0,0,0,0)	(0,0,0,0)
6	(3,0,2,0)	(3,0,2,0)	(3,0,2,0)	(3,0,1,0)	(3,0,0,0)	(3,0,0,0)	(2,0,0,0)	(1,0,0,0)	(0,0,0,0)	(0,0,0,0)	(0,0,0,0)	(0,0,0,0)	(0,0,0,0)
5	(3,0,2,0)	(3,0,2,0)	(3,0,2,0)	(3,0,1,0)	(3,0,0,0)	(3,0,0,0)	(3,0,0,0)	(2,0,0,0)	(1,0,0,0)	(0,0,0,0)	(0,0,0,0)	(0,0,0,0)	(0,0,0,0)
4	(3,0,2,0)	(3,0,2,0)	(3,0,2,0)	(3,0,1,1)	(3,0,0,1)	(3,0,0,0)	(3,0,0,0)	(2,1,0,0)	(1,1,0,0)	(0,1,0,0)	(0,0,0,0)	(0,0,0,0)	(0,0,0,0)
3	(3,0,2,0)	(3,0,2,0)	(3,0,2,0)	(3,0,1,1)	(3,0,0,2)	(3,0,0,1)	(2,1,0,0)	(2,1,0,0)	(1,2,0,0)	(0,2,0,0)	(0,1,0,0)	(0,1,0,0)	(0,1,0,0)
2	(3,0,2,0)	(3,0,2,0)	(3,0,1,1)	(3,0,1,1)	(3,0,0,2)	(3,0,0,2)	(2,1,0,1)	III (1,2,0,0)	(1,2,0,0)	(0,3,0,0)	(0,2,0,0)	(0,2,0,0)	(0,2,0,0)
1	(3,0,2,0)	VI (3,0,2,0)	(3,0,1,1)	(3,0,0,2)	(3,0,0,2)	(2,1,0,2)	(2,1,0,2)	(1,2,0,1)	(0,3,0,0)	IV (0,3,0,0)	(0,3,0,0)	(0,3,0,0)	(0,3,0,0)
0	(3,0,2,0)	(3,0,1,1)	(3,0,1,1)	(3,0,0,2)	VIII (3,0,0,2)	(2,1,0,2)	(1,2,0,2)	(1,2,0,2)	(0,3,0,1)	(0,3,0,1)	(0,3,0,1)	(0,3,0,0)	(0,3,0,0)
-1	(3,0,2,0)	(3,0,1,1)	(3,0,0,2)	(3,0,0,2)	(2,1,0,2)	(2,1,0,2)	(1,2,0,2)	(0,3,0,2)	(0,3,0,2)	(0,3,0,2)	(0,3,0,2)	(0,3,0,1)	(0,3,0,1)
-2	(3,0,2,0)	(3,0,1,1)	(3,0,0,2)	VII (3,0,0,2)	(2,1,0,2)	(1,2,0,2)	(1,2,0,2)	(0,3,0,2)	(0,3,0,2)	XV (0,3,0,2)	(0,3,0,2)	(0,3,0,2)	(0,3,0,2)
-3	(3,0,2,0)	(3,0,1,1)	(3,0,0,2)	(3,0,0,2)	(2,1,0,2)	(1,2,0,2)	(0,3,0,2)	(0,3,0,2)	(0,3,0,2)	(0,3,0,2)	(0,3,0,2)	(0,3,0,2)	(0,3,0,2)
-4	(3,0,2,0)	(3,0,1,1)	(3,0,0,2)	(3,0,0,2)	(2,1,0,2)	(1,2,0,2)	(0,3,0,2)	(0,3,0,2)	(0,3,0,2)	(0,3,0,2)	(0,3,0,2)	(0,3,0,2)	(0,3,0,2)

推论1　当$c_{11} < c_{21}$，$c_{12} < c_{22}$和$\rho_{11}^{-1}(c_{11} - c_{21}) < \rho_{12}^{-1}(c_{12} - c_{22})$时，最优分配和生产决策取决于初始状态$(x, y)$位于9个区域中的哪一个。具体而言，（1）对于$(x, y) \in$ Ⅰ，不生产；（2）对于$(x, y) \in$ Ⅱ，使用R_1生产P_1，直到R_1耗尽或生产达到基础库存水平$\bar{S}_1(y)$；（3）对于$(x, y) \in$ Ⅲ，使用R_1生产两种产品，直到R_1耗尽或状态达到$(\bar{x}^*, \bar{y}^*)$；（4）对于$(x, y) \in$ Ⅳ，使用R_1生产P_2直到R_1耗尽或达到基础库存水平$\bar{S}_2(x)$；（5）对于$(x, y) \in$ Ⅴ，如果$y \geq \tilde{y}^*$，则使用所有R_1来生产P_1，并且使用所有或部分R_2来生产P_1，直到R_2耗尽或生产P_1直到基础库存水平$\tilde{S}_1(y)$，或者如果$y < \tilde{y}^*$，则使用所有R_1和R_2来生产P_1；（6）对于$(x, y) \in$ Ⅵ，使用所有R_1生产P_1，使用R_2生产两种产品，直到R_2耗尽或状态达到$(\tilde{x}^*, \tilde{y}^*)$；（7）对于$(x, y) \in$ Ⅶ，使用所有R_1生产P_1，并使用R_2生产P_2，直到R_2耗尽或P_2生产到基础库存水平$\tilde{S}_2(x)$；（8）对于$(x, y) \in$ Ⅷ，使用全部R_1生产P_1和P_2，并使用全部或部分R_2生产两种产品，直至R_2耗尽或状态达到$(\tilde{x}^*, \tilde{y}^*)$；（9）对于$(x, y) \in$ Ⅸ，使用全部R_1、全部或部分R_2生产P_2，直到R_2耗尽或达到基础库存水平$\bar{S}_2(x)$。

边界的定义比情况3.2.1复杂。注意$x \leq \tilde{x}^*$的区域Ⅷ和Ⅸ之间的边界是$\bar{S}_0(y + M_1/\rho_{12})$和$\tilde{S}_0(y + M_1/\rho_{21} + M_2/\rho_{22})$中较低的一个。附图2–2显示出其下曲线为$\bar{S}_0(y + M_1/\rho_{12})$。当$\tilde{S}_0(y + M_2/\rho_{22}) - M_1/\rho_{11}$低于$\bar{S}_0(y) - M_1/\rho_{11}$时，区域Ⅷ $x \leq \tilde{x}^* - M_1/\rho_{11}$的左边界依旧是$\bar{S}_0(y) - M_1/\rho_{11}$。只有两个区域的决策规则与第3.3.1节中的决策规则不同，这两个区域是Ⅶ和Ⅷ。具体地，在附图2–2中，区域Ⅶ的最优决策是使用R_i来生产P_i（$i = 1, 2$），在图3–6的区域Ⅶ中，最优的是使用每个资源来生产两种产品。主要原因是，对于附图2–2的区域Ⅶ中的状态，在使用R_1之后的更新状态不能达到$\bar{S}_0(x)$，因此，在这种情况下，不会像图3–6中的情况沿着$\bar{S}_0(x)$同时生产产品和更新状态。在附图2–2的区域Ⅷ中，R_1用于生产两种产品，但在图3–6中，R_1仅用于生产P_1。

附录2-D 引理3-2证明

联立方程（3.5）和（3.6）

$$\bar{f}_t(x, y) = \min\left\{(c_{11} - c_{21})x' + (c_{12} - c_{22})y' + \tilde{G}_t(X, Y)\right\}$$

$$\text{s.t.}\rho_{11}(x' - x) + \rho_{12}(y' - y) \leqslant M_1 \tag{3.8}$$

$$\rho_{21}(X' - x) + \rho_{22}(Y' - y) \leqslant M_2 \tag{3.9}$$

$$x \leqslant x' \leqslant X \tag{3.10}$$

$$y \leqslant y' \leqslant Y \tag{3.11}$$

Karush-Kuhn-Tucker（KKT）条件包括（3.8）—（3.10）的非负约束为以下等式：

$$c_{11} - c_{21} + \lambda_1\rho_{11} - \lambda_2\rho_{21} - \lambda_3 + \lambda_4 = 0 \tag{3.12}$$

$$c_{12} - c_{22} + \lambda_1\rho_{12} - \lambda_2\rho_{22} - \lambda_5 + \lambda_6 = 0 \tag{3.13}$$

$$\lambda_1\left[\rho_{11}(x' - x) + \rho_{12}(y' - y) - M_1\right] = 0 \tag{3.14}$$

$$\lambda_2\left[\rho_{21}(X' - x) + \rho_{22}(Y' - y) - M_2\right] = 0 \tag{3.15}$$

$$\lambda_3(x - x') = 0 \tag{3.16}$$

$$\lambda_4(x' - X) = 0 \tag{3.17}$$

$$\lambda_5(y - y') = 0 \tag{3.18}$$

$$\lambda_6(y' - Y) = 0 \tag{3.19}$$

$$\lambda_i \geqslant 0,\ i = 1,\ \cdots,\ 6 \tag{3.20}$$

对于引理3-2（i），如果$\rho_{11}q_{11}^* + \rho_{12}q_{12}^* < M_1$和$\rho_{21}q_{21}^* + \rho_{22}q_{22}^* < M_2$，则由（3.14）和（3.15），$\lambda_1 = \lambda_2 = 0$。根据（3.12）和（3.13），我们有$c_{11} - c_{21} = \lambda_3 - \lambda_4 \leqslant 0$和$c_{12} - c_{22} = \lambda_5 - \lambda_6 = 0$。如果$c_{11} - c_{21} < 0$，则由（3.20），$\lambda_4 > 0$，因此$q_{12}^* = 0$。如果$c_{11} - c_{21} = 0$，由于使用$R_1$或$R_2$来生产$P_1$没有成本差异，我们可以简单地假设资源$R_2$被认为是只有当$R_1$耗尽时才生产$P_1$。根据假设（i），$R_1$仍然可用，因此$q_{12}^* = 0$。同样，我们可以证明$q_{21}^* = 0$。

对于引理3-2（ii），如果$q_{12}^* \times q_{21}^* > 0$，则$\lambda_4 = \lambda_5 = 0$。根据（3.12）和（3.13），$\lambda_1\rho_{11} - \lambda_2\rho_{21} = \lambda_3 - c_{11} + c_{21} \geqslant 0$，$\lambda_1\rho_{12} - \lambda_2\rho_{22} = -\lambda_6 - c_{12} + c_{22} \leqslant 0$。

通过假设$\rho_{11}/\rho_{12} = \rho_{21}/\rho_{22}$，可得$\lambda_1\rho_{11} - \lambda_2\rho_{21}$和$\lambda_1\rho_{12} - \lambda_2\rho_{22}$符号相同，然而，它们不可能都是零，因为我们假设$c_{11} < c_{21}$和$c_{12} > c_{22}$中至少

有一个是真。这就产生了矛盾。

对于引理3-2（iii），如果 $c_{12} > c_{22}$ 且 $\tilde{S}_2(\bar{x}^*) - \bar{y}^* < M_2/\rho_{22}$，则存在 $\delta > 0$，例如 $\tilde{S}_2(\bar{x}^*) - (\bar{y}^* - \delta) < M_2/\rho_{22}$。考虑$(\bar{x}^*, \bar{y}^* - \delta)$，由于它低于 $\bar{S}_2(x)$，在$\bar{S}_0(y)$的右侧，最优的做法是使用R_1生产δ单位的P_2，然后使用R_2生产P_2，直到P_2的库存水平达到$\tilde{S}_2(\bar{x}^*)$。由于$\tilde{S}_2(\bar{x}^*)$是非递增的，因此使用R_2的生产量不大于$\tilde{y}^* - \bar{y}^*$。然而，基于（i），这不是最优的。如果R_1生产δ单元是由R_2产生，则可以进一步降低成本。同样，我们也有当$x > \bar{x}^*$时，$\tilde{S}_2(\bar{x}^*) - \bar{S}_2(x) \geqslant M_2/\rho_{22}$。证毕。

引理3-3证明

引理3-3（i）从$\bar{S}_1(y)$和$\tilde{S}_2(x)$的单调性以及这两条曲线的递减率不能超过相应y或x的变化率这一事实来看是显而易见的。对于（ii），考虑一个点(x^*, y_1)，其中$y^* - M_2/\rho_{22} \leqslant y_1 \leqslant y^*$。如果 $c_{11} < c_{21}$ 和 $c_{12} > c_{22}$，从引理3-2（iii）可知，在(x^*, y_1)处，最优的方法是不使用R_1来生产，而使用R_2来生产P_2到y^*。因此，$\bar{f}_t(x^*, y_1) = \bar{J}_t(x^*, y_1) = \tilde{G}_t(x^*, y^*)$。这意味着$\bar{J}_t^1(x^*, y_1) = \bar{J}_t^1(x^*, y^*) = 0$，因此$\bar{S}_1(y_1) \leqslant x^*$。然而，$\bar{S}_1(y) \downarrow y$也确保$\bar{S}_1(y_1) \geqslant x^*$。我们得出结论：因为$y^* - M_2/\rho_{22} \leqslant y \leqslant y^*$，$\bar{S}_1(y) = x^*$。

如果$c_{11} = c_{21}$和$c_{12} > c_{22}$，$(x^*, y^*) = (\tilde{x}^*, \tilde{y}^*)$，则分析与第一种情况相同。如果$c_{12} = c_{22}$，$(x^*, y^*) = (\bar{x}^*, \bar{y}^*)$。由于使用$R_1$或$R_2$生产$P_2$没有成本差异，在这种情况下，我们简单地让$R_2$生产$P_2$。分析还是与第一种情况相同。证毕。

定理3-1证明

我们基于从6条切换曲线$\bar{S}_i(\cdot)$和$\tilde{S}_i(\cdot)$，$i = 0, 1, 2$得出的决策规则来检查每个区域。在区域Ⅰ中，很明显不基于我们所讨论的原则进行生产。在区域Ⅱ中，首先需要使用R_1来生产P_1，直到R_1耗尽或达到$\bar{S}_1(y)$。更新后的状态在$\tilde{S}_1(y)$的右侧并且在$\tilde{S}_2(x)$之上。因此，R_2不用于生产。在区域Ⅲ中，(x, y)在$\bar{S}_1(y)$的右侧并且在$\bar{S}_2(x)$之上，因此没有R_1用于生产。它低于$\tilde{S}_2(x)$，因此，最优的是使用R_2来生产P_2，直到R_2耗尽或达到$\tilde{S}_2(x)$。在区域Ⅳ中，首先需要使用所有R_1来生产P_1。更新状态高于$\tilde{S}_2(x)$并且仍然在$\tilde{S}_1(y)$的左侧，或者低于$\tilde{S}_2(x)$并且在$\tilde{S}_0(y)$的左侧。因此，最优的是继续使用R_2来生产P_1，直到R_1被耗尽或者如果$y \geqslant \tilde{y}^*$生产至$\tilde{S}_1(y)$，如果$y < \tilde{y}^*$，则使用所有R_2来生产P_1。在区域Ⅴ中，出于与区域Ⅲ中相同的原因，首先使用所有R_1以生产P_1。更新后的状态在$\tilde{S}_0(y)$的左侧，因此继续使用R_2来生产P_1。随着P_1库存水平的增加，在未使用R_2的情况下，状态可以达到$\tilde{S}_0(y)$。因此，它进一步使用R_2同时生产P_1和P_2，直到R_2耗尽或状态达到$(\tilde{x}^*, \tilde{y}^*)$。在区域Ⅵ中，首先使用$R_1$生产$P_1$，直到$R_1$耗尽或达到$\overline{S}_1(y)$。如果$P_1$的更新库存水平不大于$\tilde{x}^*$，则使用$R_2$进一步生产$P_2$是最优的，并且可以验证在状态达到$\tilde{S}_0(y)$之前所有$R_2$将被耗尽。如果$P_1$的更新库存水平大于$\tilde{x}^*$，则使用$R_2$进一步产生$P_2$直到$R_2$耗尽或达到$\tilde{S}_2(x)$将是最优的。在区域Ⅶ中，取决于$(x, y)$是低于还是高于$\overline{S}_0(y)$，首先使用$R_1$分别生产$P_2$或$P_1$。在这两种情况下，状态都可以达到$\overline{S}_0(y)$。然后，$R_1$将用于同时生产两种产品，直到$R_1$耗尽或状态达到$(\bar{x}^*, \bar{y}^*)$。接下来，所有$R_2$将用于生产$P_2$，因为状态不能达到$\tilde{S}_2(x)$。最后，在区域Ⅷ中，$(x, y)$低于曲线$\overline{S}_0(y)$或$\overline{S}_2(x)$。最好先使用$R_1$生产$P_2$，直到$R_1$耗尽或更新后的状态达到$\overline{S}_2(x)$。接下来，由于更新不超过$\overline{S}_2(x)$，所有$R_2$都应该用于生产$P_2$。证毕。

引理3-4证明

考虑KKT条件（3.12）—（3.20）。如果$\rho_{11}q_{11}^* + \rho_{12}q_{12}^* < M_1$，则$\lambda_1 > 01$。由（3.12），$\lambda_4 > 0$，这确保$q_{21}^* = 0$。类似地，从（3.13），$\lambda_6 > 0$，这确保了$q_{22}^* = 0$。证毕。

定理3-2证明

我们基于从6条切换曲线$\overline{S}_i(\cdot)$和$\tilde{S}_i(\cdot)$，$i = 0，1，2$得出的决策原则来检查每个区域。在区域Ⅰ中，由于与定理3-1中类似的原因，不生产是最优的。在区域Ⅱ中，首先需要使用所有的R_1来生产P_1。更新后的状态在$\tilde{S}_1(y)$的右侧，因此，不使用R_2进行生产是最佳的。在区域Ⅲ中，如果$x < \overline{S}_0(y)$，则首先需要使用R_1来生产P_1，直到状态达到$\overline{S}_0(y)$，如果$x > \overline{S}_0(y)$，则首先需要使用R_1来生产P_2，直到状态达到$\overline{S}_0(y)$。然后同时生产两种产品，并沿着$\overline{S}_0(y)$移动到$(\bar{x}^*, \bar{y}^*)$。通过区域的定义，很容易检查更新的库存水平是否至少为$(\tilde{x}^*, \tilde{y}^*)$。因此，在该区域最好不使用$R_1$进行生产。区域Ⅳ与区域Ⅱ对称。在区域Ⅴ中，因为状态在$\overline{S}_0(y)$的左侧，所以首先需要使用所有R_1来生产P_1。如果$y \geqslant \bar{y}^*$，则更新后的状态在$\overline{S}_1(y)$的左侧，因此，需要使用R_2来生产P_1，直到R_2被耗尽或P_1被生产到$\overline{S}_1(y)$。如果$y < \bar{y}^*$，则更新的状态在$\overline{S}_0(y)$的左侧，并且即使所有R_2都用于生产P_1，它也达不到。因此，所有R_2将用于生产P_1。在区域Ⅵ中，类似地，首先需要使用R_1来生产P_1。更新后的状态在$\overline{S}_0(y)$的左侧，因此，继续使用R_2生产P_1，直到状态达到$\overline{S}_0(y)$，然后使用R_2产生两种产品，并沿着$\overline{S}_0(y)$移动状态，直到R_2耗尽或状态达到$(\tilde{x}^*, \tilde{y}^*)$。在区域Ⅶ中，如果状态在$\overline{S}_0(y)$的左侧，则首先需要使用$R_1$来生产$P_1$，直到状态达到$\overline{S}_0(y)$，然后使用$R_1$来生产两种产品，并沿着$\overline{S}_0(y)$移动状态，直到$R_1$耗尽。很容易检查更新后的状态是否无法达到$(\tilde{x}^*, \tilde{y}^*)$。因此，它需要使用$R_2$沿着$\overline{S}_0(y)$生产两种产品，直到$R_2$耗尽或状态达到$(\tilde{x}^*, \tilde{y}^*)$。区域Ⅷ和Ⅸ分别与Ⅵ和Ⅴ对称。因此，证明被省略。证毕。

推论3-1证明

我们基于从6条切换曲线$\overline{S}_i(\cdot)$和$\tilde{S}_i(\cdot)$，$i = 0, 1, 2$得出的决策原则来检查每个区域。在区域Ⅰ中，由于与定理3-1中类似的原因，不生产是最优的。在区域Ⅱ中，首先需要使用所有的R_1来生产P_1。更新后的状态在$\tilde{S}_1(y)$的右侧和$\tilde{S}_2(x)$的上方，因此不使用R_2进行生产是最优的。在区域Ⅲ中，如果$x < \overline{S}_0(y)$，则首先需要使用R_1来生产P_1，直到状态达到$\overline{S}_0(y)$，如果$x > \overline{S}_0(y)$，则首先需要使用R_1来生产P_2，直到状态达到$\overline{S}_0(y)$。然后同时产生两种产品，状态沿着$\overline{S}_0(y)$移动到$(\bar{x}^*, \bar{y}^*)$。通过区域的定义，很容易检查更新的库存水平是否至少为$(\tilde{x}^*, \tilde{y}^*)$。因此，在该区域最好不使用$R_2$进行生产。区域Ⅳ与区域Ⅱ对称。在区域Ⅴ中，因为状态在$\overline{S}_0(y)$的左侧，所以首先需要使用所有R_1来生产P_1。如果$y \geq \tilde{y}^*$，则更新后的状态在$\tilde{S}_1(y)$的左侧，因此，需要使用R_2来生产P_1，直到R_2被耗尽或P_1被生产到$\tilde{S}_1(y)$。如果$y < \tilde{y}^*$，则更新的状态在$\tilde{S}_0(y)$的左侧，并且即使所有R_2都用于生产P_1，它也不能达到$\tilde{S}_0(y)$。因此，需要使用所有的R_2来生产P_1。在区域Ⅵ中，类似地，首先需要使用R_1来产生P_1。如果更新后的状态在$\tilde{S}_0(y)$的左侧，则使用R_2生产P_1，直到状态达到$\tilde{S}_0(y)$，然后使用R_2产生两种产品并沿着$\overline{S}_0(y)$移动状态，直到R_2耗尽或状态达到$(\tilde{x}^*, \tilde{y}^*)$。在区域Ⅶ中，首先它需要使用所有的$R_1$来生产$P_1$，因为更新的状态不能达到$\overline{S}_0(y)$。可以检查更新的状态低于$\tilde{S}_0(y)$或$\tilde{S}_1(x)$。因此，需要使用$R_2$来生产$P_2$，直到$R_2$耗尽或状态达到$\tilde{S}_1(x)$。$P_2$不是由$R_1$生产的，因为不能达到$\tilde{S}_0(y)$。在区域Ⅷ中，如果状态在$\overline{S}_0(y)$的左（右）侧，则需要使用$P_1$来生产$R_1$（$R_2$），直到状态达到$\overline{S}_0(y)$，然后使用$R_1$的其余部分来产生两种产品并沿着$\overline{S}_0(y)$移动状态。更新后的状态低于$\tilde{S}_0(y)$或$\tilde{S}_1(x)$。因此，需要使用$R_2$来生产$P_2$，直到状态达到$\tilde{S}_1(x)$或$R_2$耗尽，或者如果状态达到$\tilde{S}_0(y)$，则使用$R_2$来产生两者，直到$R_2$耗尽或状态达到$(\tilde{x}^*, \tilde{y}^*)$。在Ⅸ中，类似于定理3-1，最优的是使用所有的$R_1$来生产$P_2$，然后使用$R_2$来生产$P_2$，直到$R_2$耗尽或状态达到$\tilde{S}_2(x)$。证毕。

附录2-E　状态空间的分段

对情况$c_{11} \leq c_{21}$，$c_{22} \leq c_{12}$的状态空间进行分割：

Ⅰ：$=\{(x, y): x > \overline{S}_1(y), y \geq \tilde{S}_2(x)\}$

Ⅱ：$=\{(x, y): \overline{S}_1(y) > x \geq \tilde{S}_1(y) - M_1/\rho_{11}, y \geq \tilde{S}_2(x - M_1/\rho_{11}) \vee y^*\}$

Ⅲ：$=\{(x, y): x > \tilde{S}_1(y), \tilde{S}_2(x) > y \geq \overline{S}_2(x)\}$

Ⅳ：$=\{(x, y): x < \tilde{S}_1(y) - M_1/\rho_{11}, y \geq \tilde{y}^*\} \cup \{(x, y): x < \overline{S}_0(y) - M_1/\rho_{11} -$

$M_2/\rho_{21},\ y<\tilde{y}^*\}$

Ⅴ：$=\{(x,\ y):(\tilde{S}_0(y+M_2/\rho_{22})-M_1/\rho_{11})\wedge(\tilde{x}^*-M_1/\rho_{11})>x\geq\tilde{S}_0(y)-M_1/\rho_{11}-M_2/\rho_{21},\ y<\tilde{y}^*\}$

Ⅵ：$=\{(x,\ y):\ \tilde{S}_0(y+M_2/\rho_{22})-M_1/\rho_{11}\leq x<\overline{S}_0(y)-M_1/\rho_{11},\ y<\overline{y}^*\}\cup\{(x,\ y):\overline{S}_1(y)>x\geq(\tilde{x}^*-M_1/\rho_{11})\wedge\tilde{S}_0(y+M_2/\rho_{22})-M_1/\rho_{11},\ \tilde{S}_2(x-M_1/\rho_{11})\vee y^*>y\geq\overline{y}^*\}$

Ⅶ：$=\{(x,\ y):\ \overline{x}^*\wedge\overline{S}_0(y+M_2/\rho_{12})>x\geq\overline{S}_0(y)-M_1/\rho_{11},\ y<\overline{y}^*\}$

Ⅷ：$=\{(x,\ y):\ \overline{x}^*\wedge\overline{S}_0(y+M_2/\rho_{12})\leq x,\ y<\overline{S}_2(x)\}$

对情况$c_{11}<c_{21}$，$c_{12}<c_{22}$和$\rho_{11}^{-1}(c_{11}-c_{21})=\rho_{12}^{-1}(c_{12}-c_{22})$的状态空间进行分割：

Ⅰ：$=\{(x,\ y):\ x\geq\overline{S}_1(y),\ y\geq\tilde{S}_2(x)\}$

Ⅱ：$=\{(x,\ y):\overline{S}_1(y)>x\geq\tilde{S}_1(y)-M_1/\rho_{11},\ y\geq\overline{y}^*\}\cup\{(x,\ y):\ \tilde{S}_0(y)-M_1/\rho_{11}>x\geq\tilde{S}_1(y)-M_1/\rho_{11},\ y<\overline{y}^*\}$

Ⅲ：$=\{(x,\ y):\ \overline{y}^*>y\geq(\tilde{y}^*-M_1/\rho_{12}),\ \overline{S}_0(y+M_1/\rho_{12})\wedge\overline{x}^*>x\geq(\tilde{S}_1(y)-M_1/\rho_{11})\vee(-\rho_{12}y/\rho_{11}+\tilde{x}^*+(\tilde{y}^*-M_1/\rho_{12})\rho_{12}/\rho_{11})\}$

Ⅳ：$=\{(x,\ y):\ x\geq\overline{S}_0(y+M_1/\rho_{12})\wedge\overline{x}^*,\ \overline{S}_2(x)>y\geq\tilde{S}_2(x)-M_1/\rho_{12}\}$

Ⅴ：$=\{(x,\ y):\ x<\tilde{S}_0(y)-M_1/\rho_{11}-M_2/\rho_{21},\ y<\tilde{y}^*\}\cup\{(x,\ y):\ x<\tilde{S}_1(y)-M_1/\rho_{11},\ y\geq\overline{y}^*\}$

Ⅵ：$=\{(x,\ y):\ \tilde{S}_0(y)-M_1/\rho_{11}>x\geq\tilde{S}_0(y)-M_1/\rho_{11}-M_2/\rho_{21},\ y<\tilde{y}^*\}$

Ⅶ：$=\{(x,\ y):\overline{S}_0(y+M_1/\rho_{12})>x\geq\tilde{S}_0(y)-M_1/\rho_{11},\ y<(-x+\tilde{x}^*)\rho_{11}/\rho_{12}+\tilde{y}^*-M_1/\rho_{12}\}$

Ⅷ：$=\{(x,\ y):\overline{S}_0(y+M_1/\rho_{12})\leq x<\tilde{S}_0(y+M_1/\rho_{12}+M_2/\rho_{22})\wedge\tilde{x}^*,\ y<\tilde{y}^*\}$

Ⅸ：$=\{(x,\ y):\ x\geq\tilde{S}_0(y+M_1/\rho_{12}+M_2/\rho_{22})\wedge\tilde{x}^*,\ y<\tilde{S}_2(x)-M_1/\rho_{12}\}$

对情况$c_{11}<c_{21}$，$c_{12}<c_{22}$和$\rho_{11}^{-1}(c_{11}-c_{21})<\rho_{12}^{-1}(c_{12}-c_{22})$的状态空间进行分割：

令$(x',\ y')$表示$\overline{S}_0(y)$和$\tilde{S}_2(x)$的交集

Ⅰ：$=\{(x,\ y):\ x\geq\overline{S}_1(y),\ y\geq\tilde{S}_2(x)\}$

Ⅱ： $=\{(x, y):\bar{S}_1(y)>x\geqslant\tilde{S}_1(y)-M_1/\rho_{11},\ y\geqslant\bar{y}^*\}$
$\cup\{(x, y):\ \tilde{S}_0(y)-M_1/\rho_{11}>x\geqslant\tilde{S}_1(y)-M_1/\rho_{11},\ y<\bar{y}^*\}$

Ⅲ： $=\{(x, y):\ \bar{y}^*>y\geqslant(y'-M_1/\rho_{12}),\ (\bar{S}_0(y+M_1/\rho_{12}))\wedge\bar{x}^*>x\geqslant(\bar{S}_0(y)-M_1/\rho_{11})\vee(x'-\rho_{12}/\rho_{11}(y-y'+M_1/\rho_{12}))\}$

Ⅳ： $=\left\{(x, y):\ x\geqslant(\bar{S}_0(y+M_1/\rho_{12}))\wedge\bar{x}^*,\ \bar{S}_2(x)>y\geqslant\tilde{S}_2(x)-M_1/\rho_{12}\right\}$

Ⅴ： $=\left\{(x, y):\ x<\tilde{S}_0(y)-M_1/\rho_{11}-M_2/\rho_{21},\ y<\tilde{y}^*\right\}$
$\cup\left\{(x, y):\ x<\tilde{S}_1(y)-M_1/\rho_{11},\ y\geqslant\bar{y}^*\right\}$

Ⅵ： $=\{(x, y):(\tilde{S}_0(y+M_2/\rho_{22})-M_1/\rho_{11})\wedge(\tilde{x}^*-M_1/\rho_{11})>x\geqslant\tilde{S}_0(y)-M_1/\rho_{11}-M_2/\rho_{21},\ y<\tilde{y}^*\}$

Ⅶ： $=\{(x, y):(\bar{S}_0(y)-M_1/\rho_{11})\wedge(\tilde{S}_0(y+M_2/\rho_{22})-M_1/\rho_{11})>x\geqslant(\tilde{S}_0(y+M_2/\rho_{22})-M_1/\rho_{11})\wedge(\tilde{x}^*-M_1/\rho_{11})\wedge(\bar{S}_0(y)-M_1/\rho_{11})$
$y<\tilde{S}_2(x+M_1/\rho_{11})\}$

Ⅷ： $=\{(x, y):\ x>\tilde{x}^*,\ \bar{S}_0(y)-M_1/\rho_{11}\leqslant x<\bar{S}_0(y+M_1/\rho_{12}),\ y<(-\rho_{11}x/\rho_{12}+\rho_{11}x'/\rho_{12}-y'+M_1/\rho_{12})\}\cup\{(x, y):\ x\leqslant\tilde{x}^*,\ \bar{S}_0(y)-M_1/\rho_{11}\leqslant x<\bar{S}_0(y+M_1/\rho_{12})\vee\tilde{S}_0(y+M_1/\rho_{21}+M_2/\rho_{22}),\ y<(-\rho_{11}x/\rho_{12}+\rho_{11}x'/\rho_{12}-y'+M_1/\rho_{12})\}$

Ⅸ： $=\{(x, y):\ x>\tilde{x}^*,\ x\geqslant\tilde{S}_0(y+M_1/\rho_{12}),\ y<\tilde{S}_2(x)-M_1/\rho_{12}\}$
$\cup\left\{(x, y):\ x\leqslant\tilde{x}^*,\ x\geqslant\tilde{S}_0(y+M_1/\rho_{12})\vee\tilde{S}_0(y+M_1/\rho_{21}+M_2/\rho_{22})\right\}$

附录3

引理4-1证明

首先考虑缺货情形。足以证明任何$z_t>y_{1t}^{*+}$或$z_t<-y_{2t}^{*+}$都不是最优的。令Π表示最优补货和转运策略。假设在$\Pi z_t>y_{1t}^{*+}$下，那么转运后但在实现需求之前，地点1的库存水平将为$y_{1t}^{*+}-z_t^*<0$且所有$y_{1t}^{*+}-z_t^*$的单位将缺货。假设其中一个缺货单位在时期t_1（$t<t_1\leqslant T+1$）内得到补货，现在考虑一种替代的补货和转运策略，通过以下方式调整Π'：在时期t在地点1多补货一个单位，在时期t_1少补充一个单位；所有其他决定与Π相同。请注意，Π和Π'的决策规则与未来需求无关，

因此这两种策略都是非预期的。令$f_t^{\Pi}(x_{1t}, x_{2t})$和$f_t^{\Pi'}(x_{1t}, x_{2t})$分别为Π和Π′的预期总折现成本，那么根据假设1，对于任何样本路径都很容易验证

$$f_t^{\Pi}(x_{1t}, x_{2t}) - f_t^{\Pi'}(x_{1t}, x_{2t}) = b_{1t} + \gamma b_{1,t+1} + \cdots + \gamma^{t_1-t-1} b_{1,t_1-1} + \gamma^{t_1-t} c_{1,t_1} - c_{1t} \geqslant b_{1t} + \gamma b_{1,t+1} + \cdots + \gamma^{t_1-t-2} b_{1,t_1-2} + \gamma^{t_1-t-1} c_{1,t_1-1} - c_{1t} \geqslant \cdots \geqslant b_{1t} + \gamma c_{1,t+1} - c_{1t} \geqslant 0$$

因此，Π′优于Π。这与Π是最优的假设相矛盾。使用相同的逻辑，我们可以通过在时期t给地点1补货直到所有的缺货都被消除来进一步降低Π′的期望成本。同样，我们可以证明$z_t < -y_{2t}^{*+}$不是最优的。

接下来，我们展示了该性质仍然适用于销售损失模型。考虑到$b_{it} \geqslant c_{it}$的假设是显而易见的，因为当可能发生损失时，最好增加库存以防止更高的销售损失成本。因此，对于销售损失模型，我们可以通过去除约束$-y_{2t} \leqslant z_t \leqslant y_{1t}$来考虑（1）的等价问题。

引理4-2证明

根据$L^{\natural}$-凸性的定义，我们只需要证明对于任意$\xi \in R$，$G_t(y_{1t}-\xi, y_{2t}+\xi)$在$(y_{1t}, -y_{2t}, \xi)$中是次模的，并且$h_{jt}+b_{jt}+G_t^j(y_{1t}, y_{2t}) \geqslant 0 (j=1, 2)$。令$\tilde{y}_{2t}=-y_{2t}$和$\tilde{G}_t(y_{1t}, \tilde{y}_{2t}) = G_t(y_{1t}, -y_{2t})$。对于第一部分，它等价于证明$\tilde{G}_t(y_{1t}-\xi, \tilde{y}_{2t}-\xi)$在$(y_{1t}, \tilde{y}_{2t}, \xi)$中是次模的。

因为对于$i=1, 2$，$h_{it} + b_{it} + \gamma f_{t+1}^i(x_{1,t+1}, x_{2,t+1}) \geqslant 0$，并且知道对于任何递增函数$\varnothing(x)$，$\varnothing(x^+) = \min\limits_{q \geqslant 0,\ x+q \geqslant 0} \varnothing(x+q)$，我们得

$$\begin{aligned}
\tilde{G}_t(y_{1t}-\xi, \tilde{y}_{2t}-\xi) &= E_{d_1, d_2}[h_{1t}(y_{1t}-\xi-d_1)^+ + b_{1t}(y_{1t}-\xi-d_1)^- + h_{2t}(-y_{2t}+\xi-d_2)^+ \\
&\quad + b_{2t}(-\tilde{y}_{2t}+\xi-d_2)^- + \gamma f_{t+1}((y_{1t}-\xi-d_1)^+, (-\tilde{y}_{2t}+\xi-d_2)^+)] \\
&= E_{d_1, d_2}[\min_{\substack{q_1 \geqslant 0,\ y_{1t}-\xi-d_1+q_1 \geqslant 0 \\ q_2 \geqslant 0,\ -\tilde{y}_{2t}+\xi-d_2+q_2 \geqslant 0}} \{(h_{1t}+b_{1t})(y_{1t}-\xi-d_1+q_1) + (h_{2t}+b_{2t}) \\
&\quad (-\tilde{y}_{2t}+\xi-d_2+q_2) + \gamma f_{t+1}(y_{1t}-\xi-d_1+q_1, -\tilde{y}_{2t}+\xi-d_2+q_2)\} \\
&\quad - b_{1t}(y_{1t}-\xi-d_1+q_1) - b_{2t}(-\tilde{y}_{2t}+\xi-d_2+q_2)] \\
&= E_{d_1, d_2}[\min_{\substack{\bar{y}_{1t} \geqslant y_{1t},\ \bar{y}_{1t}-\xi \geqslant d_1 \\ \tilde{y}_{2t} \geqslant \bar{y}_{2t},\ \xi-\bar{y}_{2t} \geqslant d_2}} \{(h_{1t}+b_{1t})(\bar{y}_{1t}-\xi-d_1) + (h_{2t}+b_{2t})
\end{aligned}$$

$$\left(-\tilde{y}_{2t}+\xi-d_2\right)+\gamma f_{t+1}\left(\bar{y}_{1t}-\xi-d_1,\ -\bar{y}_{2t}+\xi-d_2\right)\}-$$
$$b_{1t}\left(\bar{y}_{1t}-\xi-d_1\right)-b_{2t}\left(-\bar{y}_{2t}+\xi-d_2\right)]$$

其中 $y_{1t}+q_1=\bar{y}_{1t}$，$\tilde{y}_{2t}-q_2=\bar{y}_{2t}$。我们注意到，虽然上面第二个等式的约束不是子格，但我们在最后一个等式中发现的约束的变换使它们成为 $(y_1,\ \bar{y}_1,\ \xi,\ \bar{y}_2,\ \tilde{y}_2)$ 中的子格，因为每个 d_i 是一个随机变量，可以被视为常数。如果 $f_{t+1}(x_{1,\,t+1},\ x_{2,\,t+1})$ 在 $(x_{1,\,t+1},\ -x_{2,\,t+1})$ 中是 $L^{\natural}$-凸的，那么，$f_{t+1}(\bar{y}_{1t}-\xi-d_1,\ -\bar{y}_{2t}+\xi-d_2)$ 在 $(\bar{y}_{1t},\ -\bar{y}_{2t},\ \xi)$ 中是次模的，因此，由 Topkis（1998），$\tilde{G}_t(y_{1t}-\xi,\ \tilde{y}_{2t}-\xi)$ 在 $(y_{1t},\ \tilde{y}_2,\ \xi)$ 中是次模的，等价地，$G_t(y_{1t}-\xi,\ y_{2t}+\xi)$ 在 $(y_{1t},\ -y_{2t},\ \xi)$ 中是次模的。因此，$G_t(y_{1t},\ y_{2t})$ 在 $(y_{1t},\ -y_{2t})$ 中是 $L^{\natural}$-凸的。因此，第一个论断是正确的。为了引出第二个论断，我们设想，对于 $\delta>0$，

$$\begin{aligned}G_t(y_{1t}+\delta,\ y_{2t})-G_t(y_{1t},\ y_{2t})=&E_{d_1,\,d_2}[(h_{1t}+b_{1t})\left((y_{1t}+\delta-\xi-d_1)^+-(y_{1t}-\xi-d_1)^+\right)-\\&b_{1t}(y_{1t}+\delta-\xi-d_1)+b_{1t}(y_{1t}-\xi-d_1)+\gamma f_{t+1}\\&\left((y_{1t}+\delta-\xi-d_i)^+,\ (y_{2t}+\xi-d_2)^+\right)-\\&\gamma f_{t+1}\left((y_{1t}-\xi-d_i)^+,\ (y_{2t}+\xi-d_2)^+\right)]=E_{d_1,\,d_2}\\&[(h_{1t}+b_{1t})\left((y_{1t}+\delta-\xi-d_1)^+-(y_{1t}-\xi-d_1)^+\right)-\\&b_{1t}\delta-\gamma f_{t+1}((y_{1t}-\xi-d_i)^+,\ (y_{2t}+\xi-d_2)^+)]\geqslant\\&-b_{1t}\delta>-\gamma^{-1}(h_{1t}+b_{1t})\delta\end{aligned}$$

其中第一个不等式根据假设成立，$(h_{1t}+b_{1t})x_{1,\,t+1}+\gamma f_{t+1}(x_{1,\,t+1},\ x_{2,\,t+1})$ 是关于 $x_{1,\,t+1}$ 的递增函数。两边同时除以 δ，令 δ 趋于零得到 $h_{1t}+b_{1t}+\gamma G_t^1(y_{1t},\ y_{2t})\geqslant 0$。同理，$h_{2t}+b_{2t}+\gamma G_t^2(y_{1t},\ y_{2t})\geqslant 0$。这保证了当前引理的两个论断。

定理 4–1 证明

（i）考虑缺货的情况：

根据 $L^{\natural}$-凸性的定义，我们需要证明对于任意 $w\in R$，

$$\begin{aligned}f_t(x_{1t}-w,\ x_{2t}+w)=\min_{y_{1t}\geqslant x_{1t}-w,\ y_{2t}\geqslant x_{2t}+w,\ z_t}&\{c_{1t}(y_{1t}-x_{1t}+w)+c_{2t}(y_{2t}-x_{2t}-w)+\\&c_{12t}z_t^+ +c_{21t}z^- +G_t(y_{1t}-z_t,\ y_{2t}+z_t)\}\end{aligned}$$

在 $(x_{1t},\ -x_{2t},\ w)$ 中是次模的。在时间范围的最终，显然

$f_{T+1}(x_{1t}, x_{2t})$在$(x_{1t}, -x_{2t})$中是$L^{\natural}$-凸的，因此$f_{T+1} \in V$。通过归纳，我们假设$f_{t+1}(x_{1,t+1}, x_{2,t+1})$在$(x_{1,t+1}, -x_{2,t+1})$中是$L^{\natural}$-凸的。在$t$时期，通过令$\bar{y}_{1t} = y_{1t} + w$，$\bar{y}_{2t} = y_{2t} - w$和$\overline{z_t} = z_t + w$，

$$f_t(x_{1t} - w, x_{2t} + w) = \min_{\bar{y}_{1t} \geqslant x_{1t}, \bar{y}_{2t} \geqslant x_{2t}, \bar{z}} \{c_{1t}(\bar{y}_{1t} - x_{1t}) + c_{2t}(\bar{y}_{2t} - x_{2t}) +$$

$$c_{12t}(\bar{z} - w)^+ + c_{21t}(\bar{z}_t - w)^- + G_t(\bar{y}_{1t} - \bar{z}_t, \bar{y}_{2t} + \bar{z}_t)\}$$

由于$f_{t+1}(\bar{y}_{1t}, \bar{y}_{2t}) \in V$且$L^{\natural}$-凸性在期望下保持，因此

$$\gamma E f_{t+1}(\varnothing(\bar{y}_{1t} - \bar{z}_t - D_{1t}), \varnothing(\bar{y}_{2t} + \bar{z}_t - D_{2t})) = \gamma E f_{t+1}(\bar{y}_{1t} - \bar{z}_t - D_{1t}, \bar{y}_{2t} + \bar{z}_t - D_{2t})$$

在$(\bar{y}_{1t}, -\bar{y}_{2t}, \bar{z}_t)$中是次模的。此外，$g_t(\bar{y}_{1t}, \bar{y}_{2t})$的凸性假设确保$g_t(\bar{y}_{1t} - \bar{z}_t, \bar{y}_{2t} + \bar{z}_t)$在$(\bar{y}_{1t}, -\bar{y}_{2t}, \bar{z}_t)$中是次模的。因此，$G_t(\bar{y}_{1t} - \bar{z}_t, \bar{y}_{2t} + \bar{z}_t)$在$(\bar{y}_{1t}, -\bar{y}_{2t}, \bar{z}_t)$中是次模的。很容易检查$c_{12t}(\bar{z}_t - w)^+ + c_{21t}(\bar{z}_t - w)^-$在$(\bar{z}_t, w)$中是次模的，并且前两项是线性的。因此，$Q_t(x_{1t}, -x_{2t}, \bar{y}_{1t}, -\bar{y}_{2t}, \bar{z}_t, w) = c_{1t}(\bar{y}_{1t} - x_{1t}) + c_{2t}(\bar{y}_{2t} - x_{2t}) + c_{12t}(\bar{z}_t - w)^+ + c_{21t}(\bar{z}_t - w)^- + G_t(\bar{y}_{1t} - \bar{z}_t, \bar{y}_{2t} + \bar{z}_t)$在子格$\{\bar{y}_{1t} \geqslant x_{1t}, \bar{y}_{2t} \geqslant x_{2t}, \bar{z}_t\}$上的$(x_{1t}, -x_{2t}, \bar{y}_{1t}, -\bar{y}_{2t}, \overline{z}_t, w)$中是次模的。根据Topkis（1998）中定理2.7.6，$f_{t+1}(\bar{y}_{1t} - \bar{z}_t, \bar{y}_{2t} + \bar{z}_t)$在$(\bar{y}_{1t}, -\bar{y}_{2t}, \bar{z}_t)$中是次模的，因此$f_t(x_{1t}, x_{2t})$在$(x_{1t}, -x_{2t})$中是$L^{\natural}$-凸的，即$f_t \in V$。

（ii）考虑销售损失的情况：

为了证明$f_t \in V$，根据$L^{\natural}$-凸性的定义，我们需要证明对于任意$w \in R$，

$$f_t(x_{1t} - w, x_{2t} + w) = \min_{y_{1t} \geqslant x_{1t} - w, y_{2t} \geqslant x_{2t} + w} \{c_{1t}(y_{1t} - x_{1t} + w) + c_{2t}(y_{2t} - x_{2t} - w) + c_{12t} z_t^+$$

$$+ c_{21t} z^- + G_t(y_{1t} - z_t, y_{2t} + z_t)\}$$

在$(x_{1t}, -x_{2t}, w)$中是次模的。很直观，$f_{T+1}(x_{1,T+1}, x_{2,T+1}) = -c_{1,T+1} x_{1,T+1} - c_{2,T+1} x_{2,T+1}$在$(x_{1,T+1}, -x_{2,T+1})$中是$L^{\natural}$-凸的，对于$x_{1,T+1} \geqslant 0$和$x_{2,T+1} \geqslant 0$，从假设2可以清楚地看出，$h_{jT} + b_{jT} + \gamma f_{T+1}^{j}(x_{1,T+1}, x_{2,T+1}) \geqslant 0$，对于$j = 1, 2$。

通过归纳，我们假设$f_{t+1}(x_{1,t+1}, x_{2,t+1})$在$(x_{1,t+1}, -x_{2,t+1})$中是

$L^{\natural}$-凸的，且$h_{jt} + b_{jt} + \gamma f_{t+1}^{j}(x_{1,t+1}, x_{2,t+1}) \geq 0$，对于$j = 1, 2$。在时期t，根据引理4-2，$G_t(y_{1t}, y_{2t})$在$(y_{1t}, -y_{2t})$中是$L^{\natural}$-凸的，且$h_{it} + b_{it} + \gamma G_t^{i}(y_{1t}, y_{2t}) \geq 0$。通过令$\bar{y}_{1t} = y_{1t} + w$，$\bar{y}_{2t} = y_{2t} - w$和$\bar{z}_t = z_t + w$，

$$f_t(x_{1t} - w, x_{2t} + w) = \min_{\bar{y}_{1t} \geq x_{1t}, \bar{y}_{2t} \geq x_{2t}} \{c_{1t}(\bar{y}_{1t} - x_{1t}) + c_{2t}(\bar{y}_{2t} - x_{2t}) + c_{12t}(\bar{z}_t - w)^{+} + c_{21t}(\bar{z}_t - w)^{-} + G_t(\bar{y}_{1t} - \bar{z}_t, \bar{y}_{2t} + \bar{z}_t)\}$$

因此，$G_t(\bar{y}_{1t} - \bar{z}_t, \bar{y}_{2t} + \bar{z}_t)$在$(\bar{y}_{1t}, -\bar{y}_{2t}, \bar{z}_t)$中是次模的。很容易检查$c_{12t}(\bar{z}_t - w)^{+} + c_{21t}(\bar{z}_t - w)^{-}$在$(\bar{z}_t - w)$中是次模的，并且前两项是线性的。因此，$Q_t(x_{1t}, -x_{2t}, \bar{y}_{1t}, -\bar{y}_{2t}, \bar{z}_t, w) = c_{1t}(\bar{y}_{1t} - x_{1t}) + c_{2t}(\bar{y}_{2t} - x_{2t}) + c_{12t}(\bar{z}_t - w)^{+} + c_{21t}(\bar{z}_t - w)^{-} + G_t(\bar{y}_{1t} - \bar{z}_t, \bar{y}_{2t} + \bar{z}_t)$在子格$\{\bar{y}_{1t} \geq x_{1t}, \bar{y}_{2t} \geq x_{2t}\}$上的$(x_{1t}, -x_{2t}, \bar{y}_{1t}, -\bar{y}_{2t}, \bar{z}_t, w)$中是次模的。根据Topkis（1998）中定理2.7.6，$f_{t+1}(\bar{y}_{1t} - \bar{z}_t, \bar{y}_{2t} + \bar{z}_t)$在$(\bar{y}_{1t}, -\bar{y}_{2t}, \bar{z}_t)$中是次模的，因此$f_t(x_{1t}, x_{2t})$在$(x_{1t}, -x_{2t})$中是$L^{\natural}$-凸的，即$f_t \in V$。

注意，由于成本函数的$L^{\natural}$-凸性，最优补货和转运策略可以近似描述为定理4-2中的缺货模型。可以使用图4-3对其进行可视化，唯一的区别是状态空间现在被限制在第一象限。从图4-3中我们可以看到，$\bar{y}_1^2$是x_{it}的下限，因此如果$x_{it} < \bar{y}_1^2$，则不会从地点1转运到地点2。假设2确保$\bar{y}_1^2 \geq \bar{y}_1^0 \geq 0$。接下来，我们忽略显而易见的情况：$\bar{y}_1^2 = \bar{y}_1^0 = 0$，即当$b_{1t} = c_{it}$和$c_{1t} + c_{12t} = c_{2t}$时该情况发生，并考虑$\bar{y}_1^2 > 0$。

当$\delta > 0$时，令y_1^*和y_2^*表示两个地点的最优补货水平，z^*表示对于$(x_{1t} + \delta, x_{2t})$的转运量。很明显对于$(x_{1t}, x_{2t})$，$y_1^* - \delta$和$y_2^*$是两个位置上可行的补货水平。令$\delta$足够小（即$\delta < \bar{y}_1^2$），那么$z^*$对于$(x_{1t}, x_{2t})$也是可行的转运量。因此，

$$f_t(x_{1t}+\delta,\ x_{2t})-f_t(x_{1t},\ x_{2t})=\min_{\substack{y_{1t}\geqslant x_{1t}+\delta,\ y_{2t}\geqslant x_{2t}\\ -y_{2t}\leqslant z_t\leqslant y_{1t}}}\{c_{1t}(y_{1t}-x_{1t}-\delta)+$$
$$c_{2t}(y_{2t}-x_{2t})+c_{12t}z_t^{+}+c_{21t}z_t^{-}+$$
$$G_t(y_{1t}-z_t,\ y_{2t}+z_t)\}-\min_{\substack{y_{1t}\geqslant x_{1t},\ y_{2t}\geqslant x_{2t}\\ -y_{2t}\leqslant z_t\leqslant y_{1t}}}$$
$$\{c_{1t}(y_{1t}-x_{1t})+c_{2t}(y_{2t}-x_{2t})+c_{12t}z_t^{+}+$$
$$c_{21t}z_t^{-}+G_t(y_{1t}-z_t,\ y_{2t}+z_t)\}\geqslant c_{1t}$$
$$(y_1^{*}-x_{1t}-\delta)+c_{2t}(y_2^{*}-x_{2t})+c_{12t}z^{*+}+$$
$$c_{21t}z^{*-}+G_t(y_1^{*}-z^{*},\ y_2^{*}+z^{*})-$$
$$c_{1t}(y_1^{*}-x_{1t}-\delta)-c_{2t}(y_2^{*}-x_{2t})-c_{12t}z^{*+}-$$
$$c_{21t}z^{*-}-G_t(y_1^{*}-z^{*}-\delta,\ y_2^{*}+z^{*})$$
$$\geqslant-\gamma^{-1}(h_{1t}+b_{1t})\delta$$

其中第二个不等式来自引理4-2。两边同时除以δ，令δ趋于零得到$h_{1t}+b_{1t}+\gamma f_t^{1}(x_{1t}+\delta,\ x_{2t})\geqslant 0$。同理，$h_{2t}+b_{2t}+\gamma f_t^{2}(x_{1t}+\delta,\ x_{2t})\geqslant 0$。这就完成了证明。

引理4-4的证明

为了验证（a1），对于地点2，任意选择两个库存水平y_{2t}^1和y_{2t}^2，使得$y_{2t}^1<y_{2t}^2$。由于$G_t\in V$，$G_t(y_{1t}-z_t,\ y_{2t}+z_t)$在$(y_{1t},\ y_{2t})$中是超模的，所以$c_{1t}+G_t^1(y_{1t}-z_t,\ y_{2t}+z_t)$在$y_{1t}$和$y_{2t}$中是非减的。因此，$c_{1t}+G_t^1(s_{1t}(y_{2t}^2,\ z_t)-z_t,\ y_{2t}^1+z_t)\leqslant c_{1t}+G_t^1(s_{1t}(y_{2t}^2,\ z_t)-z_t,\ y_{2t}^2+z_t)\leqslant 0$。由$s_{1t}$的定义可知，$s_{1t}(y_{2t}^1,\ z_t)\geqslant s_{1t}(y_{2t}^2,\ z_t)$和$s_{1t}(y_{2t},\ z_t)\downarrow y_{2t}$。因为$s_{1t}(y_{2t},\ z_t)$和$s_{2t}(y_{1t},\ z_t)$是对称的，所以$s_{2t}(y_{1t},\ z_t)\downarrow y_{1t}$可以类似地证明。

对于（a2），$G_t\in V$保证$G_t^1(y_{1t}-z_t,\ y_{2t}+z_t)-G_t^2(y_{1t}-z_t,\ y_{2t}+z_t)\uparrow y_{1t}\downarrow y_{2t}$。同时对于任意$\delta>0$,

$$G_t(y_{1t}-z_t,\ y_{2t}+z_t)-G_t(y_{1t}-z_t-\delta,\ y_{2t}+z_t+\delta)$$
$$=-\int_0^{\delta}\frac{\partial G_t(y_{1t}-z_t-\xi,\ y_{2t}+z_t+\xi)}{\partial\xi}d\xi=\int_0^{\delta}[G_t^1(y_{1t}-z_t-\xi,\ y_{2t}+z_t+\xi)$$
$$-G_t^2(y_{1t}-z_t-\xi,\ y_{2t}+z_t+\xi)]\mathrm{d}\xi$$

且$G_t^1(y_{1t}-z_t,\ y_{2t}+z_t)-G_t^2(y_{1t}-z_t-\delta,\ y_{2t}+z_t+\delta)\uparrow y_{1t}\downarrow y_{2t}$。因此，

$$G_t^1(y_{1t}-z_t,\ y_{2t}+z_t)-G_t^1(y_{1t}-z_t-\delta,\ y_{2t}+z_t+\delta)\geqslant 0 \tag{4.10}$$

和

$$G_t^2(y_{1t}-z_t,\ y_{2t}+z_t)-G_t^2(y_{1t}-z_t-\delta,\ y_{2t}+z_t+\delta)\leqslant 0 \tag{4.11}$$

如果在（4.10）中选择 $y_{1t}<s_{1t}(y_{2t},\ z_t)$，则 $G_t^1(y_{1t}-z_t-\delta,\ y_{2t}+z_t+\delta)+c_{1t}\leqslant G_t^1(y_{1t}-z_t,\ y_{2t}+z_t)+c_{1t}\leqslant 0$ 意味着 $s_{1t}(y_{2t}+\delta,\ z_t)\geqslant y_{1t}-\delta$，因此令 $y_{1t}\rightarrow s_{1t}(y_{2t},\ z_t)$ 导致 $s_{1t}(y_{2t}+\delta,\ z_t)\geqslant s_{1t}(y_{2t},\ z_t)-\delta$。由于前述关系对任意 y_{2t} 和 $\delta>0$ 都成立，所以 $s_{1t}^1(y_{2t},\ z_t)\geqslant -1$ 几乎肯定成立。用同样的逻辑，在式（4.11）中选择 $y_{2t}\geqslant s_{2t}(y_{1t},\ z_t)$ 得到

$$0\leqslant G_t^2(y_{1t}-z_t,\ y_{2t}+z_t)+c_{2t}\leqslant G_t^2(y_{1t}-z_t-\delta,\ y_{2t}+z_t+\delta)+c_{2t}$$

这意味着 $y_{2t}+\delta\geqslant s_{2t}(y_{1t}-\delta,\ z_t)$，因此通过令 $y_{2t}\rightarrow s_{2t}(y_{1t},\ z_t)$，$s_{2t}(y_{1t},\ z_t)+\delta\geqslant s_{2t}(y_{1t}-\delta,\ z_t)$。因此，$s_{2t}^1(y_{1t},\ z_t)\geqslant -1$。

对于（a3），因为 $s_{0t}(y_{2t},\ z_t)$，$S_t(y_{2t},\ z_t)$ 和 $\overline{S}_t(y_{2t},\ z_t)$ 的定义方式相似，只是不等式中的常数不同，为简洁起见，我们只表示 $S_t(y_{2t},\ z_t)\uparrow y_{2t}$。对于地点2，任意选择两个库存水平 y_{2t}^1 和 y_{2t}^2，使得 $y_{2t}^1<y_{2t}^2$。由于 $G_t\in V$，我们有 $c_{1t}-G_t^1(y_{1t}-z_t,\ y_{2t}+z_t)+G_t^2(y_{1t}-z_t,\ y_{2t}+z_t)\downarrow y_{1t}\uparrow y_{2t}$ 和

$$\begin{aligned}0\geqslant\ & c_{12t}-G_t^1(S_t(y_{2t}^2,\ z_t)-z_t,\ y_{2t}^2+z_t)+G_t^2(S_t(y_{2t}^2,\ z_t)-z_t,\ y_{2t}^2+z_t)\geqslant\\ & c_{12t}-G_t^1(S_t(y_{2t}^2,\ z_t)-z_t,\ y_{2t}^1+z_t)+G_t^2(S_t(y_{2t}^2,\ z_t)-z_t,\ y_{2t}^1+z_t)\end{aligned}$$

因此，$S_t(y_{2t}^2,\ z_t)\geqslant S_t(y_{2t}^1,\ z_t)$，保证 $S_t(y_{2t},\ z_t)$ 在 y_{2t} 中递增。

对于（b1），我们需要证明对于固定的 y_{2t} 和 $z_t'<z_t''$，$s_{1t}(y_{2t},\ z_t'')-(z_t''-z_t')\leqslant s_{1t}(y_{2t},\ z_t')\leqslant s_{1t}(y_{2t},\ z_t'')$。根据式（a1）和式（4.4），

$$s_{1t}(y_{2t},\ z_t')=s_{1t}(y_{2t}-z_t''+z_t',\ z_t'')-(z_t''-z_t')\geqslant s_{1t}(y_{2t},\ z_t'')-(z_t''-z_t')$$

进一步，通过（a2），

$$s_{1t}(y_{2t},\ z_t')=s_{1t}(y_{2t}-z_t''+z_t',\ z_t'')-(z_t''-z_t')\geqslant s_{1t}(y_{2t},\ z_t'')$$

对于（b2），因为 $s_{0t}(y_{2t},\ z_t)$，$S_t(y_{2t},\ z_t)$ 和 $\overline{S}_t(y_{2t},\ z_t)$ 的定义方式相似，我们只证明 $S_t(y_{2t},\ z_t)\uparrow z_t$。对于 $z_t'<z_t''$，将式（4.4）应用于

$S_t(y_{2t}, z_t)$，我们得到

$$S_t(y_{2t}, z_t') = S_t(y_{2t} - z_t'' + z_t', z_t'') - (z_t'' - z_t') < S_t(y_{2t} - z_t'' + z_t', z_t'') \leqslant S_t(y_{2t}, z_t'')$$

其中第二个不等式来自（a3）。

（c）可与（b1）同样证明。最后，由于 $G_t \in V$，$c_{1t} - G_t^1(y_{1t} - z_t, y_{2t} + z_t) + G_t^2(y_{1t} - z_t, y_{2t} + z_t) \downarrow y_{1t} \uparrow y_{2t}$，且（d）可以很容易地通过 $s_{0t}(y_{2t}, z_t)$，$S_t(y_{2t}, z_t)$ 和 $\overline{S}_t(y_{2t}, z_t)$ 的定义来验证。

定理4-2的证明

对于每个地区，我们使用边际成本比较方法来评估哪个策略是最具成本效益的。我们使用每个地区的任意状态来说明如何以最有效的方式作出补货和转运决策，以及为什么这会导致最佳解决方案。在本证明的其余部分，读者应该参考附图3-1。在区域Ⅰ中，考虑两点A和B，它们分别位于 $s_{0t}(y_{2t}, 0)$ 之上和之下。首先，我们可以消除转运。这是因为A，无论其相对于 $\overline{S}_t(y_{2t}, 0)$ 的位置如何，都低于 $\tilde{s}_{2t}(y_{1t}, 0)$，这意味着在地点1补货优于从地点2转运到地点1。类似地，B在 $\tilde{s}_{1t}(y_{2t}, 0)$ 的左边，确保在地点2补货优于从地点1转运到地点2。由于A在 $s_{1t}(y_{2t}, 0)$ 的左边和 $s_{2t}(y_{1t}, 0)$ 的下面，这意味着补充这两个位置会降低成本。但是A位于 $s_{0t}(y_{2t}, 0)$ 之上意味着 $c_{1t} - c_{2t} + G_t^1(y_{1t} - z_t, y_{2t} + z_t) - G_t^2(y_{1t} - z_t, y_{2t} + z_t) \leqslant 0$，即给地点1补货比给地点2补货更具成本效益，所以我们先给地点1补货。当地点1的库存增加时，当前状态将从点A向右移动，直到到达曲线 $s_{0t}(y_{2t}, 0)$ 上的点。现在补货两个地点具有相同的收益，因此在两个地点进行补货，并且状态将沿着 $s_{0t}(y_{2t}, 0)$ 移动，直到到达 $(\overline{y}_1^0, \overline{y}_2^0)$。此时，补充每个地点的边际影响将由负（降低成本）变为正（增加成本），因此停止补货两个地点成为最优选择。B点的情况与此类似，但地点2的补货最初是最具成本效益的。

区域Ⅱ中C点的情况与A点类似，即补货地点1可以降低成本，比补货地点2或转运更可取。随着地点1库存的增加，当前状态将从C点向右移动，直到达到曲线 $s_{1t}(y_{2t}, 0)$ 上的一个点。移动到曲线

$s_{1t}(y_{2t},\ 0)$的右侧会使成本增加而不是成本减少，因此在达到曲线$s_{1t}(y_{2t},\ 0)$上的点后停止补货是最优的。此外，由于$s_{1t}(y_{2t},\ 0)$上的点必须位于$\overline{S}_t(y_{2t},\ 0)$下方$s_{2t}(y_{1t},\ 0)$上方，在地点2转运和补货都不会降低期望成本。

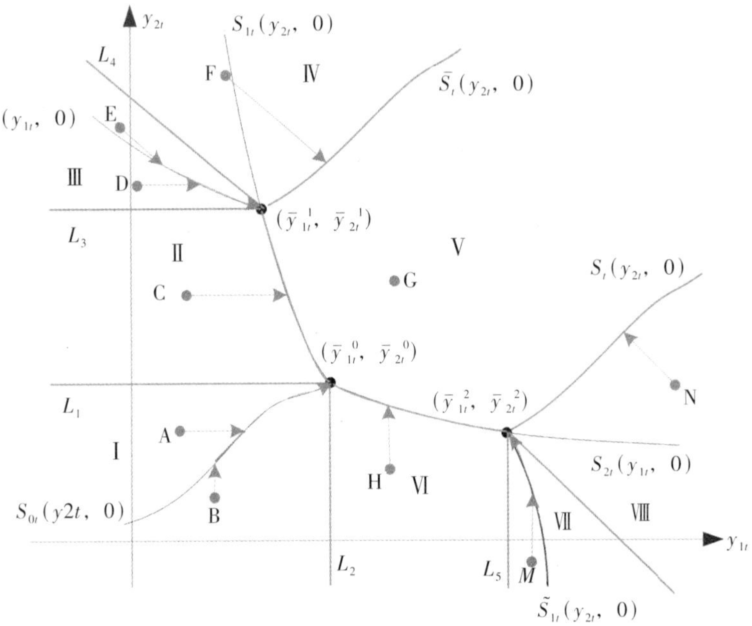

附图3-1 不同区域的最佳决策示例

接下来我们考虑第三区域的D点和E点。对于D来说，和C一样，首先补充地点1是最划算的。随着地点1的库存增加，当前状态将从点D向右移动，直到到达曲线$\tilde{s}_{2t}(y_{1t},\ 0)$上的一个点。到达曲线$\tilde{s}_{2t}(y_{1t},\ 0)$上的一个点意味着从地点2转运到地点1和给地点1补货具有一样的成本效益。因此，同时给地点1补货和从地点2转运到地点1是最优的。当这两件事都完成时，状态沿着$\tilde{s}_{2t}(y_{1t},\ 0)$移动，直到它达到$(\bar{y}_{1t}^1,\ \bar{y}_{2t}^1)$。在这一点上，任何额外的补充或转运只会增加期望成本。很容易验证的是，给地点1补货$\bar{y}_{1t}^1 - x_{1t} - x_{2t} + \bar{y}_{2t}^1$个单位，将$x_{2t} - \bar{y}_{2t}^1$个单位从地点2转运到地点1。对于E点，因为它位于$\tilde{s}_{2t}(y_{1t},\ 0)$上方，从地点2转运到地点1是最具成本效益的。当单位从地点2转运到地点1时，当前状态将从E点向东南移动，直到到达曲线$\tilde{s}_{2t}(y_{1t}, 0)$上的一个点。当达到$\tilde{s}_{2t}(y_{1t}, 0)$后，E的情况与D相同。

对于第四区域的F点，从地点2转运到地点1是最具成本效益的活动。当单位从地点2转运到地点1时，当前状态将从F点向东南移动，直到到达曲线$\overline{S}_t(y_{2t}, 0)$上的一个点。一旦到达曲线$\overline{S}_t(y_{2t}, 0)$上的一个点，最好停止转运，因为任何额外的单位转移都会增加成本。到达曲线$\overline{S}_t(y_{2t}, 0)$上的一个点对应于到达状态$(X_{1t}^*, X_{2t}^*)$。可以很容易地验证$X_{1t}^* = \overline{S}_t(X_{2t}^*, 0)$和$X_{1t}^* - x_{1t} = x_{2t} - X_{2t}^*$。

在区域V的G点，没有任何措施，无论是补货还是转运，都是在降低成本。因此，在G点，最优决策是什么都不做。对于区域Ⅵ、Ⅶ和Ⅷ，由于对称证明可以省略。因此，对于所有点（初始库存），已经表明边际成本比较方法可以用来确定要采取的最佳行动。这就完成了证明。

定理4-4的证明

我们的证明利用了Porteus（2002）的定理6.1。很容易检查我们所考虑的设置是否满足定理6.1的假设，即每个时期的需求是独立同分布的随机变量，订货成本、持有成本和短缺成本是可分离的，等等。根据定理6.1的（c）部分，当在一个时期t的初始库存$\boldsymbol{x}$一致时，那么将库存$\boldsymbol{x}$提高到$\boldsymbol{y}^*$是最优的。因为$\boldsymbol{y}^*$是全局优化器（根据先前的转运分析），因此在时期t不转运是最优的。由此可见，后续时期的开始库存也将是一致的，因此短视订购策略对于从时间结束（T时期）的每个时期都是最优的，即从时期t开始使用转运从来都不是最优的。

附录4

附录4-A　Pólya分布

Pólya频率函数因其符号正则性和平滑性而成为流行的工具。这些特性已得到深入研究，例如Schoenberg（1951）、Barlow和Proschan（1965）、Karlin（1968）。为了完整起见，我们总结了Pólya频率函数的主要特性。关于 Pólya 频率函数的整体回顾，我们请读者参阅 Porteus (1971) 和 Porteus (2002)。

定义 5-A1 函数 f 是一个 Pólya n 阶频率函数（f 是 PF_n）如果：

$$(a)\ 0 < \int_{-\infty}^{\infty} f(x)\,\mathrm{d}x < \infty;$$

$$(b)\ \det\left[f\left(x_i - t_j\right)\right]_{1,\ k} \geqslant 0 \text{ if } 1 \leqslant k \leqslant n,\quad x_1 < x_2 < \ldots < x_k,\quad 且\ t_1 < t_2 < \ldots < t_k。$$

如果对于所有 $n \geqslant 1$，则函数 f 是一个 Pólya 频率函数（f 都是 PF_∞）。

定义 5-A2 如果 f 是 PF_n（PF_∞）且 $\int_{-\infty}^{\infty} f(x)\,\mathrm{d}x = 1$，则 f 是 PF_n（Pólya）密度。

引理 5-A1 Pólya 分布完全由平移和指数、反转指数和法线的平移和卷积组成。Pólya 随机变量由平移正态分布、指数分布和反指数分布之和组成。一个正 Pólya 随机变量由正平移指数之和组成。

下面两个引理说明了指数随机变量的平滑特性和一般 PF_n 随机变量的平滑性质。

引理 5-A2 如果 f 在 R 上连续，则 g 存在并定义为 $g(x) = Ef(x-x)$，其中 x 是一个指数随机变量，均值为 $1/\lambda$，那么 g 是连续可微的，并且

$$g'(x) = \lambda\left[f(x) - g(x)\right] \tag{5.5}$$

引理 5-A3 f 在 R 上改变符号 $j < n$ 次，X 是一个 PF_n 随机变量，且 $g(x) = Ef(x-X)$，则 g 也最多改变符号 j 次。如果 g 恰好改变了 j 次，那么改变的顺序一定和 f 完全一样。

附录 4-B 带转换的拟-（K1，K2）-凸性

最优策略的表征高度依赖于非 $(K_1,\ K_2)$ 随变换递减的概念：存在 $-\infty < a \leqslant \dot{a} < \bar{b} \leqslant b < +\infty$，使得 $f(x)$ 在 $(-\infty,\ a]$ 上递减，在 $[b,\ +\infty)$ 上递增，在 $[\dot{a},\ +\infty)$ 上非 K_1 递减，在 $(-\infty,\ \bar{b}]$ 上左非 K_2 递减。在特殊情况下，$a = \dot{a}$ 和 $b = \bar{b}$。很容易看出，这个概念隐含着带转换的拟 -$(K_1,\ K_2)$-凸性，其定义如下：

定义 5-A3 对于任意 $x \leqslant y$ 且 $\lambda \in [0,\ 1]$，当 $K_1,\ K_2 \geqslant 0$ 时，实值

函数f被称为拟-(K_1, K_2)-凸。

$f((1-\lambda)x+\lambda y) \leqslant \max[f(x), K_1+f(y)]$ and $f((1-\lambda)x+\lambda y) \leqslant \max[K_2+f(x), f(y)]$

如果函数f在$(-\infty, a]$上递减，在$[b, +\infty)$上递增，在$[a, b]$上非-(K_1, K_2)-递减，则实值函数f是在a和b处具有转换的拟(K_1, K_2)凸函数。

引理 5-A4 如果f是拟-(K_1, K_2)凸，在a和b处有转换，$\alpha>0$，则αf是拟-$(\alpha K_1, \alpha K_2)$凸，在a和b处有转换。如果$\alpha>1$，则f也是拟$(\alpha K_1, \alpha K_2)$凸，在a和b处有转换。如果g是拟-$(\overline{K_1}, \overline{K_2})$凸，在$a$和$b$处有转换，则$f+g$是拟-$(K_1+\overline{K_1}, K_2+\overline{K_2})$凸，在$a$和$b$处有转换。

带转换的拟(K_1, K_2)凸性是拟K凸性概念的延伸概念的扩展。引理5-A4沿用了Porteus（2002）中准K凸性的性质，证明类似，故省略。

附录4-C 证明

引理5-1证明

由定义，若$f\in C(K_1, K_2;\ a, b)$，则意味着$f\in C_a(K_1)$，其中$C_a(K_1)$在Porteus（1971）中有定义。因此，（ii），（v）和（iii）的第一部分，即存在一个$a'(a'\geqslant a)$使得$g(x)$在$(-\infty, a']$上递减和在$[a', +\infty)$上非K_1递减是直接的。此外，由于f是分段连续且PF可积分，因此g在R上是连续的（见Porteus（1971）的引理6）。（vi）显而易见。这足以说明存在一个转换$b'(b'\geqslant a')$，使得$g(x)$在$[b', +\infty)$上增加，而在$[a', b']$上非(K_1, K_2)减小。根据引理5-A1，D可以表示为指数分布随机变量的正平移。因此，ϕ可以递归地表示为一个卷积序列。设ϕ_n为ϕ的序列本征（见Porteus（1971）的定义），且$g_n=f^*\phi_n$，其中$*$表示卷积。对于$n=1$，ϕ_1是一个（平移的）指数。我们递归地应用引理5-A2：每次我们计算关于表示D的和的其中一项的期望时，我们将前一个期望的输出函数平滑一点。表示b'为$g(x)$的最大局部极小值，即$g(x)$在$[b', +\infty)$上递增，则$b'\geqslant a'$，$g(x)$为非(K_1, K_2)，在$[a', b']$上

递减。进一步，令 M 和 m 表示 f 在 $[a, b]$ 上的最大值和最小值，则 $m \leqslant g(b') \leqslant M$。通过（v）和（vi），$g(x) \to \infty$ 为 $|x| \to \infty$，意味着 $b' < +\infty$。递归过程也表明 $b' \geqslant b$。（vii）直接来自引理5-A3。

定理5-1证明

假设 $p_c > p_t$，我们可以证明，如果 $y \neq x$，那么 $z > y + q_t$ 将导致最优性矛盾。如果 $y > x$，$z > y + q_t$ 是两个最优决策变量，设 $0 < \epsilon < z - y - q_t$，那么，$y + \epsilon > x$ 和 $y + \epsilon < z - q_t$，$y + \epsilon$ 和 z 对于最小化方程（5.6）右边的决策问题仍然可行。然而，由于

$$\begin{aligned} &K(x, y) + (p_c - p_t)(z - y) + Eg_t(z - D_t) + \alpha E[f_{t+1}(z - D_t, p_{t+1})|p_t] \\ >\ &K(x, y + \epsilon) + (p_c - p_t)(z - y - \epsilon) + Eg_t(z - D_t) + \\ &\alpha E[f_{t+1}(z - D_t, p_{t+1})|p_t] \end{aligned} \tag{5.6}$$

y 和 z 要劣于 $y + \epsilon$ 和 z，这意味着与 y 和 z 的最优性相矛盾。因此，ϵ 可以进一步增加y的值，直到 $z = y + q_t$，即如果 $p_c > p_t$，合同价格大于现货市场价格，应避免从合同供应商处购买超过最低要求（q_t）的额外单位。现在，假设 $p_c > p_t$，但这次 $y < x$，$z > y + q_t$ 是最优变量。设：$\epsilon < \min\left(x - y, z - \left(y + q_t\right)\right)$，则 $y + \epsilon < x$ 和 $y + \epsilon + q_t < z$，因此，$y + \epsilon$ 和 z 是可行的。当类似地应用相同的逻辑时，（5.6）在这种情况下再次成立，以反驳我们的假设，即 $y < x$ 和 $z > y + q_t$ 最优于（5.6）。这里有两种情况：①如果 ϵ 能增加到 $z - \left(y + q_t\right)$，那么很容易看出，从合同供应商处采购的数量在最优状态下减少到 q_t；②如果 ϵ 只能增加到 $x - y$，那么显然"$y = x$ 和 z"是比当前方案更好的解决方案。此时，定理5-1没有对向合同供应商采购的数量做出任何要求，但这足以证明 $y < x$ 和 $z > y + q_t$ 不可能是最优的。因此，如果 $y < x$，则最优 z 必须满足 $z = y + q_t$，因此，如果企业想将产品销售到现货市场，它不应该从合同供应商那里购买超过 q_t 的产品，这也是直观的。

反过来，考虑 $p_c \leqslant p_t$ 和 $y > x$，$z < y + Q_t$ 是两个最优决策变量。让 $0 < \epsilon < \min\left(y - x, y + Q_t - z\right)$，那么，$y - \epsilon > x$，$y - \epsilon < z$ 和 $y - \epsilon + Q_t > z$ 以及 $y - \epsilon$ 和 z 对于最小化方程（5.6）右边的决策问题来说，仍

然是可行的。然而，由于

$$\begin{aligned}&K(x,\ y)+(p_c-p_t)(z-y)+Eg_t(z-D_t)+\alpha E\left[f_{t+1}(z-D_t,\ p_{t+1})|p_t\right]\\>\quad&K(x,\ y-\epsilon)+(p_c-p_t)(z-y+\epsilon)+Eg_t(z-D_t)+\\&\alpha E\left[f_{t+1}(z-D_t,\ p_{t+1})|p_t\right]\end{aligned} \tag{5.7}$$

y和z不如$y-\epsilon$和z，这意味着与y和z的最优性相矛盾。因此，$z=y+Q_t$，即如果$p_c\leqslant p_t$，合同价格小于现货市场价格，买方应在现货市场交易的情况下（即在$y>x$的情况下）从合同供应商处购买最大可能的产品。进一步设$p_c\leqslant p_t$和$y<x$，$z<y+Q_t$为最优变量。设$\epsilon<\min\left(x-y,\ (y+Q_t)-z\right)$，则$y-\epsilon<x$和$y-\epsilon+Q_t>z$，显然，$y-\epsilon$和$z$是可行的决策变量。类似地应用相同的逻辑，(5.7) 在这种情况下再次成立，以反驳我们关于y和z最优于 (5.6) 的假设。因此，如果$y<x$，则$z=y+Q_t$。所以，如果企业想在现货市场上销售产品，最好从合同供应商处购买最大可能的产品。

引理 5-2证明

我们需要证明g满足定义5-2中的（i）—（vii）。我们只考虑$u\leqslant 0$的情况，因为$u>0$的情况可以得到类似的证明（见附图4-1）。很明显g也是连续的。由于$g(x)\leqslant f(x+q)-uq$对于所有$x\in R$，（ii）成立。接下来考虑第（iii）和（iv）项。因为f在$[b,\ +\infty)$上递增，所以$g(x)=f(x+q)-uq$在$[b-q,\ +\infty)$上递增。对于任意x_1和x_2，假设y_1和y_2满足$g(x_1)=-u(y_1-x_1)+f(y_1)$和$g(x_2)=-u(y_2-x_2)+f(y_2)$。我们可以证明$g(x)$在$(-\infty,\ a-Q]$上是递减的。考虑任意$x_1$，$x_2\in(-\infty,\ a-Q]$，其中$x_1<x_2$。我们有

$$\begin{aligned}g(x_1)-g(x_2)&=-u(y_1-x_1)+f(y_1)-\left(-u(y_2-x_2)+f(y_2)\right)\\&\geqslant -u(y_1-x_1)+f(y_1)-\left(-u(y_1-x_1)+f(x_2+y_1-x_1)\right)\\&=\ f(y_1)-f(x_2+y_1-x_1)\geqslant 0\end{aligned}$$

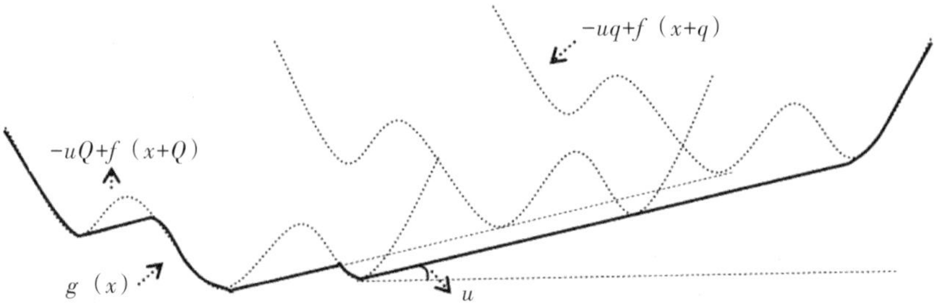

Case u< 0

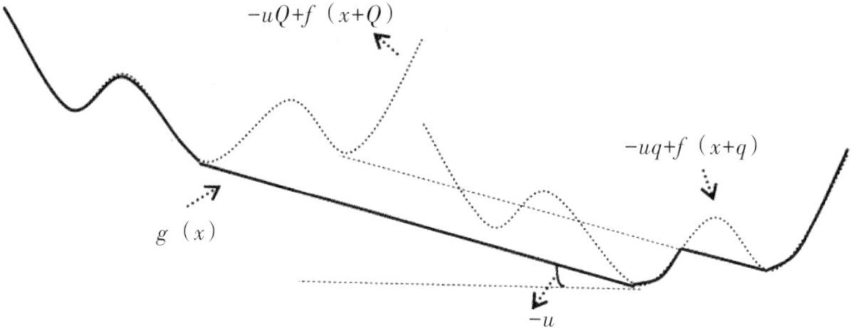

Case u> 0

附图 4-1 $g(x) = ux + \min_{y \in [x+q,\ x+Q]}\{-uy + f(y)\}$

接下来我们证明$g(x)$在$[\dot{a} - q,\ +\infty)$上是非K_1递减的。考虑任意$x_1,\ x_2 \in [\dot{a} - q,\ +\infty)$，其中$x_1 < x_2$。我们有$\dot{a} \leqslant x_1 + y_2 - x_2 < y_2$。因此

$$g(x_1) \leqslant -u(y_2 - x_2) + f(x_1 + y_2 - x_2) \leqslant -u(y_2 - x_2) + f(y_2) + K_1$$
$$= g(x_2) + K_1$$

接下来我们证明$g(x)$在$(-\infty,\ b - q]$上是左非K_2递减的。首先，我们有$y_1 \leqslant y_2$。这是真实的，因为如果$y_1 > y_2$，$g(x_2) = -u(y_2 - x_2) + f(y_2)$意味着$-u(y_2 - x_2) + f(y_2) \leqslant -u(y_1 - x_2) + f(y_1)$。因此

$$-u(y_2 - x_1) + f(y_2) \leqslant -u(y_1 - x_1) + f(y_1)$$

然而，这意味着y_2也是$g(x_1)$的最小值。我们将证明$-u(y_1 - x_1) + f(y_1) + K_2 \geqslant -u(y_2 - x_2) + f(y_2)$。考虑以下情况：

（1）$y_1 \leqslant y_2 \leqslant b$。如果$y_1 - x_1 \geqslant y_2 - x_2$，则

$$-u(y_1 - x_1) + f(y_1) + K_2 \geqslant -u(y_1 - x_1) + f(y_2) \geqslant -u(y_2 - x_2) + f(y_2)$$

如果 $y_1 - x_1 < y_2 - x_2$，则

$$-u(y_1 - x_1) + f(y_1) + K_2 \geqslant -u(y_1 - x_1) + f(x_2 + y_1 - x_1)$$
$$\geqslant -u(y_2 - x_2) + f(y_2)$$

（2）$y_1 \leqslant b \leqslant y_2$。如果 $y_1 - x_1 \geqslant b - x_2$，则

$$-u(y_1 - x_1) + f(y_1) + K_2 \geqslant -u(y_1 - x_1) + f(\dot{b})$$
$$\geqslant -u(y_1 - x_1) - u(y_2 - \dot{b}) + f(y_2) = -u(y_2 - x_2) + f(y_2) -$$
$$u(y_1 - x_1 + x_2 - \dot{b}) \geqslant -u(y_2 - x_2) + f(y_2)$$

其中第二个不等式来自 $-u(b - x_2) + f(b) \geqslant -u(y_2 - x_2) + f(y_2)$。

如果 $y_1 - x_1 < b - x_2$，则

$$-u(y_1 - x_1) + f(y_1) + K_2 \geqslant -u(y_1 - x_1) + f(x_2 + y_1 - x_1)$$
$$\geqslant -u(y_1 - x_1) - u(y_2 - x_2 - y_1 + x_1) + f(y_2) = -u(y_2 - x_2) + f(y_2)$$

其中第二个不等式来自 $-u(y_1 - x_1) + f(x_2 + y_1 - x_1) \geqslant -u(y_2 - x_2) + f(y_2)$。

（3）$b \leqslant y_1 \leqslant y_2$。我们有

$$-u(y_1 - x_1) + f(y_1) + K_2 \geqslant -u(y_1 - x_1) - u(y_2 - y_1) + f(y_2) + K_2$$
$$= -u(y_2 - x_1) + f(y_2) + K_2 \geqslant -u(y_2 - x_2) + f(y_2) + K_2$$
$$> -u(y_2 - x_2) + f(y_2)$$

其中第一个不等式来自 $-u(y_1 - x_2) + f(y_1) \geqslant -u(y_2 - x_2) + f(y_2)$。

综上所述，$g(x)$ 在 $(-\infty,\ a - Q]$ 上递减，在 $[b - q,\ +\infty)$ 上递增，在 $[\dot{a} - q,\ +\infty)$ 上非 K_1 递减，在 $[-\infty,\ \bar{b} - q)$ 上左非 K_2 递减。因此，$g \in \tilde{C}(K_1,\ K_2;\ a - Q,\ \dot{a} - q,\ \bar{b} - q,\ b - q)$。考虑（v）。假设 $u < 0$。$f(x) \to \infty$ 时 $|x| \to \infty$。因此，对于任意 $M > 0$，存在 x_0，使得当 $x > x_0$ 时，有 $f(x) \geqslant M + uQ$。因此，$g(x) \geqslant \min_{y \in [x+q,\ x+Q]}\{f(y)\} - uQ \geqslant M$，同样，对于任意 $M > 0$，存在 x_0，使得当 $x < -x_0 + Q$ 时，有 $f(x) \geqslant M + uQ$。因此，对于 $x < -x_0$，$g(x) \geqslant \min_{y \in [x+q,\ x+Q]}\{f(y)\} - uQ \geqslant M$。（vi）是显而易见的。最后考虑（vii）。让 $g_1(x) = g(x - q) + uq = ux +$

$\min_{y \in [x, x+Q-q]}\{-uy + f(y)\}$。由于$g_1(x)$是$g(x)$的平移，$g_1(x)$在$[a, b]$上是分段单调的当且仅当$g(x)$在$[a-Q, b-q]$上是分段单调的。因为$g_1(x) = f(x)$对于任意$x$当$f(x)$的左导数不小于$u$时，单调性在这种情况下不会改变。对于$f(x)$的左导数小于$u$的$x$，可以很容易地证明$g_1(x)$的左导数为$u < 0$。因此，$g_1(x)$与$f(x)$具有相同的单调性。这意味着$g(x)$在$[a-Q, b-q]$上是分段单调的。

引理 5-3证明

由于$G_t(x, p_t) \in \tilde{C}(K_1, K_2)$，根据$S_t$的定义，对于任意$x \leqslant s_t$，$G_t(x, p_t) \geqslant K_1 + G_t(S_t, p_t)$，因此$f_t(x, p_t) = K_1 + G_t(S_t, p_t)$。同样，对于任意$x \geqslant s_t'$，$G_t(x, p_t) \geqslant K_2 + G_t(S_t, p_t)$，因此$f_t(x, p_t) = K_2 + G_t(S_t, p_t)$。对于$s_t \leqslant x \leqslant \dot{s}_t$，$f_t(x, p_t) \leqslant G_t(x, p_t) \leqslant G_t(S_t, p_t) + K_1 \leqslant f_t(y, p_t) + K_1$对任意的$y \geqslant x$。对于$x > \bar{s}_t$，因为$G_t(x, p_t)$不是$K_1$-递减的，所以$f_t(x, p_t)$也不是$K_1$-递减的。因此，$f_t(x, p_t)$在$R$上是非$K_1$-递减的。同样，我们可以证明$f_t(x, p_t)$是左非$K_2$-递减的。（ii）是显而易见的，因为在$[s_t, s_t']$上，$f_t(x, p_t)$要么等于$G_t(x, p_t)$，当不下单或卖出是最优选择时；要么是常数，当下单或卖出是最优选择时。

定理 5-2证明

我们用归纳法证明。首先考虑周期T。因为$f_{T+1}(\cdot, \cdot) = 0$

$$G_T(y, p_T) = (p_T - p_c)y + \min_{z \in [y+q_T, y+Q_T]}\{(p_c - p_T)z + Eg_T(z - D_T)\}$$

根据假设5-2和定理5-1，对于某个转换点a和b，$Eg_T(z - D_T) \in C((1-\alpha)K_1, (1-\alpha)K_2; a, b)$。因此，根据定理5-A4，$Eg_T(z - D_T) \in C(K_1, K_2; a, b)$，根据推论5-1，存在$a' < b'$，使得$G_T(y, p_T) \in C(K_1, K_2; a', b')$。根据定义，$s_T \leqslant a'$且$s_T' \geqslant b'$。显然，$(s_T, S_T, s_T')$策略是最优的：当$x \leqslant s_T$时，向上订购至$S_T$；当$x \geqslant s_T'$时，向下出售至$S_T$；当$s_T < x < s_T'$时，什么也不做。因此，（i）—（vi）成立。根据定理5-3，$f_T \in \bar{C}(K_1, K_2)$。

接下来，我们假设（i）—（vi）在 $t+1$，$t+2$，…，T 期成立，并且 $f_{t+1}\in\bar{C}(K_1, K_2; a_2, b_2)$ 为某个转换点 a_2 和 b_2。我们将证明（i）—（vi）在周期 t 中成立。根据假设 5-1 和定理 5-1，我们有 $\alpha E\left[f_{t+1}(x-D_t, p_{t+1})|p_t\right]\in\bar{C}(\alpha K_1, \alpha K_2; a_2', b_2')$，适用于某个有限的转换点 a_2' 和 b_2'。根据假设 5-2 和定理 5-1，$\left(p_t-\alpha E\left(p_{t+1}|p_t\right)\right)x+Egt(x-D_t)\in C\left((1-\alpha)K_1, (1-\alpha)K_2; a_1', b_1'\right)$。

$J_t(x, p_t)=Eg_t(x-D_t)+\alpha E\left[f_{t+1}(x-D_t, p_{t+1})|p_t\right]$

因此 $G_t(y, p_t)=(p_t-p_c)y+\min_{z\in[y+q_t, y+Q_t]}\{(p_c-p_t)z+J_t(z, p_t)\}$。我们首先证明 $J_t(z, p_t)\in\tilde{C}(K_1, K_2)$。考虑以下情况：

（1）$a_1'\leqslant a_2'<b_2'\leqslant b_1'$。由于 $\alpha E\left[f_{t+1}(x-D_t, p_{t+1})|p_t\right]\in\bar{C}(\alpha K_1, \alpha K_2; a_2', b_2')$ 且 $(p_t-\alpha E(p_{t+1}|p_t))x+Eg_t(x-D_t)\in C\left((1-\alpha)K_1, (1-\alpha)K_2; a_1', b_1'\right)$，由定理 5-A4，$J_t(z, p_t)$（i）在 $(-\infty, a_1']$ 上递减；（ii）在 $[b_1', +\infty)$ 上递增；（ii）在 $[a_1', +\infty)$ 上非 K_1 递减，在 $(-\infty, b_1']$ 上左非 K_2 递减。因此，$J_t(z, p_t)\in C(K_1, K_2; a_1', b_1')$。

（2）$a_1'\leqslant a_2'<b_1'\leqslant b_2'$ 或 $a_1'<b_1'\leqslant a_2'<b_2'$。很容易验证 $J_t(z, p_t)$ 是（i）在 $(-\infty, a_1']$ 上递减；（ii）在 $[b_2', +\infty)$ 上递增；（iii）在 $[a_1', +\infty)$ 上非 K_1 递减，在 $(-\infty, b_1']$ 上左非 K_2 递减。因此，$J_t(z, p_t)\in\tilde{C}(K_1, K_2; a_1', a_1', b_1', b_2')$。

（3）$a_2'\leqslant a_1'<b_1'\leqslant b_2'$。很容易验证 $J_t(z, p_t)$ 是（i）在 $(-\infty, a_2']$ 上递减；（ii）在 $[b_2', +\infty)$ 上递增；（iii）在 $[a_1', +\infty)$ 上非 K_1 递减，并且在 $(-\infty, b_1']$ 上左 K_2 非递减。因此，$J_t(z, p_t)\in\tilde{C}(K_1, K_2; a_2', a_1', b_1', b_2')$。

（4）$a_2'\leqslant a_1'<b_2'\leqslant b_1'$ 或 $a_2'\leqslant b_2'\leqslant a_1'<b_1'$。很容易验证 $J_t(z, p_t)$ 是（i）在 $(-\infty, a_2']$ 上递减；（ii）在 $[b_1', +\infty)$ 上递增；（iii）在 $[a_1', +\infty)$ 上非 K_1 递减，在 $(-\infty, b_1']$ 上左非 K_2 递减。因此，$J_t(z, p_t)\in\tilde{C}(K_1, K_2; a_2', a_1', b_1', b_1')$。

总而言之，$J_t(z,\ p_t)\in \tilde{C}(K_1,\ K_2)$。由定义5-2可得$G_t(y,\ p_t)\in \tilde{C}(K_1,\ K_2;\ a,\ \dot{a},\ \dot{b},\ b)$，对于$a$，$\dot{a}$，$\bar{b}$，$b$，$a\leqslant \dot{a}<\bar{b}\leqslant b$。

对于$K_1>K_2$，根据定义，我们有$s_t\leqslant \dot{s}_t$，$\dot{s}_t'\leqslant s_t'$，$\dot{s}_t\leqslant \dot{a}$和$\dot{s}_t'\geqslant \bar{b}$。因此$s_t\leqslant \dot{s}_t<\dot{s}_t'\leqslant s_t'$。接下来我们证明$\dot{s}_t<S_t<s_t'$。$S_t<s_t'$直接来自$S_t$和$s_t'$的定义。如果$\dot{s}_t\geqslant S_t$，因为$\dot{s}_t$是最小点，使得$G_t(y,\ p_t)$在$y\geqslant \dot{s}_t$时非$K_1$递减，则存在$y_0$和$y_1$，且$S_t\leqslant y_0\leqslant \dot{s}_t\leqslant y_1$，使得$G_t(y_0,\ p_t)\geqslant G_t(y_1,\ p_t)+K_1$。因为$S_t$是全局最小值，所以$G_t(y_0,\ p_t)\geqslant G_t(S_t,\ p_t)+K_1\geqslant G_t(S_t,\ p_t)+K_2$。然而，考虑到$S_t\leqslant y_0\leqslant \dot{s}_t<\dot{s}_t'$，这与$G_t(y,\ p_t)$左非$K_2$递减或$(-\infty,\ \dot{s}_t']$相矛盾。因此（i）成立。

根据引理5-3，$f_t(x,\ p_t)\in \bar{C}(K_1,\ K_2)$。当$x\leqslant s_t$时，$G_t(x,\ p_t)\geqslant K_1+G_t(S_t,\ p_t)$。因此，最理想的情况是订购到$S_t$。当$x\geqslant s_t'$时，$G_t(x,\ p_t)\geqslant K_2+G_t(S_t,\ p_t)$是最优的，最优的情况是向下卖到$S_t$。当$\dot{s}_t<x<\dot{s}_t'$时，$G_t(x,\ p_t)$非$(K_1,\ K_2)$递减，因此，最好是不订购或出售。当$s_t<x\leqslant \dot{s}_t$时，$G_t(x,\ p_t)$在$(-\infty,\ \dot{s}_t]$上保持非$K_1$递减，如果$s_t<\overline{s_t}$，则$G_t(x,\ p_t)$在$[s_t,\ +\infty)$上可能不满足非$K_1$递减。当$s_t<\overline{s_t}$时，存在一个集合$A\subset[s_t,\ \dot{s}_t]$使得对于$x\in A$，$G_t(x,\ p_t)\geqslant K_1+G_t(S_t,\ p_t)$（注：$a$可以为空）。由于$\dot{s}_t<S_t$，最优排序为$S_t=\arg\min_{z\geqslant x}\{G_t(z;\ p_t)\}$ on A，不做其他任何事情。同样，当$\dot{s}_t'\leqslant x<s_t'$，$G_t(x,\ p_t)$在$[\dot{s}_t',\ +\infty)$上是非减小$K_1$的，但在$(-\infty,\ s_t']$上可能不满足左不减小$K_2$。因此，当$\dot{s}_t'<s_t'$时，存在一个集合$A\subset[\dot{s}_t',\ s_t']$，使得对于$x\in A$，$y<x$，$G_t(x,\ p_t)\geqslant K_2+G_t(y,\ p_t)$。如果$S_t<\dot{s}_t'$，$x\in A$，那么向下卖到$S_t$是最优的。如果$S_t>\dot{s}_t'$，$x\in A$，那么向下卖给一个局部极小值$rg\min_{z\leqslant x}\{G_t(z,\ p_t)\}$是最优的；否则，如果$x\notin A$，则不做是最优的。因此（ii）—（vi）成立。

对于$K_1<K_2$的情况，由于对称性，$K_1>K_2$的方法也适用。由$K_1=K_2$，可以很容易地从$K_1<K_2$和$K_1>K_2$的情况中得到。

引理5-4证明

我们只证明 $g(x)=Ef(x-D)$ 满足（iii）和（iv），因为如果 $f\in C(K_1, K_2; a, b)$，（i）、（ii）、（v）—（vii）显然对 $g(x)$ 为真。也就是说，存在 a' 和 b'，使得 $g(x)$ 在 $(-\infty, a']$ 上递减，在 $[b', +\infty)$ 上递增，在 $[a', +\infty)$ 上非 K_1 -递减，在 $(-\infty, b']$ 上非 K_2-递减。Porteus（1972）（定理5-1）已经证明存在 $a'\geqslant a$，使得 $g(x)$ 在 $(-\infty, a']$ 上递减，并且在 $[a', +\infty)$ 上非 $-K_2$-递减。为此，由于 $d-D$ 也均匀分布于 $[0, d]$。$g(x)=Ef(x-d+D)$ 和 $g(x+d)=Ef(x+D)$ 对于 $x\in R$。因此，$\tilde{g}(x)=g(-(x-d))= g(-x+d)=Ef(-x+D)=Ef[-(x+D)]=E\tilde{f}(x-D)$，其中 $\tilde{f}(x)=f(-x)$。由于 $\tilde{f}(x)=f(-x)$ 是 $C(K_2, K_1; -b, -a)$，根据 Porteus（1972），存在 $-b'$，使得 $-b\leqslant -b'$，$\tilde{g}$ 在 $(-\infty, -b']$ 中递减，并且在 $(-b', \infty)$ 中非 K_2 递减。这里 $-b'$，Porteus（1972）解释为 $\tilde{f}(x)-\tilde{f}(x-d)=f(-x)-f(-(x-d))=-[f(-x+d)-f(-x)]$ 自下而上交零的第一点。也就是说，对于 $-x\leqslant -b'$ 或 $x\geqslant b'$，$\tilde{f}(-x)-\tilde{f}(-x-d)=f(x)-f(x+d)=-[f(x+d)-f((x+d)-d)]\leqslant 0$，意味着对于 $x\geqslant b'+d$，$f(x)-f(x-d)\geqslant 0$。然而，对于 $b+d>x\geqslant b$ 的情况，当 $x-d<b$ 时，不太可能确保 $f(x)-f(x-d)\geqslant 0$，因此，$b\geqslant b'+d$ 并不总是这种情况。此外，存在无限的 $-x'>-b'$，使得 $-x'$ 接近于 $-b'$，并且满足 $\tilde{f}(-x')-\tilde{f}(-x'-d)=f(x')-f(x'+d)>0$。由于 a' 是 $f(x)-f(x-d)$ 自下而上交零的第一个点（Porteus，1972），$b'+d\geqslant a'$。因此，$g(-x)=\tilde{g}(x+d)$ 在 $(-\infty, -b'-d]$ 内递减，在 $(b'-d, \infty)$ 内非 K_2-递减，$g(x)$ 在 $[b'+d, \infty)$ 内递增，在 $(-\infty, b'+d)$ 内左非 K_2-递减。这证明了 $g\in C(K_1, K_2, a', b'+d)$，因此，$g$ 在 $C(K_1, K_2)$ 中。

引理5-5证明

让 $x_\lambda=(1-\lambda)x_0+\lambda x_1$。假设 $g(x_0)=ux_0-uy_0+f(y_0)$，$g(x_1)=ux_1-uy_1+f(y_1)$ 且 $g(x_\lambda)=ux_\lambda-uy_\lambda+f(y_\lambda)$。由于 $\min\{y_0, y_1\}\leqslant(1-\lambda)y_0+\lambda y_1\leqslant\max\{y_0, y_1\}$，$(1-\lambda)y_0+\lambda y_1$ 也是 x_λ 的可行解。因此

$$
\begin{aligned}
g(x_\lambda) &= ux_\lambda - uy_\lambda + f(y_\lambda) \\
&\leqslant u\left[(1-\lambda)x_0 + \lambda x_1 - (1-\lambda)y_0 - \lambda y_1\right] + f\left((1-\lambda)y_0 + \lambda y_1\right) \\
&\leqslant u\left[(1-\lambda)x_0 + \lambda x_1 - (1-\lambda)y_0 - \lambda y_1\right] + (1-\lambda)f(y_0) + \lambda f(y_1) \\
&\quad + (1-\lambda)(K_2 - K_1) + \max\{\lambda,\ 1-\lambda\}K_1 \\
&= (1-\lambda)g(y_0) + \lambda g(y_1) + (1-\lambda)(K_2 - K_1) + \max\{\lambda,\ 1-\lambda\}K_1
\end{aligned}
$$

其中第二个不等式来自f的(K_1, K_2)凸性。

附录5

引理5-1证明

考虑到性质（c），$\Delta_1 V(x_1, x_2) - \Delta_2 V(x_1, x_2) \geqslant \Delta_1 V(x_1+1, x_2) - \Delta_2 V(x_1+1, x_2)$，从子模块$V(x_1, x_2)$，有$\Delta_2 V(x_1+1, x_2) \leqslant \Delta_2 V(x_1, x_2)$。将上述两个不等式的两边相加并减去相同的项我们得到$\Delta_1 V(x_1, x_2) \geqslant \Delta_1 V(x_1+1, x_2)$。另一部分，$\Delta_2 V(x_1, x_2) \geqslant \Delta_2 V(x_1, x_2+1)$，可以用类似的方法来证明。因此，$V(x_1, x_2)$是凹面的。

引理5-2证明

首先，我们将证明，如果$V \in \hat{V}$，则$T_{1,i}V \in \hat{V}$。定义

$$f(x_1, x_2) = T_{1,i}V(x_1, x_2) = \max\left\{r_i + V(x_1-1, x_2),\ V(x_1, x_2)\right\}$$

性质（a）证明：$\Delta_1 V(x_1, x_2) \downarrow x_2$。

我们需要证明这一点，$\prod_1 = f(x_1, x_2) - f(x_1, x_2+1) - f(x_1+1, x_2) + f(x_1+1, x_2+1) \leqslant 0$。If $x_1 > 0$，考虑以下情况：

（1）$r_i + V(x_1-1, x_2) > V(x_1, x_2)$。通过子模块化和凹凸性的性质，我们也有了这个特性，$r_i + V(x_1-1, x_2+1) > V(x_1, x_2+1)$，$r_i + V(x_1, x_2) > V(x_1+1, x_2)$和$r_i + V(x_1, x_2+1) > V(x_1+1, x_2+1)$。因此，

$$
\begin{aligned}
\prod\nolimits_1 = r_i &+ V(x_1-1, x_2) - r_i - V(x_1-1, x_2+1) - r_i - V(x_1, x_2) + r_i + \\
&V(x_1, x_2+1) \leqslant 0
\end{aligned}
$$

（2） $r_i + V(x_1, x_2+1) \leqslant V(x_1+1, x_2+1)$。同样是通过子模块化和凹凸性 $V(x_1, x_2)$，我们可以得到 $\prod_1 = V(x_1, x_2) - V(x_1, x_2+1) - V(x_1+1, x_2) + V(x_1+1, x_2+1) \leqslant 0$。

（3） $r_i + V(x_1-1, x_2) \leqslant V(x_1, x_2)$ 和 $r_i + V(x_1, x_2+1) > V(x_1+1, x_2+1)$。

$$\prod_1 = V(x_1, x_2) - \max\{r_i + V(x_1-1, x_2+1), V(x_1, x_2+1)\} - \max\{r_i + V(x_1, x_2), V(x_1+1, x_2)\} + r_i + V(x_1, x_2+1) \leqslant V(x_1, x_2) - V(x_1, x_2+1) - r_i - V(x_1, x_2) + r_i + V(x_1, x_2+1) = 0$$

结合这三个案例，我们已经证明了这一点，$f(x_1, x_2) - f(x_1+1, x_2)$ 在 x_2 中增加，当 $x_1 > 0$。当 $x_1 = 0$，这个结果也可以同样被证明。

性质（b）证明：$\Delta_2 V(x_1, x_2) \downarrow x_1$。

很明显，性质（b）与性质（a）是对称的，因此也可以得到类似的证明。

性质（c）证明：$\Delta_1 V(x_1, x_2) - \Delta_2 V(x_1, x_2) \quad \downarrow x_1 \uparrow x_2$。

由于对称性，我们只证明了 $f(x_1+1, x_2) - f(x_1, x_2+1)$ 在 x_2 中增加，这相当于 $\prod_1' = f(x_1+1, x_2) - f(x_1, x_2+1) - f(x_1+1, x_2+1) + f(x_1, x_2+2) \leqslant 0$。

如果 $x_1 > 0$，考虑以下情况：

（1）如果 $r_i + V(x_1, x_2) \leqslant V(x_1+1, x_2)$ 和 $r_i + V(x_1-1, x_2+2) \leqslant V(x_1-1, x_2+2)$，有

$$\prod_1' = V(x_1+1, x_2) - \max\{r_i + V(x_1-1, x_2+1), V(x_1, x_2+1)\} - \max\{r_i + V(x_1, x_2+1), V(x_1+1, x_2+1)\} + V(x_1, x_2+2) \leqslant V(x_1+1, x_2) - V(x_1, x_2+1) - V(x_1+1, x_2+1) + V(x_1, x_2+2) \leqslant 0$$

（2）如果 $r_i + V(x_1, x_2) \leqslant V(x_1+1, x_2)$ 和 $r_i + V(x_1-1, x_2+2) > V(x_1+1, x_2+2)$，有

$$\prod_1' = V(x_1+1, x_2) - \max\{r_i + V(x_1-1, x_2+1), V(x_1, x_2+1)\} - ax\{r_i + V(x_1, x_2+1), V(x_1+1, x_2+1)\} + r_i + V(x_1-1, x_2+2) \leqslant V(x_1+1, x_2) - V(x_1, x_2+1) - r_i - V(x_1, x_2+1) + r_i + V(x_1-1, x_2+2) = V(x_1+1, x_2) - 2V(x_1, x_2+1) + V(x_1-1, x_2+2) \leqslant 0$$

（3）如果 $r_i + V(x_1, x_2) > V(x_1+1, x_2)$ 和 $r_i + V(x_1-1, x_2+2) \leqslant V(x_1+1, x_2+2)$，有

$$\prod_1' = r_i + V(x_1, x_2) - \max\{r_i + V(x_1-1, x_2+1), V(x_1, x_2+1)\} - \max\{r_i + V(x_1, x_2+1), V(x_1+1, x_2+1)\} + V(x_1, x_2+2) \leqslant r_i + V(x_1, x_2) - V(x_1, x_2+1) - r_i - V(x_1, x_2+1) + r_i + V(x_1, x_2+2) = V(x_1, x_2) - 2V(x_1, x_2+1) + V(x_1, x_2+2) \leqslant 0$$

（4）如果 $r_i + V(x_1, x_2) > V(x_1+1, x_2)$ 和 $r_i + V(x_1-1, x_2+2) > V(x_1+1, x_2+2)$，有

$$\prod_1' = r_i + V(x_1, x_2) - \max\{r_i + V(x_1-1, x_2+1), V(x_1, x_2+1)\} - \max\{r_i + V(x_1, x_2+1), V(x_1+1, x_2+1)\} + r_i + V(x_1-1, x_2+2) \leqslant r_i + V(x_1, x_2) - r_i - V(x_1-1, x_2+1) - r_i - V(x_1, x_2+1) + r_i + V(x_1, x_2+2) = V(x_1, x_2) - V(x_1-1, x_2+1) - V(x_1, x_2+1) + V(x_1, x_2+2) \leqslant 0$$

结合这些情况，我们已经证明了当 $x_1 > 0$ 时，$f(x_1+1, x_2) - f(x_1, x_2+1)$ 在 x_2 中增加。证明 $x_1 = 0$ 是类似的，因此被省略了。

由于对称性，省略了对 $T_{2,i}V$ 的验证。接下来我们要证明，如果 $V \in \hat{V}$，则 $T_3V \in \hat{V}$。我们只验证属性（a）和属性（c）。注释 T_3V 可以写成：

$$T_3V(x_1, x_2) = \max\{\max\{V(x_1, x_2), V(x_1+1, x_2) - c_1\}; \max\{V(x_1+1, x_2), V(x_1+2, x_2) - 2c_1\}; \cdots; \max\{V(x_1+w_1-1, x_2), V(x_1+w_1, x_2) - w_1c_1\}\}$$

等效地，IP的生产行为变成了一个最多有 w_1 个步骤的顺序决策过程，在每个步骤中，都会决定是否会再生产一个单元的IP。另外，由于 $V(x_1, x_2)$ 是凹形的，一旦 $V(x_1+k_1-1, x_2) \geqslant V(x_1+k_1, x_2) - k_1c_1$

对于 $1 \leqslant k_1 \leqslant w_1$，我们可以得到 $V(x_1 + k_1' - 1, x_2) \geqslant V(x_1 + k_1', x_2) - k_1' c_1$ 对于所有 $k_1 \leqslant k_1' \leqslant w_1$，这意味着最佳生产量最多为 $k_1 - 1$ 个单位。因此，对于性质（a）—（c）是否可以保留，足以证明其可以在顺序决策的每个步骤中保留，即：

$$f(x_1, x_2) = \hat{T}_3 V(x_1, x_2) = \max\{V(x_1, x_2), V(x_1 + 1, x_2) - c_1\} \in \hat{V}$$

性质（a）证明：$\Delta_1 V(x_1, x_2) \downarrow x_2$。

我们需要证明这一点，$\prod_2 = f(x_1, x_2) - f(x_1, x_2 + 1) - f(x_1 + 1, x_2) + f(x_1 + 1, x_2 + 1) \leqslant 0$。我们只展示 $x_1 > 0$，考虑以下情况：

（1）如果 $V(x_1, x_2) \leqslant V(x_1 + 1, x_2) - c_1$ 和 $V(x_1 + 1, x_2 + 1) \leqslant V(x_1 + 2, x_2 + 1) - c_1$，通过子模块化，我们得到了 $\prod_2 \leqslant V(x_1 + 1, x_2) - V(x_1 + 1, x_2 + 1) - V(x_1 + 2, x_2) + V(x_1 + 2, x_2 + 1) \leqslant 0$。

（2）如果 $V(x_1, x_2) > V(x_1 + 1, x_2) - c_1$ 和 $V(x_1 + 1, x_2 + 1) > V(x_1 + 2, x_2 + 1) - c_1$，有 $\prod_2 \leqslant V(x_1, x_2) - V(x_1, x_2 + 1) - V(x_1 + 1, x_2) + V(x_1 + 1, x_2 + 1) \leqslant 0$。

（3）如果 $V(x_1, x_2) \leqslant V(x_1 + 1, x_2) - c_1$ 和 $V(x_1 + 1, x_2 + 1) > V(x_1 + 2, x_2 + 1) - c_1$，有

$$\begin{aligned}\prod_2 = & V(x_1 + 1, x_2) - c_1 - \max\{V(x_1, x_2 + 1), V(x_1 + 1, x_2 + 1) - c_1\} - \\ & \max\{V(x_1 + 1, x_2), V(x_1 + 2, x_2) - c_1\} + V(x_1 + 1, x_2 + 1) \leqslant \\ & V(x_1 + 1, x_2) - c_1 - V(x_1 + 1, x_2 + 1) + c_1 - V(x_1 + 1, x_2) + \\ & V(x_1 + 1, x_2 + 1) = 0\end{aligned}$$

（4）如果 $V(x_1, x_2) > V(x_1 + 1, x_2) - c_1$ 和 $V(x_1 + 1, x_2 + 1) \leqslant V(x_1 + 2, x_2 + 1) - c_1$，有

$$\begin{aligned}\prod_2 - & V(x_1, x_2) - \max\{V(x_1, x_2 + 1), V(x_1 + 1, x_2 + 1) - c_1\} - \\ & \max\{V(x_1 + 1, x_2), V(x_1 + 2, x_2) - c_1\} + V(x_1 + 2, x_2 + 1) - \\ & c_1 \leqslant V(x_1 + 1, x_2) - V(x_1 + 1, x_2) - V(x_1, x_2 + 1) - V(x_1 + 2, x_2) + c_1 + \\ & V(x_1 + 1, x_2 + 1) \leqslant 0\end{aligned}$$

性质（c）证明：$\Delta_1 V(x_1, x_2) - \Delta_2 V(x_1, x_2) \quad \downarrow x_1 \uparrow x_2$。

我们只展示 $f(x_1 + 1, x_2) - f(x_1, x_2 + 1)$ 在 x_2 中增加，等价于

$\prod_2' = f(x_1+1, x_2) - f(x_1, x_2+1) - f(x_1+1, x_2+1) + f(x_1, x_2+2) \leqslant 0$。

考虑以下情况：

（1）如果 $V(x_1+1, x_2) \leqslant V(x_1+2, x_2) - c_1$ 和 $V(x_1, x_2+2) \leqslant V(x_1+1, x_2+2) - c_1$，有

$$\prod_2' = V(x_1+2, x_2) - V(x_1+1, x_2+1) - V(x_1+2, x_2+1) + V(x_1+1, x_2+2) \leqslant 0$$

（2）如果 $V(x_1+1, x_2) > V(x_1+2, x_2) - c_1$ 和 $V(x_1, x_2+2) > V(x_1+1, x_2+2) - c_1$，有

$$\prod_2' \leqslant V(x_1+1, x_2) - V(x_1, x_2+1) - V(x_1+1, x_2+1) + V(x_1, x_2+2) \leqslant 0$$

（3）如果 $V(x_1+1, x_2) \leqslant V(x_1+2, x_2) - c_1$ 和 $V(x_1, x_2+2) > V(x_1+1, x_2+2) - c_1$，有

$$\begin{aligned}\prod_2' = {} & V(x_1+2, x_2) - c_1 - \max\{V(x_1, x_2+1), V(x_1+1, x_2+1) - c_1\} \\ & - \max\{V(x_1+1, x_2), V(x_1+2, x_2+1) - c_1\} + V(x_1, x_2+2) \leqslant \\ & V(x_1+2, x_2) - c_1 - V(x_1+1, x_2+1) + c_1 - V(x_1+1, x_2+1) + \\ & V(x_1, x_2+2) \leqslant 0\end{aligned}$$

（4）如果 $V(x_1+1, x_2) > V(x_1+2, x_2) - c_1$ 和 $V(x_1, x_2+2) \leqslant V(x_1+1, x_2+2) - c_1$，有

$$\begin{aligned}\prod_2' = {} & V(x_1+1, x_2) - \max\{V(x_1, x_2+1), V(x_1+1, x_2+1) - c_1\} \\ & - \max\{V(x_1+1, x_2+1), V(x_1+2, x_2+1) - c_1\} + \\ & V(x_1+1, x_2+2) - c_1 \leqslant V(x_1+2, x_2) - 2V(x_1+1, x_2+1) + \\ & V(x_1+1, x_2+2) \leqslant 0\end{aligned}$$

最后，我们验证了 T_4V 的属性（a）和属性（c）。T_4V 重写为

$$\begin{aligned}T_4V(x_1, x_2) = \max\Big\{ & \max\{V(x_1, x_2), V(x_1-1, x_2+1) - c_2\}; \\ & \max\{V(x_1-1, x_2+1), V(x_1-2, x_2+2) - 2c_2\}; \cdots; \\ & \max\{V(x_1 - x_1\Lambda w_2 + 1, x_2 + x_1\Lambda w_2 - 1), \\ & V(x_1 - x_1\Lambda w_2, x_2 + x_1\Lambda w_2) - (x_1\Lambda w_2)c_2\}\Big\}.\end{aligned}$$

等效地，EP的生产动作变成了最多有 $x_1\Lambda w_2$ 个步骤的顺序决策过

程，并且在每个步骤中作出是否将生产一个EP单元的决定。此外，根据$\hat{V}$的性质（c），

一旦 $V(x_1-k_2,\ x_2+k_2)\geqslant V(x_1-k_2+1,\ x_2+k_2-1)-k_2c_2$ 对于所有 $0\leqslant k_2\leqslant x_1\Lambda w_2$，我们也可以有 $V(x_1-k_2',\ x_2+k_2')\geqslant V(x_1-k_2'+1,\ x_2+k_2'-1)-k_2'c_2$ 对于所有 $k_2\leqslant k_2'\leqslant x_1\Lambda w_2$，这意味着最佳生产量最多为$k_2$个单位。因此，对于性质（a）—（c）是否可以保留，足以证明其可以在顺序决策的每个步骤中保留，即：

$$f(x_1,\ x_2)=T_4V(x_1,\ x_2)=\max\{V(x_1,\ x_2),\ V(x_1-1,\ x_2+1)-c_2\}\in\hat{V}$$

性质（a）证明：$\Delta_1V(x_1,\ x_2)\downarrow x_2$。

我们需要证明 $\prod_4=f(x_1,\ x_2)-f(x_1,\ x_2+1)-f(x_1+1,\ x_2)+f(x_1+1,\ x_2+1)\leqslant 0$。

如果 $x_1>0$，考虑以下情况：

（1）如果 $V(x_1,\ x_2)\leqslant V(x_1-1,\ x_2+1)-c_2$ 和 $V(x_1+1,\ x_2+1)\leqslant V(x_1,\ x_2+2)-c_2$，有 $\prod_4\leqslant V(x_1-1,\ x_2+1)-V(x_1-1,\ x_2+2)-V(x_1,\ x_2+1)+V(x_1,\ x_2+2)\leqslant 0$。

（2）如果 $V(x_1,\ x_2)>V(x_1-1,\ x_2+1)-c_2$ 和 $V(x_1+1,\ x_2+1)>V(x_1,\ x_2+2)-c_2$，有 $\prod_4\leqslant V(x_1,\ x_2)-V(x_1,\ x_2+1)-V(x_1+1,\ x_2)+V(x_1+1,\ x_2+1)\leqslant 0$。

（3）如果 $V(x_1,\ x_2)\leqslant V(x_1-1,\ x_2+1)-c_2$ 和 $V(x_1+1,\ x_2+1)>V(x_1+2,\ x_2+2)-c_2$，那么

$$\begin{aligned}\prod_4=&V(x_1-1,\ x_2+1)-c_2-\max\{V(x_1,\ x_2+1),\ V(x_1-1,\ x_2+2)-c_2\}\\&-\max\{V(x_1+1,\ x_2),\ V(x_1,\ x_2+1)-c_2\}+V(x_1+1,\ x_2+1)\leqslant\\&V(x_1-1,\ x_2+1)-c_2-2V(x_1,\ x_2+1)+c_2+V(x_1+1,\ x_2+1)\leqslant 0\end{aligned}$$

（4）如果 $V(x_1,\ x_2)>V(x_1-1,\ x_2+1)-c_2$ 和 $V(x_1+1,\ x_2+1)\leqslant V(x_1,\ x_2+2)-c_2$，有

$$\begin{aligned}\prod_4=&V(x_1,\ x_2)-\max\{V(x_1,\ x_2+1),\ V(x_1-1,\ x_2+2)-c_2\}-\\&\max\{V(x_1+1,\ x_2),\ V(x_1,\ x_2+1)-c_2\}+V(x_1,\ x_2+2)-c_2\leqslant\\&V(x_1,\ x_2)-2V(x_1,\ x_2+1)+V(x_1,\ x_2+2)\leqslant 0\end{aligned}$$

当 $x_1=0$时，这个结果也可以同样被证明。

性质（c）证明：$\Delta_1 V(x_1, x_2)-\Delta_2 V(x_1, x_2) \quad \downarrow x_1 \uparrow x_2$。

我们需要证明 $f(x_1+1, x_2)-f(x_1, x_2+1)$ 在 x_2 中增加，等价于 $\prod_4' = f(x_1+1, x_2)-f(x_1, x_2+1)-f(x_1+1, x_2+1)+f(x_1, x_2+2) \leqslant 0$。

如果 $x_1>0$，考虑以下情况：

（1）如果 $V(x_1+1, x_2) \leqslant V(x_1, x_2+1)-c_2$ 和 $V(x_1, x_2+2) \leqslant V(x_1-1, x_2+3)-c_2$，有

$$\begin{aligned}\prod_4' \leqslant\ & V(x_1, x_2+1)-V(x_1-1, x_2+2)-V(x_1, x_2+2)+\\ & V(x_1-1, x_2+3) \leqslant 0\end{aligned}$$

（2）如果 $V(x_1+1, x_2)>V(x_1, x_2+1)-c_2$ 和 $V(x_1, x_2+2)>V(x_1-1, x_2+3)-c_2$，有

$$\prod_4' \leqslant V(x_1+1, x_2)-V(x_1, x_2+1)-V(x_1+1, x_2+1)+V(x_1, x_2+2) \leqslant 0$$

（3）如果 $V(x_1+1, x_2) \leqslant V(x_1, x_2+1)-c_2$ 和 $V(x_1, x_2+2)>V(x_1-1, x_2+3)-c_2$，有

$$\begin{aligned}\prod_4' =\ & V(x_1, x_2+1)-c_2-\max\{V(x_1, x_2+1), V(x_1-1, x_2+2)-c_2\}-\\ & \max\{V(x_1+1, x_2+1), V(x_1, x_2+2)-c_2\}+V(x_1, x_2+2) \leqslant\\ & V(x_1, x_2+1)-c_2-V(x_1, x_2+1)-V(x_1, x_2+2)+c_2+\\ & V(x_1, x_2+2)=0\end{aligned}$$

（4）如果 $V(x_1+1, x_2)>V(x_1, x_2+1)-c_2$ 和 $V(x_1, x_2+2) \leqslant V(x_1-1, x_2+3)-c_2$，有

$$\begin{aligned}\prod_4' =\ & V(x_1+1, x_2)-\max\{V(x_1, x_2+1), V(x_1-1, x_2+2)-c_2\}-\\ & \max\{V(x_1+1, x_2+1), V(x_1, x_2+2)-c_2\}+V(x_1-1, x_2+3)-c_2\\ & \leqslant V(x_1+1, x_2)-V(x_1-1, x_2+2)+c_2-V(x_1+1, x_2+1)+\\ & V(x_1-1, x_2+3)-c_2 \leqslant 0\end{aligned}$$

由于算子 T 是 $T_{1,i}V$，$T_{2,i}V$，T_3V 和 T_4V 的线性非负组合，因此 $TV \in \hat{V}$，如果 $V \in \hat{V}$。这就完成了证明。

引理6-3证明

按照定义，对于给定的 x_2，$S_{1i}(x_2)$（$1 \leqslant i \leqslant M$）是满足 $\Delta V(x_1-1, x_2) \geqslant r_i$ 的 $x_1>0$ 的最大值。

$$V\left(S_{1i}(x_2+1),\ x_2\right)-V\left(S_{1i}(x_2+1)-1,\ x_2\right)\geqslant V\left(S_{1i}(x_2+1),\ x_2+1\right)-$$
$$V\left(S_{1i}(x_2+1)-1,\ x_2+1\right)\geqslant r_i$$

其中第一个不等式来自值函数$V(x_1,\ x_2)$的子模性，第二个不等式来自$S_{1i}(x_2+1)$的定义。这意味着$S_{1i}(x_2)\geqslant S_{1i}(x_2+1)$。类似地，可以证明$S_{2i}(x_1)\downarrow x_1$，$1\leqslant i\leqslant N$和$S_3(x_2)\downarrow x_2$。接下来，考虑性质（c）。对于$x_1>0$，我们可以得到

$$V\left(x_1+1,\ S_4(x_1)\right)-V\left(x_1,\ S_4(x_1)+1\right)\leqslant V\left(x_1,\ S_4(x_1)\right)-$$
$$V\left(x_1-1,\ S_4(x_1)+1\right)\leqslant -c_2$$

其中第一个不等式来自性质（c），第二个不等式来自$S_4(x_1)$的定义，暗示$S_4(x_1+1)\geqslant S_4(x_1)$。

（d）中的性质可以直接从引理6-1中的凹性性质和假设$r_1>r_2>\cdots>r_M>c_1$中获得。$S_{21}(x_1)=0$，由于类别1是EP的最高类别，因此没有价值来配给库存。

关于性质（e），我们只证明了曲线$S_{1i}(x_2)$。其他曲线的证明是相似的。这足以证明$S_{1i}(x_2)-1\leqslant S_{1i}(x_2+1)$。这对于$S_{1i}(x_2)\leqslant 1$是显而易见的。当$S_{1i}(x_2)>1$时，根据定义，我们只需要证明$V_n\left(S_{1i}(x_2)-1,\ x_2+1\right)-V_n\left(S_{1i}(x_2)-2,\ x_2+1\right)\geqslant r_i$. 这是正确的，因为：

$$V_n\left(S_{1i}(x_2)-1,\ x_2+1\right)-V_n\left(S_{1i}(x_2)-2,\ x_2+1\right)\geqslant V_n\left(S_{1i}(x_2),\ x_2\right)-$$
$$V_n\left(S_{1i}(x_2)-1,\ x_2\right)\geqslant r_i$$

其中不等式来自性质（c），第二个来自$S_{1i}(x_2)$的定义。这就完成了证明。

定理6-1证明

根据定义，对丁给定的x_2，$S_3(x_2)$是满足$\Delta V(x_1,\ x_2)\geqslant c_1$的$x_1>0$的最大值。鉴于引理6-1中的$V(x_1,\ x_2)$凹性，我们知道对于任何$x_1'\leqslant S_3(x_2)$，$\Delta V(x_1',\ x_2)\geqslant c_1$，这意味着生产IP直到其库存水平达到$S_3(x_2)$是最优的。

根据引理6-3（c），$S_4(x_1)$在x_1中是不递减的。根据$S_4(x_1)$的定义，我们可以得出当$(x_1,\ x_2)$低于曲线$S_4(x_1)$时，

$\Delta_1 V(x_1 - 1, x_2) - \Delta_2 V(x_1 - 1, x_2) \leqslant -c_2$，因此生产EP是最佳的。

对于配给，当 $x_1 \leqslant S_{1i}(x_2)$（$1 \leqslant i \leqslant M$）时，$\Delta V(x_1 - 1, x_2) \geqslant r_i$，这意味着拒绝$i$类需求获得的边际收益大于接受需求获得的边缘收益。持有库存以满足更重要类别未来可能的需求是合理的。另外，当$x_1 > S_{1i}(x_2)$时，满足类别i的需求更有利可图。同样，$S_{2i}(x_1)$是确定是否接受EP的需求的阈值：如果EP库存$x_2 \leqslant S_{2i}(x_1)$（$1 \leqslant i \leqslant N$），则应拒绝EP的$i$类需求，否则应予以满足。由于EP的$i$类需求是具有最高优先级的类别，因此如果现有EP库存仍然可用，则没有拒绝任何i类需求的价值。

参考文献

[1] ABOUEE-MEHRIZI H, BERMAN O, SHARMA S. Transshipment policies in a multi period inventory system with lost sales [J]. Operations Research, 2015, 63 (9): 342-350.

[2] AGRAWAL V, CHAO X, SESHADRI S. Dynamic balancing of inventory in supply chains [J]. European Journal of Operational Research, 2004 (159): 296-317.

[3] AKSIN O Z, KARAESMEN F. Characterizing the performance of process flexibility structures [J]. Operations Research Letters, 2007, 35 (4): 477-484.

[4] ALLEN S G. A redistribution model with set-up charge [J]. Management Science, 1961, 8 (1): 99-108.

[5] ALLEN S G. Computation for the redistribution model with set-up charge [J]. Management Science, 1962, 8 (4): 482-489.

[6] ALLEN S G. Redistribution of total stock over several user locations [J]. Naval Research Logistics Quarterly, 1958, 5 (4): 51-59.

[7] ANUPINDI R, AKELLA R. Diversifiification under supply uncertainty [J]. Management Science, 1993 (39): 944-963.

[8] ANUPINDI R, BASSOK Y. Approximations for multiproduct contracts with stochastic demands and business volume discounts: Single supplier case [J]. IIE Transactions, 1998 (30): 723-734.

[9] ATTIA E A, EDI H K, DUQUENNE P. Flexible resources allocation techniques: Characteristics and modelling [J]. International Journal of Operational Research, 2012, 14 (2): 221-254.

[10] AWASTHI A, CHAUHAN S S, GOYAL S K, et al. Supplier selection problem for a single manufacturing unit under stochastic demand [J]. International Journal of Production Economics, 2009 (117): 229-233.

[11] BANDYOPADHYAY S, PAUL A A. Equilibrium returns policies in the presence of supplier competition [J]. Marketing Science, 2010 (29): 846-857.

[12] BANERJEE A, BURTON J, BANERJEE S. A simulation study of lateral transshipments in a single supplier multiple buyers supply chain network [J]. International Journal of Production Economics, 2003 (81-82): 103-114.

[13] BARLOW R E, PROSCHAN F. Mathematical theory of reliability [M]. New York: John Wiley and Sons, Inc., 1965.

[14] BARNES-SCHUSTER D, BASSOK Y, ANUPINDI R. Coordination and flexibility in supply contracts with options [J]. Manufacturing & Service Operations Management, 2002 (4): 171-207.

[15] BASSOK Y, ANUPIND R. Analysis of supply contracts with commitments and flexibility [J]. Naval Research Logistics, 2008 (55): 459-477.

[16] BEACH R, MUHLEMANN A P, PRICE D H R, et al. A review of manufacturing flexibility [J]. European Journal of Operational Research, 2000, 122 (1): 41-57.

[17] BELOBABA P P. Application of a probabilistic decision model to airline seat inventory control [J]. Operations Research, 1989 (37): 183-197.

[18] BEN-TAL A, GOLANY B, NEMIROVSKI A, et al. Retailer-supplier flexible commitments contracts: A robust optimization approach [J]. Manufacturing & Service Operations Management, 2005 (7): 248-271.

[19] BENJAAFAR S, EI-HAFSI M, HUANG T. Optimal control of a production-inventory system with both backorders and lost sales [J]. Naval Research Logistics, 2010, 57 (3): 252-265.

[20] BETRAND L P, BOOKBINDER J H. Stock redistribution in two-echelon

logistics systems [J]. Journal of the Operational Research Society, 1998 (49): 966–975.

[21] BHATNAGAR R, LIN B. The joint transshipment and production control policies for multi–location production/inventory systems [J]. European Journal of Operational Research, 2019, 275 (3): 957–970.

[22] BISH E K, MURIEL A, BILLER S. Managing flexible capacity in a make–to–order environment [J]. Management Science, 2005, 51 (2): 167–180.

[23] BRUMELLE S L, MCGILL J I. Airline seat allocation with multiple nested fare classes [J]. Operations Research, 1993 (41): 127–137.

[24] BURKE G J, CARRILLO J E, VAKHARIA A J. Single versus multiple supplier sourcing strategies [J]. European Journal of Operational Research, 2007 (182): 5–112.

[25] BURKE G J, CARRILLO J E, VAKHARIA A J. Sourcing decisions with stochastic supplier reliability and stochastic demand [J]. Production and Operations Management, 2009 (18): 475–484.

[26] BURTON J, BANERJEE A. Cost–parametric analysis of lateral transshipment policies in two–echelon supply chains [J]. International Journal of Production Economics, 2005 (93–94): 169–178.

[27] CACHON G P. Supply chain coordination with contracts [C] //DE–KOK A G, Graves S C.Supply chain management: Design, coordination and operation.Amsterdam: Elsevier, 2003: 229–340.

[28] CALDENTEY R, WEIN L. Revenue management of a make–tostock queue [J]. Operations Research, 2006 (54): 859–875.

[29] CALISKAN - DEMING O, CHEN Y F, YANG Y. Ordering policies for periodic–review inventory systems with quantity–dependent fixed costs [J]. Operations Research, 2012, 60 (4): 785–796.

[30] CERYAN O, DUENYAS I, KOREN Y. Optimal control of an assembly system with demand for the end–product and intermediate components [J]. IIE Transactions, 2012, 44 (5): 386–403.

[31] CERYAN O, SAHIN O, DUENYAS I. Dynamic pricing of substitutable products in the presence of capacity flexibility [J]. Manufacturing & Service Operations Management, 2013, 15 (1): 86–101.

[32] CHAUDHRY S S, FORST F G, ZYDIAK J L. Vendor selection with price breaks [J]. European Journal of Operational Research, 1993 (70):

52-66.

[33] CHAUHAN G, SINGH T P. Development and validation of resource flexibility measures for manufacturing industry [J]. Journal of Industrial Engineering and Management, 2014, 7 (1): 21-41.

[34] CHEN D, TANG C S, WANG H, et al. Offering free upgrades even before stocks run out: The value of proactive upgrades [J]. Manufacturing & Service Operations Management, 2022, 24 (4): 2081-2097.

[35] CHEN F, ZHENG Y. Inventory models with general backorder costs [J]. European Journal of Operational Research, 1993 (65): 175-186.

[36] CHEN S. The optimality of hedging point policies for stochastic two-product flexible manufacturing systems [J]. Operations Research, 2004, 52 (2): 312-322.

[37] CHEN S, XU J, FENG Y. A partial characterization of the optimal ordering/rationing policy for a periodic review system with two demand classes and backordering [J]. Naval Research Logistics, 2010, 57 (4): 330-341.

[38] CHEN W, DONG M. Joint inventory control across products with supply uncertainty and responsive pricing [J]. Journal of Operational Research Society, 2018, 69 (8): 1215-1226.

[39] CHEN X. L-natural-convexity and its applications [J]. Frontiers of Engineering Management, 2017, 4 (3): 283-294.

[40] CHEN X, SIMCHI-LEVI D. A new approach for the stochastic cash balance problem with fixed costs [J]. Probability in the Engineering & Informational Sciences, 2009 (3): 545-562.

[41] CHEN X, SIMCHI-LEVI D. Coordinating inventory control and pricing strategies with random demand and fixed ordering cost: The finite horizon case [J]. Operations Research, 2004 (29): 698-723.

[42] CHEN X, FENG Y, KEBLIS M, et al. Optimal inventory policy for two substitutable products with customer service objectives [J]. European Journal of Operational Research, 2015 (246): 76-85.

[43] CHEN X, GAO X, HU Z. A new approach to two-location joint inventory and transshipment control via L convexity [J]. Operations Research Letters, 2015 (43): 65-68.

[44] CHEN X, LI M. Discrete convex analysis and its applications in

operations: A survey [J]. Production and Operations Management, 2021, 30 (6): 1904-1926.

[45] CHEN X, PANG Z, PAN L. Coordinating inventory control and pricing strategies for perishable products [J]. Operations Research, 2014, 62 (2): 284-300.

[46] CHEN X, ZHANG Y, ZHOU S. Preservation of Quasi-K-concavity and its applications [J]. Operations Research, 2010 (58): 1012-1016.

[47] CHEN Y F, XUE W, YANG J. Technical note-optimal inventory policy in the presence of a long-term supplier and a spot market [J]. Operations Research, 2013, 61 (1): 88-97.

[48] CHEW E P, LEE L H, WANG Q. Mixed bundle retailing under a stochastic market [J]. Flexible Services and Manufacturing Journal, 2015, 27 (4): 606-629.

[49] CHEW E P, LEE L H, LIU S. Dynamic rationing and ordering policies for multiple demand classes [J]. OR Spectrum, 2013 (35): 127-151.

[50] CHOD J, PYKE D, RUDI N. The value of flexibility in make-to-order systems: The effect of demand correlation [J]. Operations Research, 2010 (58): 834-848.

[51] CHOD J, RUDI N. Resource flexibility with responsive pricing [J]. Operations Research, 2005, 53 (3): 532-548.

[52] CHOU M C, CHUA G A, TEO C P, et al. Design for process flexibility: Efficiency of the long chain and sparse structure [J]. Operations Research, 2010, 58 (1): 43-58.

[53] CHOU M C, CHUA G A, TEO C P, et al. Processs flexibility revisited: The graph expander and its applications [J]. Operations Research, 2011, 59 (5): 1090-1105.

[54] ÇIL E B, ÖRMECI E L, KARAESMEN F. Effects of system parameters on the optimal policy structure in a class of queueing control problems [J]. Queueing Systems, 2009, 61 (4): 273-304.

[55] COHEN M A, KLEINDORFER P R, LEE H L. Service constrained (s, S) inventory systems with priority demand classes and lost sales [J]. Management Science, 1988 (34): 482-499.

[56] CURRENT J R, WEBER C A. Application of facility location modelling constructs to vendor selection problems [J]. European Journal of Operational Research, 1994 (76): 387-392.

[57] DADA M, PETRUZZI N C, SCHWARZ L B. A newsvendor's procurement problem when suppliers are unreliable [J]. Manufacturing & Service Operations Management, 2007 (9): 9-32.

[58] DAS C. Supply and redistribution rules for two-location inventory systems: One period analysis [J]. Management Science, 1975, 21 (7): 765-776.

[59] DE BOER L, LABRO E, MORLACCHI P. A review of methods supporting supplier selection [J]. European Journal of Purchasing & Supply Management, 2001 (7): 75-89.

[60] DE VERICOURT , KARAESMEN F, DALLERY Y. Dynamic scheduling in a make-to-stock system: Partial characterization of optimal policies [J]. Operations Research, 2000 (48): 811-819.

[61] DE VERICOURT, KARAESMEN F, DALLERY Y. Optimal stock allocation for capacitated supply system [J]. Management Science, 2002 (48): 1486-1500.

[62] DECROIX G A, ARREOLA-RISA A. Optimal production and inventory policy for multiple products under resource constraints [J] . Management Science, 1998 (44): 950-961.

[63] DEGRAEVE Z, LABRO E, ROODHOOFT F. An evaluation of supplier selection methods from a total cost of ownership perspective [J] . European Journal of Operational Research, 2000 (125): 34-58.

[64] DESHPANDE V, COHEN M A, DONOHUE K. A threshold inventory rationing policy for service-differentiated demand classes [J] . Management Science, 2003 (49): 683-703.

[65] DIKS E B, DE KOK A G. Controlling a divergent 2-echelon network with transshipments using the consistent appropriate share rationing policy [J] . International Journal of Production Economics, 1996 (45) : 369-379.

[66] DUENYAS I, PATANA-ANAKE P. Base-stock control for single-product tandem make-to-stock Systems [J]. IIE Transactions, 1998 (30): 31-39.

[67] ENDERS P, ADAN I, SCHELLER-WOLF A, et al. Inventory rationing for a system with heterogeneous customer classes [J] . Flexible Services and Manufacturing Journal , 2014 (26): 344-386.

[68] FANG X, CHO S. Stability and endogenous formation of inventory

transshipment networks [J]. Operations Research, 2014, 62 (6): 1316-1334.

[69] FEDERGRUEN A, YANG N. Optimal supply diversfification under general supply risks [J]. Operations Research, 2009 (57): 1451-1468.

[70] FEDERGRUEN A, YANG N. Selecting a portfolio of suppliers under demand and supply risks [J]. Operations Research, 2008 (56): 916-936.

[71] FENG Y, CHEN S, DAI W. The optimal order policy for a capacitated multiple product inventory system under symmetry [J]. Asia-Pacific Journal of Operational Research, 2015, 32 (2): 1550005.

[72] FENG Y, PANG Z. Coordination of production and sales admission control in the presence of a spot market [J]. Naval Research Logistics, 2010 , 57 (4): 309-329.

[73] FENG Y, XU J, ZHENG S. Technical note-dynamic optimal policy for an inventory system of two substitutable products with positive replenishment lead times [J]. Operations Research, 2019, 67 (4): 1027-1034.

[74] FENG Y, PANG Z. Coordination of production and sales admission control in the presence of a spot market [J]. Naval Research Logistics, 2010, 57 (4): 309-329.

[75] FORKER L B. Factors affecting supplier quality performance [J]. Journal of Operations Management, 1997 (15): 243-269.

[76] FRANK, ZHANG K C, DUENYAS I. Optimal inventory policy for inventory system with priority demand classes [J]. Operations Research, 2003 (51): 993-1002.

[77] GERCHAK, PARLAR Y M, YEE T. Optimal rationing policies and production quantities for products with several demand classes [J]. Canadian Journal of Administrative Sciences , 1985 (1): 161-176.

[78] GERCHAK Y, SMIRNOV D. Evaluating the effect of sub-optimality [J]. Operations Research Letters, 2014, 42 (6): 455-457.

[79] GOEL A, TANRISEVER F. Financial hedging and optimal procurement policies under correlated price and demand [J]. Production and Operations Management, 2017, 26 (10): 1924-1945.

[80] GONG X, CHAO X. Technical note-optimal control policy for

capacitated inventory systems with remanufacturing [J]. Operations Research, 2013, 61 (3): 603-611.

[81] GONG X, ZHOU S X.Optimal production planning with emissions trading [J]. Operations Research, 2013, 61 (4): 908-924.

[82] GOVINDARAJAN A, SINHA A, UICHANCO J. Joint inventory and fulfillment decisions for omnichannel retail networks [J]. Naval Research Logistics, 2021, 68 (6): 779-794.

[83] GRAVES C, TOMLIN B T. Process flexibility in supply chains [J]. Management Science, 2003, 49 (7): 907-919.

[84] GROSS D. Centralized inventory control in multilocation supply systems [C] //SCARF H E, GILFORD D M, SHELLY M W.Multistage inventory models and techniques. Stanford, CA: Stanford University Press, 1963: 47-84.

[85] HA A Y. Optimal dynamic scheduling policy for a make-to-stock production system [J]. Operations Research, 1997 (45): 42-54.

[86] HA A Y. Inventory rationing in a make-to-stock production system with several demand classes and lost sales [J]. Management Science, 1997, 43 (8): 1093-1103.

[87] HA A Y. Stock rationing in an M/Ek/1 make-to-stock queue [J]. Management Science, 2000 (46): 77-87.

[88] HA A Y. Stock rationing policy for a make-to-stock production system with two priority classes and backordering [J]. Naval Research Logistics, 1997 (44): 457-472.

[89] HAJEK B. Optimal control of two interacting service stations [J]. IEEE Transactions on Automatic Control, 1984 (29): 491-498.

[90] HAKSÖZ C, SESHADRI S. Supply chain operations in the presence of a spot market: A review with discussion [J]. Journal of the Operational Research Society, 2007 (58): 1412-1429.

[91] HERER Y T, TZUR M. The dynamic transshipment problem [J]. Naval Research Logistics, 2001 (48): 386-408.

[92] HO W, XU X, DEY P K. Multi-criteria decision making approaches for supplier evaluation and selection: A literature review [J]. European Journal of Operational Research, 2010 (202): 16-24.

[93] HOADLEY B, HEYMAN D P. A two-echelon inventory model with purchases, dispositions, shipments, returns and transshipments [J].

Naval Research Logistics, 1977 (24): 1-19.

[94] HOCHBAUM D S, WAGNER M R. Range contracts: Risk sharing and beyond [J]. European Journal of Operational Research, 2015 (243): 956-963.

[95] HONG J, HAYYA J C. Just-in-time purchasing: Single or multiple sourcing [J]. International Journal of Production Economics, 1992 (27): 175-181.

[96] HU X, DUENYAS I, KAPUSCINSKI R. Optimal joint inventory and transshipment control under uncertain capacity [J]. Operations Research, 2008 (56): 881-897.

[97] HUANG B, IRAVANI S. A make-to-stock system with multiple customer classes and batch ordering [J]. Operations Research, 2008 (56): 1312-1320.

[98] HUH W T, JANAKIRAMAN G, MUHARREMOGLU A, et al. Inventory systems with a generalized cost model [J]. Operations Research, 2011 (59): 1040-1047.

[99] HUH W T, JANAKIRAMAN G. On the optimal policy structure in serial inventory systems with lost sales [J]. Operations Research, 2010, 58 (2): 486-491.

[100] INDERFURTH K, KELLE P, KLEBER R. Dual sourcing using capacity reservation and spot market: Optimal procurement policy and heuristic parameter determination [J]. European Journal of Operational Research, 2013 (225): 298-309.

[101] INDERFURTH K, KELLE P, KLEBER R. Inventory control in dual sourcing commodity procurement with price correlation [J]. CEJOR, 2018 (26): 93-119.

[102] IRAVANI S M, KOLFAL B, VAN OYE M P. Process flexibility and inventory flexibility via product substitution [J]. Flexible Services and Manufacturing Journal, 2014, 26 (3): 320-343.

[103] IRAVANI S M, VAN OYEN M P, SIMS K T. Structural flexibility: A new perspective on the design of manufacturing and service operations [J]. Management Science, 2005, 51 (2): 151-166.

[104] ISOTUPA K S. Cost analysis of an (S-1, S) inventory system with two demand classes and rationing [J]. Annals of Operations Research, 2015 (233): 411-421.

[105] JACOBS B W, SUBRAMANIAN R. Sharing responsibility for product recovery across the supply chain [J]. Production and Operations Management, 2012 (21): 85-100.

[106] JAIN A, JAIN P K, CHAN T S, et al. A review on manufacturing flexibility [J]. International Journal of Production Research, 2013, 51 (19): 5946-5970.

[107] JAKUBOVSKIS A. Flexible production resources and capacity utilization rates: A robust optimization perspective [J]. International Journal of Production Economics, 2017 (189): 77-85.

[108] JANAKIRAMAN G, SESHADRI S. Dual sourcing inventory systems: On optimal policies and the value of costless returns [J]. Production and Operations Management, 2017, 26 (2): 203-210.

[109] JONSSON H, SILVER E A. Analysis of a two echelon inventory control system with complete redistribution [J]. Management Science, 1987 (33): 215-227.

[110] JORDAN W C, GRAVES S C. Principles on the benefits of manufacturing process flexibility [J]. Management Science, 1995, 41 (4): 577-594.

[111] KARMARKAR U. The multiperiod multilocation inventory problem [J]. Operations Research, 1981, 29 (2): 215-228.

[112] KARMARKAR U, PATEL N. The one-period, N-location distribution problem [J]. Naval Research Logistics, 1977, 24 (4): 559-575.

[113] KARUPPAN C M, GANSTER D C. The labor-machine dyad and its influence on mixflexibility [J]. Journal of Operations Management, 2004, 22 (6): 533-556.

[114] KOSTE L L, MALHOTRA M K. A theoretical framework for analyzing the dimensions of manufacturing flexibility [J]. Journal of Operations Management, 1999, 18 (1): 75-93.

[115] KOSTE L L, MALHOTRA M K, SHARMA S. Measuring dimensions of manufacturing flexibility [J]. Journal of Operations Management, 2004 (22): 171-196.

[116] KOUVELIS P, TIAN Z. Flexible capacity investments and product mix: Optimal decisions and value of postponement options [J]. Production and Operations Management, 2014, 23 (5): 861-876.

[117] KOUVELIS P, PANG Z, DING Q. Integrated commodity inventory

management and financial hedging: A dynamic meanvariance analysis [J]. Production and Operations Management, 2018, 27 (6): 1052-1073.

[118] KRISHNAN K, RAO V. Inventory control in N warehouses [J]. Journal of Industrial Engineering, 1965, XVI (3): 212-215.

[119] KULKARNI S S, MAGAZINE M J, RATURI A S. Risk pooling advantages of manufacturing network configuration [J]. Production and Operations Management, 2004, 13 (2): 186-199.

[120] LAN Y, LI Y, HUA Z. Commentary on "equilibrium returns policies in the presence of supplier competition" [J]. Marketing Science, 2013 (32): 821-823.

[121] LEE C Y, ZHOU W, WU S. Optimal control of a capacitated inventory system with multiple demand classes [J]. Naval Research Logistics, 2011, 58 (1): 43-58.

[122] LEE Y H, JUNG J W, JEON Y S. An effective lateral transshipment policy to improve service level in the supply chain [J]. International Journal of Production Economics, 2007 (106): 115-126.

[123] LEE Y J, ZIPKIN P. Tandem queues with planned inventories [J]. Operations Research, 1992, 40 (5): 936-947.

[124] LEUENBERGER H. New trends in the production of pharmaceutical granules: Batch versus continuous processing [J]. European Journal of Pharmaceutics and Biopharmaceutics, 2001 (52): 289-296.

[125] LIAN J, LIU C, LI W, et al. A multi-skilled worker assignment problem in seru production systems considering the worker heterogeneity [J]. Computers and Industrial Engineering, 2018 (118): 366-382.

[126] LI Q, NIU B, CHU L. Forward sourcing or spot trading? Optimal commodity procurement policy with demand uncertainty risk and forecast update [J]. IEEE Systems Journal, 2017, 11 (3): 1526-1536.

[127] LI Q, YU P. On the quasiconcavity of lost-sales inventory models with fixed costs [J]. Operations Research, 2012, 60 (2): 286-291.

[128] LI Q, YU P. Multimodularity and its applications in three stochastic dynamic inventory problems [J]. Manufacturing & Service Operations Management, 2014, 16 (3): 455-463.

[129] LI L, ZABINSKY Z B. Incorporating uncertainty into a supplier selection

problem [J]. International Journal of Production Economics, 2011 (134): 344-356.

[130] LIPPMAN S. Applying a new device in the optimization of exponential queueing systems [J]. Operations Research, 1975 (23): 687-710.

[131] LI R, RYAN J K. Inventory flexibility through adjustment contracts [J]. International Journal of Production Research, 2012, 50 (7): 1955-1978.

[132] LI S, TIRUPATI D. Technology choice with stochastic demands and dynamic capacity allocation: A two-product analysis [J]. Journal of Operations Management, 1995 (12): 239-258.

[133] MARTINEZ-DE-ALBENIZ V, SIMCHI-LEVI D. A portfolio approach to procurement contracts [J]. Production and Operations Management, 2005 (14): 90-114.

[134] MEHROTA S, RAHIMIAN H, BARAH M, et al. A model of supply-chain decisions for resource sharing with an application to ventilator allocation to combat COVID-19 [J]. Naval Research Logistics, 2020, 67 (5): 303-320.

[135] MENDELSON H, TUNCA T I. Strategic spot trading in supply chains [J]. Management Science, 2007, 53 (5): 742-759.

[136] MOORTHY S, SRINIVASAN K. Signaling quality with a money-back guarantee: The role of transaction costs [J]. Marketing Science, 1995 (14): 442-466.

[137] MUROTA K. Discrete convex analysis [J], Mathematical Programming, 1998 (83): 313-371.

[138] NAGALI V, HWANG J, SANGHERA D, et al. Procurement risk management (PRM) at Hewlett-Packard Company [J]. Interfaces, 2008, 38 (1): 51-60.

[139] NAHMIAS S, DEMMY W S. Operating characteristics of an inventory system with rationing [J]. Management Science, 1981 (27): 1236-1245.

[140] OLIVEIRA F S, RUIZ C, CONEJO A J. Contract design and supply chain coordination in the electricity industry [J]. European Journal of Operational Research, 2013, 227 (3): 527-537.

[141] PADMANABHAN V, PNG I P L. Return policies: Make money by making good [J]. Sloan Management Review, 1995 (37): 65-72.

[142] PAN A. Allocation of order quantity among suppliers [J]. Journal of Purchasing and Materials Management, 1989 (25): 36-39.

[143] PANG Z, CHEN F Y, FENG Y. Technical note-a note on the structure of joint inventory-pricing control with leadtimes [J]. Operations Research, 2012, 60 (3): 581-587.

[144] PARLAR M, WANG D. Diversifification under yield randomness in inventory models [J]. European Journal of Operational Research, 1993 (66): 52-64.

[145] PATERSON C, KIESMULLER G, TEUNTER R, et al. Inventory models with lateral transshipments: A review [J]. European Journal of Operational Research, 2011 (210): 125-136.

[146] PAN A C. Allocation of order quantity among suppliers [J]. Journal of Purchasing and Materials Management, 1989, 25 (3): 36-39.

[147] PASTERNACK B. Optimal pricing and return policies for perishable commodities [J]. Marketing Science, 1985 (4): 166-176.

[148] PIBERNIK R, YADAV P. Inventory reservation and real-time order promising in a Make-to-Stock system [J]. OR Spectrum, 2009 (3): 281-307.

[149] PORTEUS E. Foundations of stochastic inventory theory [M]. Stanford, CA: Stanford Business Books, 2002.

[150] PORTEUS E. On the optimality of generalized (s, S) policies [J]. Management Science, 1971 (17): 411-426.

[151] PORTEUS E. The optimality of generalized (s, S) policies under uniform demand densities [J]. Management Science, 1972 (18): 64-646.

[152] PORTEUS E, NEAVE E H. The stochastic cash balance problem with charges levied against the balance [J]. Management Science, 1972, 18 (11): 600-602.

[153] POURAKBAR M, FRENK J B G, DEKKER R. End-of-life inventory decisions for consumer electronics service parts [J]. Production and Operations Management, 2012 (21): 889-906.

[154] RAY P, JENAMANI M. Sourcing decision under disruption risk with supply and demand uncertainty: A newsvendor approach [J]. Annals of Operations Research, 2016 (237): 237-262.

[155] RIVERA-GÓMEZ H, GHARBI A, KENNÉ J, et al. Production control

problem integrating overhaul and subcontracting strategies for a quality deteriorating manufacturing [J]. International Journal of Production Economics, 2016 (171): 134-150.

[156] ROBINSON L W. Optimal an approximate policies in multiperiod, multilocation inventory models with transshipments [J]. Operations Research, 1990, 38 (2): 278-295.

[157] ROSBERG Z, VARAIYA P, WALRAND J. Optimal control of service in tandem queues [J]. IEEE Transactions on Automatic Control, 1982, 27 (3): 600-610.

[158] ROSS S M, ZHU Z. On the structure of a swing contracts optimal value and optimal strategy [J]. Journal of Applied Probability, 2008 (45): 1-15.

[159] SCHOENBERG I. On Polya frequency functions-I. The totally positive functions and their Laplace transforms [J]. Journal d´Analyse Mathématique, 1951 (1): 331-374.

[160] SECOMANDI N, KEKRE S. Optimal energy procurement and spot and forward markets [J]. Manufacturing & Service Operations Management, 2014, 16 (2): 270-282.

[161] SEIFERT R, THONEMANN U, HAUSMAN W. Optimal procurement strategies for online spot markets [J]. European Journal of Operational Research, 2004 (152): 781-799.

[162] SEIFERT R, THONEMANN U, HAUSMAN W. Optimal procurement strategies for online spot markets [J]. European Journal of Operational Research, 2004 (152): 781-799.

[163] SEMPLE J. Generalized notions of concavity with an application to capacity management [J]. Operations Research, 2007 (5): 284-291.

[164] SETHI A K, SETHI S P. Flexibility in manufacturing: A survey [J]. International Journal of Flexible Manufacturing Systems, 1990, 2 (4): 289-328.

[165] SHAOXIANG C. The infinite horizon periodic review problem with setup costs and capacity constraints: A partial characterization of the optimal policy [J]. Operations Research, 2004, 52 (3): 409-421.

[166] SIMCHI-LEVI D, WEI Y. Understanding the performance of the long chain and sparse designs in process flexibility [J]. Operations Research, 2012, 60 (5): 1125-1141.

[167] SONG Y, WANG Y. Periodic review inventory systems with fixed order cost and uniform random yield [J]. European Journal of Operational Research, 2017, 257 (1): 106-117.

[168] TAGARAS G, VLACHOS D. Effectiveness of stock transshipment under various demand distributions and nonnegligible transshipment times [J]. Production and Operations Management, 2002, 11 (2): 183-198.

[169] TIM HUH W, JANAKIRAMAN G, MUHARREMOGLU A, et al. Inventory systems with a generalized cost model [J]. Operations Research, 2011 (59): 1040-1047.

[170] TOMLIN B. Impact of supply learning when suppliers are unreliable [J]. Manufacturing & Service Operations Management, 2009 (11): 192-209.

[171] TOPKIS D. Supermodularity and complementarity [M]. Princeton: Princeton University Press, 1998.

[172] TOPKIS D. Optimal ordering and rationing policies in a nonstationary dynamic inventory model with n demand classes [J]. Management Science, 1968 (15): 160-176.

[173] TSAY A. The quality flexibility contract and supplier-customer incentives [J]. Management Science, 1999 (45): 1339-1358.

[174] TURGAY Z, KARAESMEN F, ÖRMECI E L. A dynamic inventory rationing problem with uncertain demand and production rates [J]. Annals of Operations Research, 2015 (231): 207-228.

[175] VAN DELFT C, VIAL J P. A note on "sourcing decisions with stochastic supplier reliability and stochastic demand" [J]. Production and Operations Management, 2015 (24): 1636-1639.

[176] VAN MIEGHEM J A. Investment strategies for flexible resources [J]. Management Science, 1998, 44 (8): 1071-1078.

[177] VARGAS F. Optimal sourcing strategies for managing supply chain risk for platinum group metals (PGM) in automotive catalytic converters [D]. Zaragoza: Zaragoza Logistics Center, 2010.

[178] VEATCH M, WEIN L M. Scheduling a make-to-stock queue: Index policies and hedging points [J]. Operations Research, 1996 (44): 634-647.

[179] VEINOTT A F. Optimal policy in dynamic, single product nonstationary

inventory model with several demand classes [J]. Operations Research, 1965 (13): 761-778.

[180] WAN N, CHEN X. Multi-period dual-sourcing replenishment problem with option contracts and a spot market [J]. Industrial Management & Data Systems, 2018, 118 (4): 782-805.

[181] WANG D, TANG O. Dynamic inventory rationing with mixed backorders and lost sales [J]. International Journal of Production Economics, 2014 (149): 56-67.

[182] WANG K, JIANG Z, LI N, et al. Optimal production and admission control for a stochastic SOM system with demands for product and PSS [J]. International Journal of Production Research, 2013 (51): 7270-7288.

[183] WANG Y, GILLAND W, TOMLIN B. Mitigating supply risk: Dual sourcing or process improvement? [J]. Manufacturing & Service Operations Management, 2010 (12): 489-510.

[184] WANG Z, DAI Y, FANG S C, et al. Inventory transsshipment game with limited supply: Trap or treat [J]. Naval Research Logistics, 2020, 67 (6): 383-403.

[185] WEBER C A, CURRENT J R. A multiobjective approach to vendor selection [J]. European Journal of Operational Research, 1993 (68): 173-184.

[186] WEBER C A, CURRENT J R, BENTON W C. Vendor selection criteria and methods [J]. European Journal of Operational Research, 1991 (50): 2-18.

[187] WEBER R R, STIDHAM S. Optimal control of service rates in networks of queues [J]. Advances in Applied Probability, 1987 (19): 202-218.

[188] WEIN L M. Dynamic scheduling of a multi-class make-to-stock queue [J]. Operations Research, 1992 (40): 724-735.

[189] XANTHOPOULOS A, VLACHOS D, IAKOVOU E. Optimal newsvendor policies for dual sourcing supply chains: A disruption risk management framework [J]. Computers & Operations Research, 2012 (39): 350-357.

[190] XIAO G, YANG N, ZHANG R. Dynamic pricing and inventory management under fluctuating procurement costs [J]. Manufacturing & Service Operations Management, 2015, 17 (3): 321-334.

[191] XU J, FENG G, JIANG W, et al. Optimal procurement of long-term contracts in the presence of imperfect spot market [J]. Omega, 2015 (52): 42-52.

[192] XU J, CHEN S, LIN B, et al. Optimal production and rationing policies of a make-to-stock production system with batch demand and backordering [J]. Operations Research Letters, 2010 (38): 231-235.

[193] XU Y, BISI A, DADA M. New structural properties of inventory models with Polya frequency distributed demand and fixed setup cost [J]. Journal of Industrial and Management Optimization, 2017, 13 (2): 931-945.

[194] YANG J, QIN Z. Capacitated production control with virtual lateral transshipments [J]. Operations Research, 2007, 55 (6): 1104-1119.

[195] YANG S, YANG J, ABDEL-MALEK L. Sourcing with random yields and stochastic demand: A newsvendor approach [J]. Computers & Operations Research, 2007 (34): 3682-3690.

[196] YAO D, ZHOU S, ZHUANG W. Joint initial stocking and transshipment: Asymptotics and bounds [J]. Production and Operations Management, 2016, 25 (2): 273-289.

[197] YE Q, DUENYAS I. Optimal capacity investment decisions with two-sided fixed-capacity adjustment costs [J]. Operations Research, 2007 (55): 272-283.

[198] YI J, SCHELLER-WOLF A. Dual sourcing from a regular supplier and a spot market [Z]. GSIA-Carnegie Mellon University, 2003.

[199] ZACHARIAH L T, CHANG J. Portfolio of strategies for optimal procurement of platinum group metals in the automotive industry [D]. Zaragoza: Zaragoza Logistics Center, 2011.

[200] ZENG A Z. Single or multiple sourcing: an integrated optimization framework for sustaining time-based competitiveness [J]. Journal of Marketing, 1998 (6): 10-21.

[201] ZHANG J, CHEN J. Supplier selection and procurement decisions with uncertain demand, fifixed selection costs and quantity discounts [J]. Computers & Operations Research, 2013 (40): 2703-2710.

[202] ZHANG J, ZHANG M. Supplier selection and purchase problem with fifixed cost and constrained order quantities under stochastic demand

[J]. International Journal of Production Economics，2011（129）：1-7.

[203] ZHANG L，ÇETINKAYA S. Stochastic dynamic inventory problem under explicit inbound transportation cost and capacity [J]. Operations Research：The Journal of the Operations Research Society of America，2017，65（5）：1267-1274.

[204] ZHANG W，HUA Z S，BENJAAFAR S. Optimal inventory control with dual-sourcing，heterogeneous ordering costs and order size constraints [J]. Production and Operations Management，2012，21（3）：564-575.

[205] ZHENG Y，ZIPKIN P. A queuing model to analyze the value of centralized inventory information [J]. Operations Research，1990（38）：296-307.

[206] ZHAO H，RYAN J K，DESHPANDE V. Optimal dynamic production and inventory transshipment policies for a two-location make-to-stock system [J]. Operations Research，2008，56（2）：400-410.

[207] ZIPKIN P. On the structure of lost-sales inventory models [J]. Operations Research，2008，56（4）：937-944.

[208] 陈文博，董明. 产能不确定时M型按订单装配产品（ATO）的多周期最优零部件补货策略 [J]. 工业工程与管理，2017（6）：63-70.

[209] 高春燕，沈厚才. 设备多状态、多类顾客制造系统的生产速率和库存分配联合决策 [J]. 系统工程理论与实践，2012，32（11）：2504-2511.

[210] 刘丽文，王欣宇. 代发货环境下网络零售商的阈值库存分配策略 [J]. 系统工程学报，2008（6）：650-658.

[211] 孔亚广，孙优贤. 不完全柔性制造系统的最优控制 [J]. 控制与决策，2002，17（1）：81-84.

[212] 沈挺，赵千川，郑大钟. 一种库存控制策略 [J]. 自动化学报，1999，25（3）：337-343.

[213] 杨超林，沈厚才，高春燕. 按单装配系统中组件生产和库存分配控制策略研究 [J]. 自动化学报，2011（2）：234-240.

[214] 叶涛锋，达庆利. 面向批量订货和多需求类的生产与库存配给 [J]. 管理科学学报，2012（1）：33-42.

[215] 吴锋，舒磊，陈晨. 多渠道组合采购的风险厌恶决策 [J]. 系统管理学报，2014，23（1）：7-82.

[216] 王虹，周晶，孙玉玲. 双渠道供应链的库存与定价策略研究 [J]. 工业工程，2011，14（4）：58-62.

[217] 汪小京，刘志学，郑长征.多类顾客环境下报童模型中库存分配策略研究[J]. 中国管理科学，2010，18（4）：65-72.

[218] 汪翼，孙林岩，张盛浩.基于马尔可夫分析的再制造系统生产策略比较[J]. 工业工程，2014（4）：1-6.

[219] 徐琪，刘峥，汤兵勇.合同订购与现货市场混合交易下的双渠道供应链优化决策[J]. 中国管理科学，2015，23（4）：105-116.

[220] 严佳.基于现货市场价格的采购-库存决策模型研究[D]. 北京：清华大学，2011.

[221] 喻明，吴澄.柔性制造系统（FMS）的一种建模方法及最优控制策略[J]. 控制理论与应用，1993（5）：529-534.

[222] 赵建峰，朱晓春，汪木兰，等.基于遗传算法柔性制造系统生产调度的优化与仿真[J]. 制造业自动化，2010，32（5）：156-159.

[223] 周伟华，吴晓波，杜健.服务多类需求串行供应链的最优控制策略[J]. 管理科学学报，2010（3）：19-28.

[224] 周筠，赵晓波.两种销售渠道间的库存分配问题[J]. 工业工程与管理，2010，15（3）：26-30.

索引